샤를리는 누구인가?
Qui est Charlie?

QUI EST CHARLIE?
© Editions du Seuil, 2015 All rights reserved.

Korean Translation Copyrights © 2016 by Heedam
Korean edition is published by arrangement with Editions du Seuil
through Imprima Korea Agency

한국어판 출판권 © 희담, 2016

이 책의 한국어판 저작권은 Imprima Korea Agency를 통해
Editions du Seuil와의 독점 계약으로 희담에 있습니다.
저작권법에 의해 한국 내에서 보호를 받는 저작물이므로 무단 전재와 무단 복제를 금합니다.

샤를리는 누구인가?
Qui est Charlie?

엠마뉘엘 토드 지음 | 박아르마 옮김

희담

샤를리는 누구인가?

초판 1쇄 발행 2016년 9월 19일

지은이 엠마뉘엘 토드
옮긴이 박아르마
발행인 김희영
디자인 신미연

펴낸곳 희담
등록 제396-2014-000130호
주소 10401 경기도 고양시 일산동구 무궁화로 12, 414호
도서문의 031-811-7721 / 팩스 031-811-7721
전자우편 mignon5@naver.com
블로그 http://blog.naver.com/heedampublisher

ISBN 979-11-958794-0-3(03300)
값 16,000원

이 책은 저작권법에 따라 한국 내에서 보호를 받는 저작물이므로 무단 전재 및 복제를 금합니다.
이 책의 국립중앙도서관 출판시도서목록(CIP)은 www.nl.go.kr/ecip에서 이용하실 수 있습니다.
(CIP제어번호: CIP2016021118)

아버지에게

그러므로 우리는 모두 사람의 모습을 사랑해야 합니다,
이교도, 터키인, 유대인의 마음속에도
자비, 사랑, 연민이 깃들어 있고
그곳에 하느님도 계십니다.

And all must love the human form,
In heathen, Turk, or Jew.
Where Mercy, Love, and Pity dwell,
There God is dwelling too.

— 윌리엄 블레이크 William Blake 「신의 모습」, 1789

추천의 말

한국 독자들에게 추천한다

토드의 책은 우리를 불편하게 한다.

잔인하리만큼 냉정하게 현실을 벼려내고 있기 때문이다.

2015년 1월 11일, 프랑스 전역에 쏟아져 나온 3~400만 명의 시민들은 "나는 샤를리"라 외쳤다. 나흘 전 테러에 희생된 언론인들을 추모하고, 공포에 질식되지 않기 위해 거리에 나선 이들은 총 앞에서도 꺾이지 않을 〈표현의 자유〉를 말했건만, 그날의 거대한 물결에서 토드는 이슬람에 대한 공포, 심지어 권력에 의해 조직된 공포를 읽어냈다. 그리고 그날 프랑스가 벌인 행진은 사기라고 단언한다. 총리까지 나서서 이 책에 반발하고, 비난하면서 〈샤를리는 누구인가?〉는 2015년 프랑스 출판계의 최대 문제작으로 떠올랐다.

그러나, 이후의 정국은 프랑스에서, 오직 테러와 이슬람만이 권력이 손에 쥐고 휘두르는 채찍임이 입증된다. 단일 통화에 얽매여, 베를린에 자신들이 탄 배의 키를 맡긴 채, 밀려드는 불행을 극복할 어떤 결정도 내릴 수 없게 된 비극, 극대화된 〈불평등〉에 이들은 봉착했건만, 지도자들은 테러, 이슬람, 난민이라는 희생양에게 모든 화살을 돌렸다. 토드는 이 모든 권력의 조작을 분석하며 〈유럽을 구하는 유일한 방법은 다시 유럽을 해체하는 것. 이슬람에 대한 공포는 우리를 구원하지 않을 것〉이라 단언한다.

이슬람은 프랑스의 종북이다. 사회가 당면한 모든 핵심적인 문제들을 피해가고, 입 닥치게 만드는 권력의 마술봉이다. 마술봉을 올랑드가 휘두를 때마다 올라가는 것은 극우정당 국민전선지지율이다.

소비에트연방의 해체, 2008년 금융위기를 예견했던 21세기 프랑스의 날카로운 지성 토드를 통해, 우린 브렉시트의 충격을 프랑스인들은 왜 덤덤하게 바라보았는지, 유럽은 지금 어떤 혼란의 회오리에 휘말려 떠내려가고 있는지 들여다 볼 수 있다.

- 파리, 목수정 작가 〈파리의 생활 좌파들〉 저자

차례

추천의 말 한국 독자들에게 추천한다 _ 8
서문 _ 14

Chapter 1
샤를리

샤를리 : 관리자, 고위직 그리고 좀비 가톨릭 _ 36
신(新)공화주의 _ 50
1992~2015년, 유럽 통합주의부터 신공화주의까지 _ 53
신공화주의의 현실 : 중간계층들의 사회 국가 _ 58
'샤를리'는 불안해한다 _ 67
좌파에 맞선 비종교성 _ 72
가톨릭 사상, 이슬람 혐오주의, 반유대주의 _ 75

Chapter 2
불행한 평등

비종교적이고 평등주의적인 프랑스의 어려움 _ 89

위기에 처한 자본주의의 인류학	_ 99
불평등한 유럽	_ 101
프랑스, 독일인들 그리고 아랍인들	_ 104
독일과 할례	_ 105
2015년 1월 11일의 유럽통합 지지자의 대 해프닝	_ 111
러시아의 예외	_ 114
파리의 수수께끼	_ 117
장소에 대한 기억	_ 118

Chapter 3

이슬람교도 프랑스인들

마그레브 문화의 해체	_ 138
유대인들과 이슬람교도들의 종교, 인종, 국적이 다른 결혼	_ 141
관념론자들과 족외혼	_ 145
젊은이들에 대한 압박과 지하드의 탄생	_ 148
스코틀랜드의 근본주의	_ 155
종교 혐오증에서 벗어나기	_ 157
이슬람교와 평등	_ 160

| 성(性)의 불평등 | _ 163 |
| 방리유의 반유대주의 | _ 167 |

Chapter 4
극우 프랑스인들

프랑스의 중앙을 향한 국민전선의 느린 행진	_ 176
보편주의의 타락	_ 180
공화주의의 반유대주의	_ 186
르펜, 사르코지 그리고 평등	_ 189
사회당(PS)과 불평등 : 명백한 외국인 혐오증의 개념	_ 194
사람들의 무의미함과 이데올로기의 폭력	_ 203

Chapter 5
종교적 위기

가톨릭의 최후의 위기	_ 212
종교의 붕괴와 외국인 혐오증의 급증	_ 214
가톨릭 프랑스와 비종교적인 프랑스(1750~1960)	_ 220

두 개의 프랑스와 평등	_ 228
유일신에서 단일 통화로	_ 235
프랑수아 올랑드, 좌파와 좀비 가톨릭	_ 240
2005년 : 계급투쟁의 기회를 놓친 것인가?	_ 244
어려운 무신론	_ 248

미래를 위한 시론(時論)

공화주의의 진짜 과거	_ 257
신공화주의의 현재	_ 261
미래 1 : 대결	_ 266
미래 2 : 프랑스 공화국으로의 복귀 : 이슬람과의 화해	_ 270
예측할 수 있는 악화	_ 276
공화국 부흥의 비장의 무기	_ 279

옮긴이의 말 샤를리는 정의로운가?   _ 283

> 서문

 시간을 거슬러 올라가 2015년 1월에 프랑스가 극한 감정의 폭발 상태를 경험했다는 사실을 누구나 다 알고 있다. 풍자 신문 〈샤를리 에브도Charlie Hebdo〉의 편집국과 경찰들, 유대인 상점에 대한 학살은 우리나라의 역사에서 전례가 없는 집단적인 반향을 불러 일으켰다.

 언론들은 테러리즘과 프랑스 국민들이 보여준 놀라울 정도의 의연함, 자유와 공화국의 신성한 가치에 대해 일제히 보도했다. 〈샤를리 에브도〉와 무함마드의 풍자화는 성역화 되었다. 정부는 주간지의 부흥을 돕기 위한 지원금을 발표하였다. 정부가 소집한 군중들은 프랑스 전역에서 행진을 벌였으며, 손에는 언론자유를 상징하는 펜을 들고, 프랑스 보안 기동대(CRS) 대원들과 지붕 위에 자리 잡은 저격수들에게 박수갈채를 보냈다. 검은 배경에 흰 색 글자로 쓴 '나는 샤를리다Je suis Charlie'라는 문구가 전광판과 거리 식당의 메뉴를 점령했다. 아이들은 손에 C라는 철자를 그려 넣고 중학교에서 돌아왔다. 언론은 초등학교에서 나온 일곱에서 여덟 살 정도 되는 아이들과 인터뷰를 하면서 이번 사건이 불러일으킨 공포와 풍자적 그림을 그릴 수 있는 자유의 중요성에 대해 어떻게 생각하는지 알고자 했다. 정부는 제재를 결정했다. 어떤 고등학생이 정부가 결정한 묵념을 거부한 것은 테러리즘에 대한 암묵적인 옹호와 국가 공동체에 들어가기를 거부한 것으로 간주되었다. 1월 말 경에 우리는 어떤 어른들이 몹시 놀라운 고압적인 행동을 했다는 사실을 알게 되었다. 즉 경찰이 여덟에서 아홉 살 되는 아이들을 심문했다는 것이다. 전체주의적인 장면이었다.

텔레비전 채널과 언론은 우리가 서로 하나 되는 '역사적' 순간을 살고 있다고 반복해서 말했다. "우리는 한 민족입니다. 프랑스는 시련 속에서 하나가 되었고, 자유에 의해, 자유를 위해 다시 세워졌습니다." 물론 이슬람에 대한 강박관념은 어디에나 있었다. 정치 담당 기자들은, 이슬람 지도자들과 이슬람계 프랑스인들이 아무리 한 목소리로 폭력은 용납할 수 없는 것이고 테러리스트들은 비열한 사람들이며 이슬람 종교를 배신한 것이라고 말해봤자 수긍하지 않았다. 기자들은 그들에게 우리 모두에 대해서와 마찬가지로, 처음에는 "나는 샤를리다" 그 후에는 같은 뜻인 "나는 프랑스인이다"와 같은, 의례적인 주문을 소리 내어 읽을 것을 요구했다. 국가 공동체에 완전히 통합되기 위해선 무함마드의 풍자화를 통한 모독이 프랑스의 정체성의 한 구성요소라는 것을 인정해야만 했다. 신성모독적인 말을 '해야만' 되었다. 가정교사가 된 기자들은 텔레비전에 출연하여 인종적 증오를 부추기는 행위(나쁜)와 종교적 신성모독(좋은) 사이의 차이점에 대해 우리에게 현학적으로 설명해주었다. 나는 프랑스 문화의 중심 인물인 자멜 드부즈Jamel Debbouze[1]가 TF1[2]에 출연하여 그런 명령에 따르는 말을 듣고 고통스러웠다. 그는 텔레비전에 출연하여 자신의 이슬람교도로서의 신분과 파리 외곽에 사는 젊은이들에 대한 변함없는 사랑, 프랑스에 대한 사랑, 이슬람교도가 아닌 자신의 아내에 대한 사랑, 미래의 프랑스라고 할 수 있는, 두 나라의 결합을 통해 태어난 자신의 자녀들에 대한 사랑을 분명하게 말했다. 그는 집요한 질문에 대해 신성모독적인 언사는 이슬람교도에게 참기 어려운 일이며 자신의 전통에서는 존재하지 않는다는 것을 친절하면서도 고통스럽게 설명하려고 애썼다. 천만에, 프랑스인이라는 것은 신성모독적인 말을 할 '권리'가 있는 것이 아니라 '의무'가 있는 것이다. 볼테르도 말한

---

1 자멜 드부즈는 1975년 프랑스 파리에서 모로코 이민자 가정에서 태어난 영화배우이다. 그는 '아멜리', '아스테릭스-미션 클레오파트라', '레인' 등의 영화에 출연했다.
2 1975년 프랑스 국영 방송으로 출발해 1987년에 민영화된 프랑스 최대의 방송국이다.

바 있다. "나는 종교재판에 대해 그리고 유대인들이 기독교도들과 마찬가지로 돼지고기를 잘 먹는다는 것을 확인하고 싶어 하는 사람들의, 개종한 유대인들에 대한 그 신문(訊問)에 관해 읽었던 것을 생각하지 않을 수 없었다."

국가의 지원으로 〈샤를리 에브도〉가 되살아난 것은 참극에 대한 국가적 반동의 정점을 나타낸다. 잡지의 표지에서 우리는 무함마드가 성기처럼 긴 얼굴을 하고 고환을 연상시키는 두 개의 둥근 덩어리 모양의 터번을 쓰고 있는 모습을 놀라워하며 다시 볼 수 있었다. 그 능란한 그림은 이슬람의 색인 초록색 배경 위에 그려져 있지만 밋밋하고 생기 없는 초록색은 이슬람 문화에서 볼 수 있는 건축물들을 둘러싸고 있는 놀라울 정도로 아름답고 섬세한 녹색과는 거리가 멀다.[3]

오랜 기간 동안 종교적 위기와 우상 숭배 혹은 우상 파괴의 위기에 익숙했던 역사가가, 프랑스에 의한 성기 형태의 무함마드의 모습의 신성화는 역사적 전환점을 이룬다는 사실을 간과하기 어려울 것이다. 프랑스는 로마 제국의 쇠퇴 이후 프랑스와 유럽의 역사에 변화를 가져왔던 모든 종교적 위기들에 뒤이어 진정한 종교적 위기를 경험하고 있다. 따라서 우리는 지금 1월 11일에 있었던

---

3 원주. '신성모독과 섹스 : 〈샤를리 에브도〉의 정신은 항상 그것이다!' 클레르 쿠르베 기자, 2015년 1월 14일 발행. 기호학자이자 미디어 전문가 도미니크 볼통과 장 디디에 위르벵의 『르 피가로』지(誌) 문화면 〈샤를리 에브도〉의 표지 분석.

시위의 '역사적'이라는 지칭 속에서, 강력하고 반복적이고 강박적이고 주술적이며 결국 종교적인 지칭 속에서 이번만은 언론들에 주의를 기울여볼 수 있다.

나는 그 당시 그 위기에 관한 일체의 인터뷰와 토론을 거절했다. 그렇지만 2005년 파리 방리유banlieue[4]에서 일어난 대규모 소요 사태 때는, 도처에서 자동차를 방화했던 젊은이들의 프랑스적 특성을 주장하기 위해 나 자신을 드러내는 데 주저하지 않았다. 명백하게 파괴적인 그들의 행동은 내 관점으로는 프랑스의 근본적인 두 개의 가치들 중 하나인 평등에 대한 요구를 표현한 것일 뿐이다. 또한 1968년 5월 혁명 때 중산층 젊은이들에 대해서 말고는 파리 방리유의 아이들에게는 총을 쏘지 않았던, 경찰의 놀라운 신중함도 강조했다. 2005년 프랑스는 무질서에 대한 자연스럽고 정당한 반발에도 불구하고 관대하고 자유로웠다. 말하는 것은 무언가에 도움이 된다. 군중 속에서 정부도, 기자들도, 공동체들도 공포에 굴복하지 않았다. 급작스럽게 감정을 폭발시키는 어떤 성향도 드러나지 않았다. 2005년 우리는 놀라운 민중들이었다. 감정은 사적인 것으로 머물러 있었다. 표현의 자유에 대한 직접적인 위협은 없었지만, 기성세대들의 우려는 잠재되어 있다가 결국 2007년 대통령 선거에서 니콜라 사르코지를 당선시키는 결과

---

4   방리유는 프랑스어로 대도시의 교외를 뜻하는 말이다. 오늘날 방리유는 파리 교외에 이주민들과 저소득층이 사는 게토화 된 지역을 뜻하게 되었다.

를 가져왔다. 그를 당선시킨 유권자들의 평균 나이는 사르코지 이전의 모든 우파 대통령들의 나이보다 더 많았다.

하지만 2015년 1월 비판적 분석은 잘 들리지 않았다. '감탄할 만한' 것과는 거리가 먼 대중의 결집이 요컨대 시련 속에서 냉정함과 존엄성의 결여를 드러냈다는 것을 어떻게 말할 것인가? 테러리스트의 행위에 대한 비난이 〈샤를리 에브도〉를 신성시하는 것을 전제로 하는 것은 전혀 아니었다고 말이다. 현재 프랑스 사회의 상황에서, 특히 어려운 사회 경제적인 맥락 속에서, '자신의 종교에 대해' 신성모독적인 말을 할 권리가 '타인의 종교에 대해' 신성모독적인 말을 할 권리와 혼동되어서는 안 된다는 말이다. 약하고 차별받는 집단의 중심인물인 무함마드에 대해 반복적이고 체계적인 방식으로 신성모독적인 말을 하는 것은 재판관들이 무슨 말을 하든지 종교적, 민족적 혹은 인종적 증오에 대한 선동으로 규정되어야 할 것이다.

앞으로 나아가고 있는 이 고결한 무지에 대해 어떻게 맞설 것인가? 자유의 상징인 펜을 들고 있는 시위대들이, 반유대주의와 나치의 연속된 장면들 속에서 거무칙칙한 피부와 갈고리 모양의 코로 묘사된 유대인 풍자화가 물리적 폭력보다 먼저 있었으니, 역사를 모욕했다고 감히 말하겠는가? 프랑스 사회에서 절박한 일은 2015년에 이슬람에 대해 성찰하는 것이 아니라 그것의 전면적인 중지에 대해 분석하는 것임을 어떻게 설명할 것인가? 쿠아시Kouachi 형제와 아메드 쿨리발리Amedy Coulibaly가 정말 프랑스인이고 프랑스 사회에서 나온 사람들이며, 그들이 이슬람의 상징에 호소했다고 해서 모두 다 이슬람교도라고 여길 수 없다는 것을 어떻게 이해시킬 것인가? 그들은 어떤 의미로는, 낮은 임금에 의한 착취나 실업에서 젊은이들을 벗어나게 하는 것보다 자신들의 퇴직연금을 높이는 것에 더 관심이 지대한 우리 지도자들의 보잘 것 없는 도덕적 수준을 거꾸로 반영하고 있을 뿐이라는 사실을 말이다.

프랑수아 올랑드François Hollande 대통령이 군중 시위를 결정함으로서 쿠아시 형제를 오히려 영웅으로 만들고, 차라리 그들의 행동을 정신의학적으로 문제가 있었다고 분석했더라면 평가절하 되었을지도 몰랐을 사건에 대해서 어떤 이데올로기적인 의미를 부여하는 위험을 자초했다는 사실을 어떻게 암시할 것인가? 현실과 접촉하지 못한 데서 비롯된 터무니없는 생각은 사실 보통의 사회적 상징체계로 용인될 수 없다. 정신분열증 환자가 자신을 나폴레옹이나 예수로 생각하는 것, 편집증 환자가 태양이 자신을 깊숙이 뚫고 들어온다거나 국가가 자신을 감시한다고 생각하는 것과 마찬가지로 말이다. 무시와 의미의 축소라는 방법이 가능할 수도 있을 것이다. 물론 이 같은 선택이 프랑스에서 이슬람교에 대한 강박관념의 사회학을 배제하지는 못한다. 하지만 그 선택은 거부되었다. 정반대로 우리는, 세계에 대한 우리의 관계에서 그랬듯이 우리 사회 내부에서 종교적 긴장을 가중시킨, 당국에 의한 악의 부정적 신성화를 받아들일 만 했다. 그것은 2001년에 있었던 부시의 선택이었지만 훨씬 더 무거운 사실이 그 바탕에 깔려 있었다. 1월 7일에 있었던 17명의 죽음은 월드 트레이드 센터의 2,977명의 죽음과 정말 동일한 것이었을까? 프랑스는, 지나칠 정도로 흥분하여 자주 조롱당한 미국보다 훨씬 더 과잉 반응을 보였다. 그렇다면 2015년 1월 11일 이성적이면서 풍자적인 프랑스의 정신은 어디로 갔는가?

프랑스의 대중들, 특히 우왕좌왕하는 중간계층들에게 이는 경제와는 상관없는 거의 종교적인 유형의 위기였다는 것을 어떻게 이해시켜야 할 것인가? 프랑스 사회의 문제는 이슬람 테러리즘의 증가에 의해 영향을 받은 파리 방리유에 국한되지 않는다. 문제는 훨씬 더 광범위하다. 이슬람에 초점을 맞추는 것은 사실, 무언가를 혹은 누군가를 증오하는 중산층과 상류층의 비정상적인 욕구를 드러내는 것이며, 사회의 최하층에서 증가하는 위협에 대한 두려움을 단순히 나타내는 것이 아니다. 시리아나 이라크로 떠나는 수많은 이슬람 근본주의 청년들이 사회학적 분석의 대상이 될지라도 말이다. 과거에 민중계층에게서 볼 수 있었던 외국인 혐오증이 사회 상층부로 옮겨갔다. 중산 계층과 상류 계층은 저마다의 속죄양을 찾았다.

그리고 2014년 5월 브뤼셀[5]과 2012년 3월 툴루즈[6]에서 있었던

---

5 2014년 5월 24일 벨기에의 수도 브뤼셀의 유대박물관에 괴한이 들이닥쳐 무차별 총격을 가해 유대인 2명과 프랑스인 1명, 벨기에인 1명이 숨졌다.
6 2012년 3월 프랑스 툴루즈에서 알카에다 연계조직에 가담했던 프랑스인 모하메드 메라가 총격을 가해 유대인 어린이를 포함 7명을 살해한 뒤 경찰에 사살되는

대량학살에 뒤이어 일어난 사건의 유대인을 배척하는 차원에 대해 과소평가하는 당황스러운 논평이 있었다. 프랑스의 진짜 문제는 풍자화에 대한 권리가 아니라 파리 방리유에서 일어나는 반유대주의의 증가이다. 인종주의는 사회 구조의 상층과 하층으로 동시에 확산된다.

복잡하고 모순되며 직관적이지 않은 많은 문제들이 설명되어야만 했지만, 국가주의와 공화주의의 그 자축 순간에 그것에 몰두하는 일은 불가능했다. 그 동안에 국가는 프랑스에 경찰의 죄수 호송차들과 무장한 군인들을 쏟아 부었고, 위험이 전혀 없는 지역들 곳곳에 분산시켰다. 왜냐하면 사실 새로운 테러리즘이 무분별하게 엄습한 것은 아니었고 그것은 이슬람혐오적인 신성모독자들과 경찰들, 종교적인 믿음에 충실한 유대인들을 목표로 했기 때문이다. 교대 근무자 세 사람이 오래전부터 이슬람 테러리즘의 표적이자 목표였던 〈샤를리 에브도〉의 대량학살을 막을 수도 있었을 것이다. 자신의 임무에 실패한 내무 장관은 그럼에도 불구하고 비판도 받지 않은 채 거드름을 피웠다. 간략히 말해 2015년 1월, 국가의 처신은 모든 면에서 우스꽝스러웠지만, 그 조롱거리에 대한 언급은 당시의 일체주의(一體主義)적 분위기 속에서 테러리즘을 옹호하는 것으로 해석되었을 것이다.

사건이 있었다.

내 기억에 트럭운전사들의 파업 소식은 일상으로 돌아온 첫 번째 신호였다. 상부의 명령에 복종하지 않는 그 프랑스, 개인주의와 평등주의를 간직한, 세계가 부러워하는 프랑스가 살아 있다는 증거로서 말이다.

나는 기다린 것을 후회하지 않는다. 연구자가 공개 토론에서 기여할 수 있는 것은 더 순수한 도덕이나 더 나은 이데올로기가 아니라, 당사자들 자신을 떠나서 흥분에 사로잡히고 종종 하찮거나 완전히 분별없는 선택에 좌우되는, 사실에 대한 객관적인 해석이다. 그런데 군중의 의지를 나타내거나 미디어의 순수한 논리에서 나온 그 주에 있었던 '나는 샤를리다'라는 문구는 후기 산업사회의 한가운데서 나타난 허위의식의 상징적 표현이었다.

1월 11일의 시위는 자발적으로 하나가 된 프랑스의 재출현으로 해석되었다. 공화국은 스스로의 가치를 마리안Marianne[7]의 이미지들에서 끌어낸 것으로써 재확인했다. 힘과 위대함, 부흥이 확인되었다. 시위는 종교적 불관용에 반대하여 공식적으로 정의됨으로써, 우리는 공동체에 대한 열망과 국민감정을 느끼지 않을 수 없었다. 프랑스에서 1월 11일의 군중은 물론 전혀 불쾌하게 받아들여지지 않았다. 자유를 옹호하기 위해 모든 나라의 국기를 휘날리며 행진했고, 배격된 급진 이슬람주의와, 비종교성이라는 프랑스

---

[7] 프랑스 공화국을 상징하는 젊은 여성으로 들라크루아의 '민중을 이끄는 자유의 여신'에서 형상화되었으며 우표와 동전 등에 자주 등장한다.

의 원칙을 존중했다면 가톨릭처럼 받아들여질 보통의 이슬람 사이의 차이를 높이 그리고 강하게 확신했다. 국민전선[8]의 배제는 GNX(garanti non xénophobe : 외국인 혐오증 아님을 보장함)라는 직인을 찍는 행사로 나타났다. 시위는 평화로웠고 천진스러웠다. 그런데 참가자들에게서 그들이 군중 속에 있었다는 구체적인 증거를 얻어내기는 어려웠다. 공포심을 느끼고 나서 '함께 있고', 기준이 되는 어떤 '가치들'을 주장할 필요성이 사람들의 마음을 지배했다.

따라서 1월 11일의 군중들에게서, 미디어들의 통일된 의견일치에서 비롯된 당연한 결과로 나타난 본질적인 통일성을 추측하는 것은 잘못일 것이다. 엄격한 정교분리주의자들과 신부와 랍비, 이슬람 지도자들에게 반감을 가지고 있는 사람들은, 표현의 자유에 대한 전반적인 애착을 통해 자신들의 존재를 정당화시켰고 관용의 이상을 옹호한, 훨씬 더 많은 사람들과 나란히 걸었다. 나는 수많은 토론을 통해 다음날 혹은 '공화주의자의 행진'이 있고서 며칠 후에 틀림없이 수십만 명의 참가자들이 그날 행진을 하면서 자신들이 실제로 행했거나 지지했던 것이 대체 무엇이었는지를 자문해볼 것이라고 확신했다. 사람들은 '나는 샤를리다'라는 구호를 외치는 동안, '매우 기분 나쁜 환각체험'이 일어나기 전에 경험하는 이데올로기적인 숙취에서 깨어나지 못한 채, 타인에 의한 이성과

---

8 국민전선(Front national)은 1972년 장 마리 르펜이 창당한 프랑스의 극우정당이다. 2011년 딸인 마린 르펜이 당수가 되었고 국회의원 선거에서 당선자를 내기도 했다.

개성의 상실이라는 우발적 증상을 경험했다.

하지만 우리는 여기서 의식적이고 명시된 수준에 있을 뿐이다. 한 걸음 더 나아가 정신적으로 하나 된 그 군중들의 사회학적인 결정 인자에 관해 자문해보아야 한다.

프랑스 정신의 일부는 1월 11일 거기에 있지 않았고, 전체로 간주될 우려가 있는 또 다른 일부는 자신의 가치에 대해 그다지 확신도 없을 뿐더러 관대하지도 않았다. 일반 대중의 집단 모두가 다 샤를리는 아니었다. 이슬람교도든 아니든 파리 방리유의 젊은이들은 샤를리가 아니었고, 지방의 노동자들도 샤를리가 아니었다. 반면 중상위 계층의 프랑스 사람들은 어떻게 보면 과도하게 동원되었던 측면이 컸고, 이 날 격한 감정을 드러냄으로써 이들이 프랑스 사회의 중간계층을 다시 한 번 이끌고 갈 수도 있음이 드러났다. 그렇지만 오늘날 '국가의 긍정적인 가치'를 떠받치고 있는 것과 거리가 먼 프랑스 중산계급은 근본적으로 이기주의자들이자 자폐증 환자들이며 권위주의적인 기질을 지니고 있다. 그 계급은 평등의 원칙마저도 저버렸다. 또한 앞으로 알게 될 것이지만, 그 계급은 비종교적 전통보다는 프랑스 가톨릭의 오랜 기반에 토대를 두고 있다. 간략하게 말해서 그 계급이 아마도 오늘날의 프랑스일 것이지만, 확실히 혁명적 전통에 기반을 둔 프랑스는 아니다.

허위의식의 마르크스주의적 개념과 무의식의 프로이트적인 개념이 여기서 머릿속에 떠오른다. 우리는 특히 사회학에 대한 에밀 뒤르켐Emile Durkeim⁹이 내린 정의를 떠올린다. 그는 사회학이, 대중을 넘어서는 사회적 힘에 의해 움직인다는 사실을 인정할 때, 비로소 학문으로서 출발한다고 말한다. 자신들의 행동에 대해 부여하는 의식적인 해석이 항상 정확한 것은 아니라는 것이다. 근대 사회학의 창시자의 작품인 『자살』은 몇몇 자살자들이나 사망의 기록들이 남겨놓은 설명을 거부한다. 뒤르켐이 현상의 의미, 보다 정확히 말해서 자살의 의미들을 찾은 것은 반대로 그 행동의 객관적 통계상의 분포-시간과 공간에서, 가족의 상황과 종교에 따라서-에서이다. 바로 그것이 우리가 '나는 샤를리다'라는 현상을 이해하기 위해 취해야할 방법이다. 이러한 관점에서 보면 우리는 자신들이 그곳에서 뭘 했는지 정말로 설명할 줄 모르는 시위자들을 가만히 내버려두고, '상황의 의미'를 말할 책임을 졌음에도 포화상태에 이른 미디어 공간에서 비슷비슷한 기사를 써대는 데 빠져있던 정치부 기자들은 무시해도 좋을 것이다.

그렇다고 무분별하게 책임을 면해주어서는 안 될 것이다. 우리는 또한 비굴하고 파렴치한 행동에 직면해 있다. 정치인들은 자신들에 대한 나쁜 평판에서 벗어나기 위해 사건을 의식적으로 실리적으로 만들어버린다. 많은 기자들은 그런 사실을 잘 알면서도 자

---

9 에밀 뒤르켐(1858~1917)은 근대 사회학의 토대를 확립한 프랑스의 사회학자이다. 저서에 『분업론』, 『사회학적 방법의 제규칙』, 『자살론』이 있고 1898년 『사회학 연보Année Sociologique』를 창간하였다.

신들의 비판 의무를 포기한다. 군중들에 대해 말하자면, 물론 그들은 다양하게 구성되어 있고 확신을 갖지 못하며 동정적이지만, 우리가 인식을 하지 못한다는 이유로 '이유도 따지기 전에' 그들을 용서할 수는 없다. 어떤 사람이 법을 모르지 않는다면, 어느 누구도 왜 그들이 시위에 참가하는지 모를 것 같지는 않다. 프랑스는 자기 자신을 속이고 있다. 종종, 프랑스는 자신이 보잘것없을 때 위대하다고 생각한다. 하지만 프랑스는 자신이 보잘것없다는 것을 알 때 자신이 위대하다고 생각하기도 한다. 이 책 역시 거짓말에 관한 시론이다. 샤를리, 위선자인가?

사회적으로 시위 참가자들은 누구였나? 그들은 어디서 왔는가? 그 두 가지 단순한 질문에 답을 함으로써 우리는 1월 11일 동원된 프랑스가 누구인지 확인하고, 나름대로 근본주의의 과격화가 진행중에 있는 프랑스 내부에서 오랜 적을 가려낼 수 있게 된다.

따라서 2015년 1월을 진지하게 받아들일 때가 왔다. 하지만 탐구의 중심에 7일 수요일에 일어난 학살이 아닌 프랑스 사회의 감정적 반응을 올려놓아야 한다. 11일 일요일의 핵심적인 시위는, 아마도 과장되고 그것과 항상 양립될 수는 없지만 통계상의 처리가 가능한, 성급한 계산에서 일어났다. 3백만에서 4백만의 시위자들은 인구의 4.5에서 6%에 달한다. 행렬에는 아이들도 섞여 있기 때문에 그 전체 숫자를 성인들만의 숫자로 보아서는 안 된다. 하지만 그들을 85개의 가장 큰 주거 밀집지역의 도시주민들과 합법적으로 결부시킬 수는 있다. 그렇게 되면 인구의 7에서 10%가 포함되는 이례적인 동원률이 나온다. (파리와 지방이 뒤섞인 집단으로 해석되는) 시위는 사회학적 목적에서 이를테면 자발적으로 구성되었다. 따라서 우리는 그 지도를 만들어보면 시위의 양상이 어떠했는지 알게 된다.

나는 1981년과 1988년, 2011년에 프랑스 사회의 지형도 분석을 세 번 되풀이 해보고 나서, 1월 12일 「리베라시옹Libération」 지(誌)가 출간한 지도를 보았다. 그리고 감정의 분포가 프랑스 국토에서 일정하지 않다는 것과, 적합한 통계상의 처리가, 과연 어떤 사회적, 종교적 힘이 혹은 어떤 숨어있던 종교적 힘이 그렇게 많은 사람들을 거리에 쏟아져 나오게 했었는지 말해준다는 사실을 알게 되었다. 또한 1월 11일의 시위는, 현재의 프랑스 사회에서 이데올로기와 정치권력의 메커니즘을 이해하는 놀라운 열쇠를 우리에게 제공해준다는 것도 알게 되었다.

우리는, 비종교성에 관한 현재의 토론이 비종교적 가치의 연속성 속에 포함되지 못한다는 것과, 오늘날 공화국을 표방하는 힘이 공화국의 본질이 아니라는 것, 간략하게 말해서 마리안이 더 이상 우리가 알고 있던 사랑스러운 여인이 아니라는 것을 확인할 것이다. 우리는 그 중심에서 프랑스 정치 시스템이 크게 망가진 이유를 파악할 것이고, 그 후로 사회당이 왜 우파에 닻을 내렸고, 왜 우파가 프랑스라는 공간에서 현재의 자신에 대해 잘 알지 못한 채

동요하는지 파악할 것이다. 우리는 프랑스 국민의 한 부분을 파괴하는 정치적, 경제적 선택의 속박 속에 프랑스를 가두어두는 강력하고 유능하며 완전히 비열한 세력들을 확인하려고 노력할 것이다. 우리는 어떤 종류의 사회가, 무함마드의 풍자화와 동일시되고 이슬람이라는 소수 종교에 대한 낙인찍기와 이슬람을 프랑스에서 제일 큰 문제로 지칭하는 것을 일삼는 신문과 자신들의 연대를 주장하는, 3, 4백만 명의 사람들을 거리에 뛰어들게 만들 수 있었는지 알아야 한다.

나는 프랑스 여론 연구소(IFOP)[10]가 가톨릭과 이슬람 출신 인구에 관해 주도했고, 제롬 푸르케Jérôme fourquet[11]가 넘겨준 카톨릭과 이슬람 출신 인구에 관한 대단히 독창적인 연구 덕분에, 일정에 따라 연구를 정확하게 진행할 수 있었다. 필립 라포르그Philippe Laforgue가 실행한 시위에 관한 통계상의 처리 덕분에 연구는 그 방법론에 있어 빈틈이 없다.

이 책은 막스 베버의 엄격한 영향 하에서 종교적 토대나 사회 경제적인 구조, 이 두 가지 모두에 관심을 두고 있다. 물론 가족의 가치에 대한 고려는, 막스 베버의 변수보다 더 근본적인 어떤 것에 집단을 뿌리내리게 한다. 나는 프랑스의 집단을 구성하는 지역 사

---

10 프랑스 여론 연구소(Institut français d'opinion publique).
11 제롬 푸르케는 여론조사기관에서 오래 근무했다. 그는 사회학과 선거 지리학에 관심을 두고 있다.

회들의 특징을 규정하면서 '평등주의'의 정도를 평가할 때, 가족을 종교보다 더 중요한 단계로 고려하지는 않았다.

이 시론은 더 깊은 도덕적인 의미에서 막스 베버의 족적에 포함되어 있다. 이 시론은 그를 '소명으로서의 학문' 속에서 설명하고 있으므로, 사회학은 선과 악을 구분할 것을 주장해서는 안 되며, 사람들이 자신들의 선택과 행동의 깊은 의미를 이해하는 것을 도와줄 뿐, 그들로 하여금 이런저런 이데올로기적 혹은 정치적 선택을 하도록 만드는, 눈에 보이지 않는 무언의 가치들이 있다는 것을 강요해서는 안 된다. 그런 식으로 나는 분석과 논증을 통해 훈련된 대중들과 노인들, 가톨릭 전통을 지니고 있는 프랑스인들, 사회주의자들과 그들의 지도자들의 행동에 관하여 놀랍고도 불쾌할 수도 있을 주장들을 제기할지도 모른다. 그렇지만 나로서는 베버의 정신에 충실한 것만이 중요하다. 말하자면 "학자들은, 당신이 내린 이런 저런 결심이 세상에 관한 최근의 이런 저런 근본적인 견해에서 나온 것이라고 논리적으로 완전한 확신을 가지고 당신에게 말할 수 있고 말해야 한다 […]. 학문은, 이런 입장을 채택하면 당신은 그런 신을 섬기는 것이고 또 다른 신을 모욕하게 될 것임을 당신에게 알려줄 것이다[12]…"

---

12 원주. '소명으로서의 학문'(Wissenschaft als Beruf). 나는 1919년의 이 강연 제목을 프랑스에서 출간된 책(파리, PUGE, 10/18, 1963, p.113)보다 좀 더 문학적으로 번역해서 옮긴다.

Chapter 1

샤를리
Charlie

샤를리는 마스트리히트처럼 두 가지 방식으로 작용한다.
하나는 의식적이고 긍정적이고 자유롭고 평등하고 공화주의적인 방식이고,
다른 하나는 무의식적이고 부정적이고 권위적이고 불평등한 방식으로,
지배하며 거부한다.

샤를리
Charlie

1월 11일의 대규모 시위 다음날부터 여러 도시에서 시위에 참가한 사람들의 수를 추산하는 지도를 언론에서 찾아볼 수 있었다. 공화주의자의 자축 분위기 속에서 성급하게 만들어진 지도는 여러 오류를 포함할 수밖에 없다.

단지 노동인구에 한정된 시위자들의 숫자는 30개 도시에서 25% 이상이었을 것이고 셰르부르에서는 57%라는 기록을 세웠다! 모든 추산을 절반 혹은 그 이상으로 분류할 것을 제안하고, 미디어의 일체주의의 통계적 효과 이론을 세워보는 것은 쉬운 일일 것이다. 그렇지만 그 숫자들이 아무런 가치가 없다고 믿는 것은 잘못일 것이다. 국토에 나타난 강도 분포는 또 다른 다양한 강도 분포와 서로 일치한다. 더구나 통계 이론은 숫자의 오류가 예측 불가능할 때, 말하자면 어떤 체계적인 방법의 결과가 아닐 때, 측정이 정확했다면 나타났을 결과보다 상관관계가 낮다는 사실을 말해준다. 달리 표현해 보자면, 하나 혹은 여러 개의 원인이 시위에 참여한 사람들의 편차를 결정했다면, 기록의 오류는 그런 원인들이 통계적으로 드러나는 것과 대립적으로 나타난다. 요컨대 만일 우리가 대충 정한 그 숫자들에서 하나 혹은 여러 개의 법칙을 끌어내는데 이르렀다면, 실제로 우리는 하나의 법칙 혹은 여러 법칙들이, 자료들이 암시하는 것보다 더 설득력이 있다는 것을 확신할 수 있다.

우리는 '내무장관과 「리베라시옹」지(誌)'라는 단짝이 치밀하게 계획된 수단을 썼다는 것을 의심할 어떤 이유도 없다. 물론 그 숫자는 과장되었지만 무작위의 방식이었다. 그렇지만 나는 여기서 가장 인구가 많은 85개의 주거 밀집지역에 대해서만큼은 「리베라시옹」이 1월 12일에 제시한 자료를 사용했다. 소규모 도시의 경우 '무언가를 보여주기' 위해 부풀리는 경향은 어찌할 수 없는 것이 되어버렸다. 어떻게 보면 세르부르 효과 같은 극적인 과장이 있었다. 지도 I. 1은, 신문이 시위를 기록하고 있을 때인, D-day 전날인 1월 10일의 시위를 통합하여 나타낸다. 나는 그 시위를, 마르세유에서처럼 같은 도시에서 두 번의 참여가 차례로 일어났을 때, 11일의 참여에 별도로 추가하였다. 물론 어떤 사람들은 이틀 연속으로 시위를 할 수 있었겠지만 그렇게 사용된 에너지를 통계적으로 보상해주는 것은 부당할 것이다. 파리의 경우, 우리에게 제시된 150만에서 200만 명의 시위자들을 포함한 숫자에 대해, 나는 반대 의견을 존중하여 가장 높은 의미를 부여했다. 85개의 도시들 중 한 도시에 대해서는 어떤 평가도 제시되지 않았지만 나는, 지도에서 잊혀지고 0명의 시위자를 기록한 두에-랑스$_{Douai-Lens}$[13]의 경우에, 다수의 시위자들을 최소 숫자로 산정했다.

그 85개의 광역 도시권 인구는 2011년에 인구 4,120만 명, 즉 프랑스 인구의 64%를 포함했다. 기록된 전체 시위자들은 그곳에서 439만 4천명에 달한다. 따라서 시위자들의 평균 비율은 프랑스의 주요 도시 권역에서 주민 100명당 10.7명이었고, 겨우 평균 7.6%의 비율이었다. 주민 1,200만 명이 사는 파리 도시권의 가중치가 결국 편차를 설명해준다. 즉 광역 도시권에서 가장 높은 비율을 차지한 곳들 중 하나인 파리의 16.3%는, 200만 명의 시위자들이 만들어내는 평균보다 덜 만족스러운 비율을 만들어낸다.

도시에 사는 프랑스인 10명 중 1명은 자신을 샤를리와 동일시하고 있는데, 그것은 엄청난 숫자이다. 그렇지만 군중의 분포는 국토에 따라 대단히 불균등했다. 도시권의 크기는 중요한 결과로 나타나지 않은 것 같다. 상관관계는 + 0.20이고 파리를 제외하면 + 0.14이다.

---

13 프랑스 북단에 있는 노르파드칼레 지역의 도시권을 뜻한다.

샤를리 : 관리자, 고위직 그리고 좀비 가톨릭

시위자들의 비율과 도시권의 사회적 구성을 대조해보는 것은 대단히 의미가 크다. 지도 I. 2와 I. 3은 각각의 광역 도시권에서 '노동자들'과 '관리자 및 지적으로 우월한 직업을 갖고 있는 사람들'의 비율을 각각 보여준다.

케르크, 아미엥, 생캉탱, 모뵈즈, 샤를빌 메지에르, 티옹빌, 루앙, 르아브르, 뮐루즈, 벨포르, 라발, 르망, 숄레에서처럼 노동자들의 비율이 높은 도시권에서 시위자들의 낮은 참여율이 눈에 띈다. 반대로, 관리자들의 본거지인 파리를 선두로, 리옹, 보르도, 툴루즈, 렌, 낭트에서는 참여 강도가 높게 나타난다. 시위자들과 노동자들의 비율 사이에서 0.44의 상관관계를, 시위자들과 관리자들의 비율에서 + 0.38의 상관관계를 측정할 수 있다. 통계적 의미에서 아주 높지 않은, 이 두 지수는 대단히 중요하다.[14] 측정의 결함을 잊지 말자. 노동자들에 부여되는 더 높은 계수에 유의하자. 그것은 강도 분포에서 관리자 계층의 열의보다 훨씬 더 결정적인, 노동자의 무관심을 나타낸다.[15] 중간계층에서 감정의 위치 결정은 인민전선[16] 이상

---

14 원주. 85포인트로 계산된 선형 상관계수의 계수는 통상적인 가설에서, 절댓값이 0.28 이상이면 최소 1%에서 의미가 있다는 것을 기억하자.
15 원주. 다중 선형 회귀는, 일단 노동자들의 비율과 가톨릭에 동화된 정도를 확인해보면, 사실 관리자들의 비율이 의미 있는 역할을 하지 못한다는 것을 확인해준다.
16 인민전선은 1936년에서 1938년 사이 프랑스를 통치했던 좌파 정당들의 연합이다. 인민전선의 기치 아래 좌파의 주요 정당들인 국제 노동자 동맹 프랑스 지부

지도 1.1 **시위의 강도**

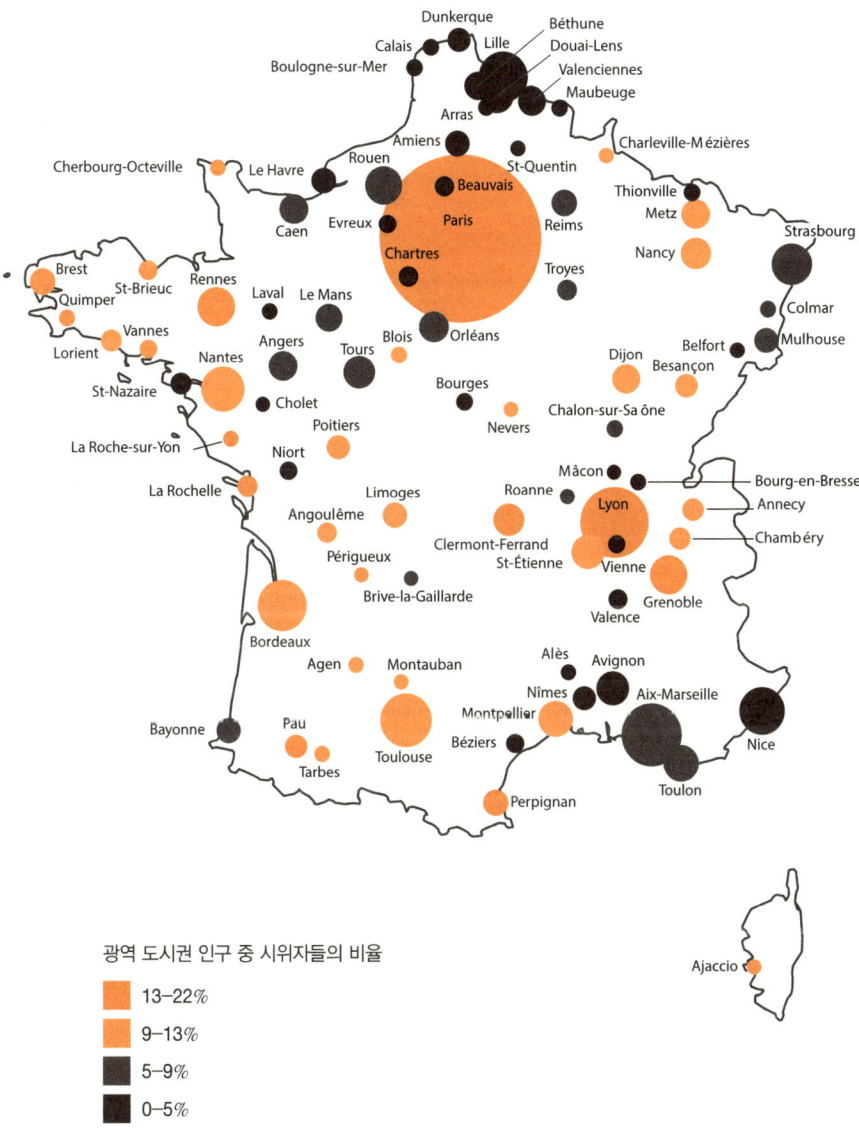

광역 도시권 인구 중 시위자들의 비율
- 13–22%
- 9–13%
- 5–9%
- 0–5%

Chapter 1 _ 샤를리 :: 37

광역 도시권 (가톨릭에 깊이 동화된 도시들)	인구 2011년	시위자들 (단위 : 천)	주민 100명당 비율
셰르부르	116 878	25	21,4
브레스트	314 239	65	20,7
렌	679 866	125	18,4
생브리외	170 779	30	17,6
그르노블	675 122	110	16,3
파리	12 292 895	2 000	16,3
캉페르	124 930	20	16,0
라로슈쉬르용	116 856	18	15,4
클레몽페랑	467 178	70	15,0
페리괴	101 773	15	14,7
라로셸	205 822	30	14,6
포	240 898	35	14,5
리옹	2 188 759	300	13,7
반	149 312	20	13,4
페르피냥	305 546	40	13,1
타르브	116 056	15	12,9
보르도	1 140 668	140	12,3
툴루즈	1 250 251	150	12,0
블루아	126 814	15	11,8
생테티엔	508 548	60	11,8
아쟁	111 011	13	11,7
메츠	389 529	45	11,6
낭시	434 565	50	11,5
샤를빌메지에르	106 440	12	11,3
앙굴렘	179 540	20	11,1
몽펠리에	561 326	60	10,7
프와티에	254 051	27	10,6
리모주	282 876	30	10,6
몽토방	104 534	11	10,5

광역 도시권 (가톨릭에 깊이 동화된 도시들)	인구 2011년	시위자들 (단위 : 천)	주민 100명당 비율
브장송	245 178	25	10,2
아작시오	100 621	10	9,9
느베르	102 447	10	9,8
로리앙	214 066	20	9,3
디종	375 841	35	9,3
샹베리	216 528	20	9,2
안시	219 470	20	9,1
낭프	884 275	80	9,0
뮐루즈	282 714	25	8,8
로안	107 392	9	8,4
랭스	315 480	25	7,9
콜마르	127 598	10	7,8
샬롱쉬르손	133 298	10	7,5
앙제	400 428	30	7,5
캉	401 208	30	7,5
투르	480 378	35	7,3
바이온	283 571	20	7,1
브리브 라 가이야르드	101 915	7	6,9
엑스마르세유	1 720 941	115	6,7
툴롱	606 987	40	6,6
트루아	190 179	12	6,3
스트라스부르	764 013	45	5,9
르망	343 175	20	5,8
루앙	655 013	35	5,3
오를레앙	421 047	22	5,2
생나제르	211 675	10	4,7
라발	121 017	5	4,1
발랑스	175 195	7	4,0
니오르	152 148	6	3,9

광역 도시권 (가톨릭에 깊이 동화된 도시들)	인구 2011년	시위자들 (단위 : 천)	주민 100명당 비율
아라스	128 989	5	3,9
릴	1 159 547	40	3,4
부르주	139 368	4	2,9
숄레	104 742	3	2,9
니스	1 003 947	28	2,8
칼레	126 308	3	2,4
됭케르크	257 887	6	2,3
르아브르	291 579	5	1,7
아미엥	293 646	5	1,7
발랑시엔	367 998	3	0,8
베튄	367 924	3	0,7
마콩	100 172	1	1,0
에브뢰	110 661	1	0,9
생캉탱	111 549	1	0,9
비엔	111 606	1	0,9
알레스	112 741	1	0,9
벨포르	113 507	1	0,9
부르앙브레스	121 386	1	0,8
보베	124 603	1	0,8
모뵈즈	129 872	1	0,8
블로뉴쉬르메르	132 661	1	0,8
티옹빌	134 736	1	0,7
샤르트르	146 142	1	0,7
베지에	162 430	1	0,6
님	256 205	1	0,4
아비뇽	515 123	1	0,2
두에랑스	542 946	0	0,0

지도 1.2 노동자들

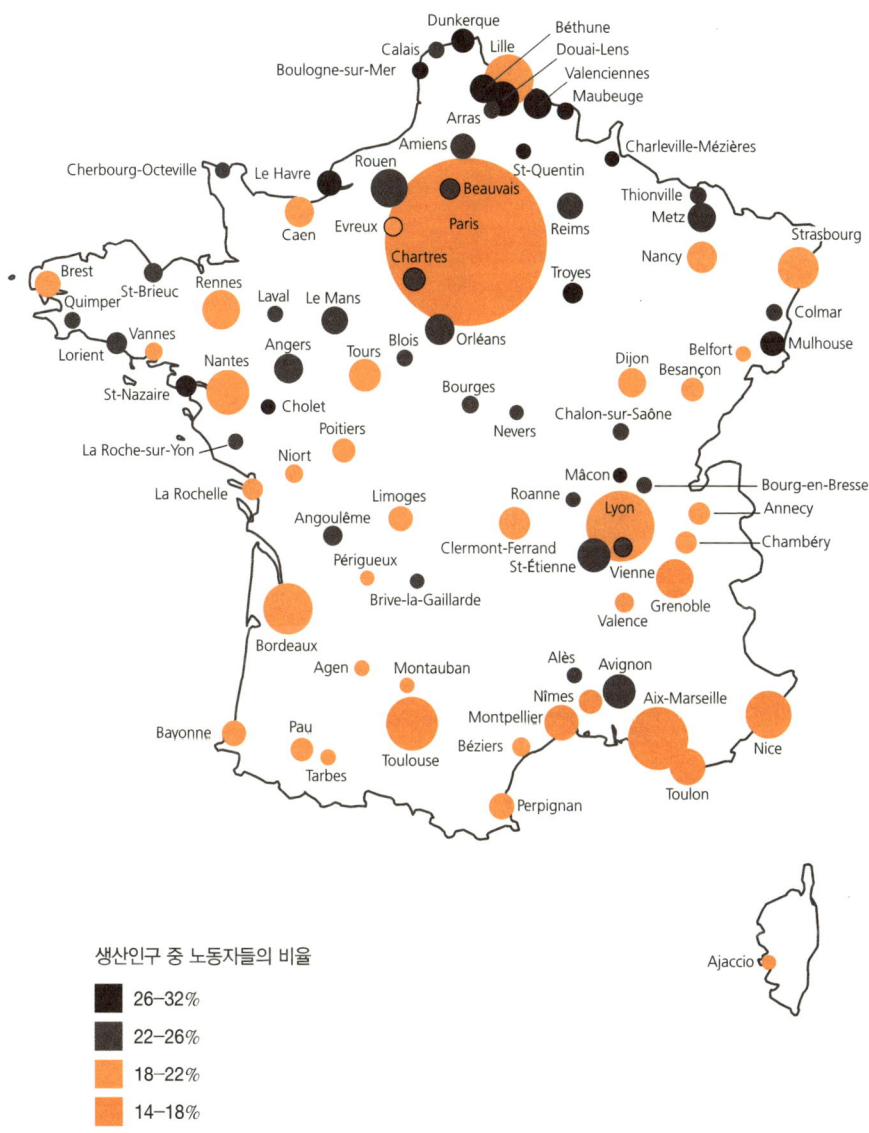

생산인구 중 노동자들의 비율
- 26–32%
- 22–26%
- 18–22%
- 14–18%

Chapter 1 _ 샤를리 :: 41

지도 I. 3 상위 중간계층

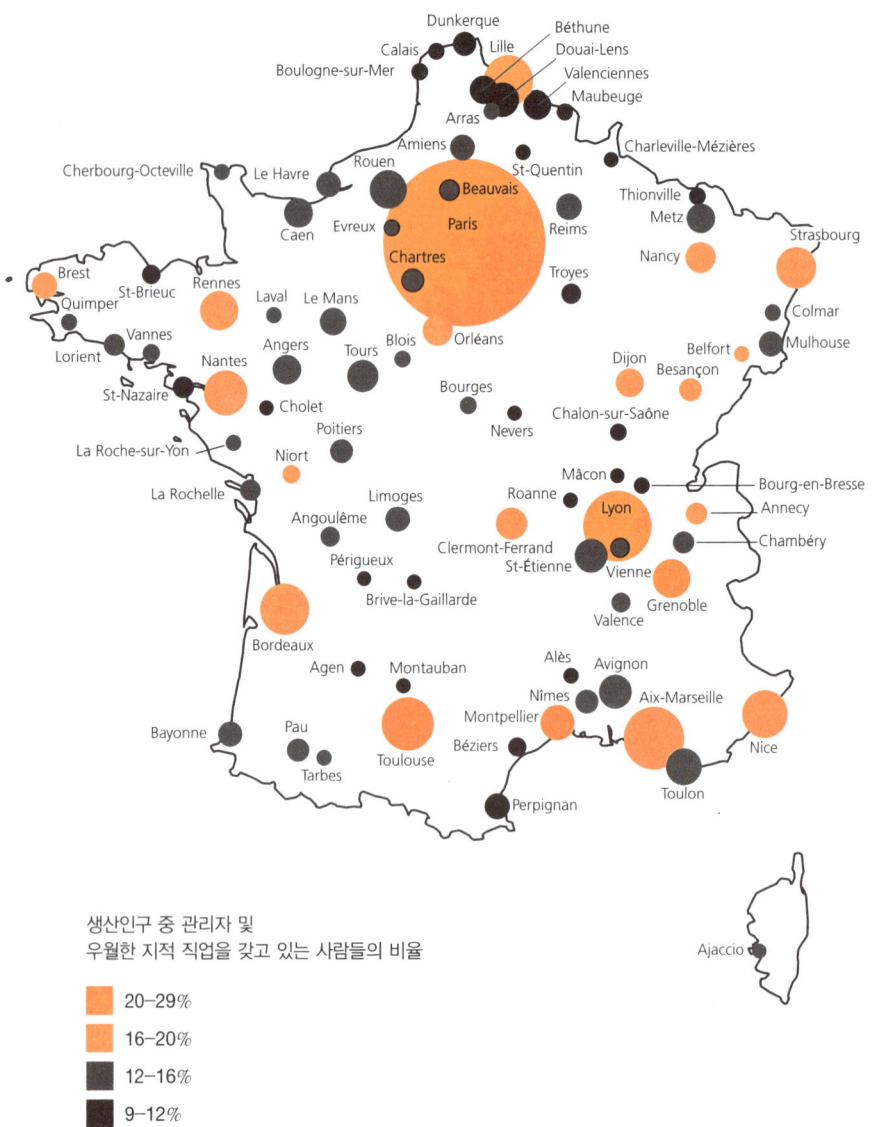

생산인구 중 관리자 및
우월한 지적 직업을 갖고 있는 사람들의 비율

- 20–29%
- 16–20%
- 12–16%
- 9–12%

으로 드레퓌스 사건[17]을 연상시킨다.

의미 있는 불규칙성이 곧바로 나타난다. 그것은 프랑스에서 각각 두 번째와 세 번째 도시권인 리옹과 마르세유 사이의 대립으로, 종교적 단서를 제공해준다. 여기서 마르세유라는 도시는 '부르주아적인' 요소를 가지고 있고, 근교에는 엑상프로방스의 대학이 있다. 리옹에서는 30만 명이, 마르세유에서는 단지 11만 5천 명의 시위자들이 있었던 것으로 평가되지만 이 앞의 숫자는 이틀 동안의 시위가 누적된 것이며, 각기 13.7%와 6.7%가 동원된 것이다. 두 대도시의 대조는, 각기 대단히 전형적인 문화 지역의 중심에 있기 때문에 거의 항상 단일한 의미를 지니고 있다. 마르세유는 비기독교화된 남동 지방의 수도이고, 예전에는 공산주의자의 유입이, 오늘날에는 국민전선 지지자의 유입이 많은 곳이다. 리옹은 가톨릭 전통의 론알프스 지방의 수도이다. 이 두 도시는 각각 오래된 비종교성과 좀비 가톨릭이라는 도시의 변화를 대변하고 있다 두 도시의 대립은 가톨릭을 믿는 주변지역 주민의 시위에 참여하고자 하는 강한 성향과 이미 오래전에 비기독교화된 지역 주민들의 행동에 대한 망설임을 짐작하게 만든다.

(S.F.I.O.), 급진 사회당, 공산당이 결합하였다.

17 1894년 프랑스군의 유대인 장교 드레퓌스는 군사기밀 유출 혐의로 재판을 받고 투옥된다. 이 사건을 두고 프랑스 사회는 그의 무죄를 주장하는 진영과 그의 유죄를 주장하거나 사건의 진실을 덮으려는 진영으로 나뉘어 대립한다. 소설가 에밀 졸라는 드레퓌스를 유죄로 만들려는 음모에 분노하며 대통령에게 『나는 고발한다』라는 공개서한을 보낸다.

가톨릭이든 과거의 비종교성이든 사상의 침투와 지역적 환경에 따라 두 도시를 분류하면 문제를 전반적으로 다룰 수 있다. 극히 일부의 어떤 경우에 있어서 나는 중간 범주를 사용해야만 했다. 지도 I. 4는 도시들을 세 개의 범주로 분류한다. 즉 강한 그리고 약한 혹은 의미 없는 가톨릭의 침투이다. 이 지도는 앞 장에 있는 지역별 종교적 계율의 실천을 보여준 지도에서 나온 것이다. 나는 도시권의 종교적 기반을 평가하면서 지배적인 이주의 흐름을 고려했다. 따라서 여기서는 지방 도시들이, 이농(離農) 현상으로 이주한 주민들과 동시에, 지역문화를 흡수했다고 가정한다.

그래프 1이 보여주고 있듯이 시위자들의 평균비율은 비종교적 전통을 가지고 있는 도시들에서 평균적으로 6%였고, 좀비 가톨릭 도시들에서는 11.4%였다. 다시 보자면, 상관관계는 명확하며, 노동자들에 대해 측정된 상관관계 + 0.43과 가깝다.[18] 사실, 시위 강도가 작은 순서로 정리된 도시들의 단순한 목록은 좀비 가톨릭의 효과를 보여준다. 우리는 순서에 따른 분포의 앞쪽에서 셰르부르, 브레스트, 렌, 생브리외, 그르노블, 파리, 캥페르, 라로슈쉬르용을 본다. 서부지방을 가톨릭의 본산으로 보는 시각은, 앙드레 지그프리드 André Siegfried[19]가 1913년부터, 프랑스 서부지방의 뿌리

---

18 원주. 한 개의 요인에 대한 (두 개 이상 집단들의 평균을 비교하는) 분산분석(ANOVA분석해석)이 그 결과를 보여준다 (p-value = 3.7×10^{-5}).
19 앙드레 지그프리드(1875~1959)는 프랑스의 사회학자이자 선거 사회학의 선구자이다.

지도 1.4 도시별 좀비 가톨릭

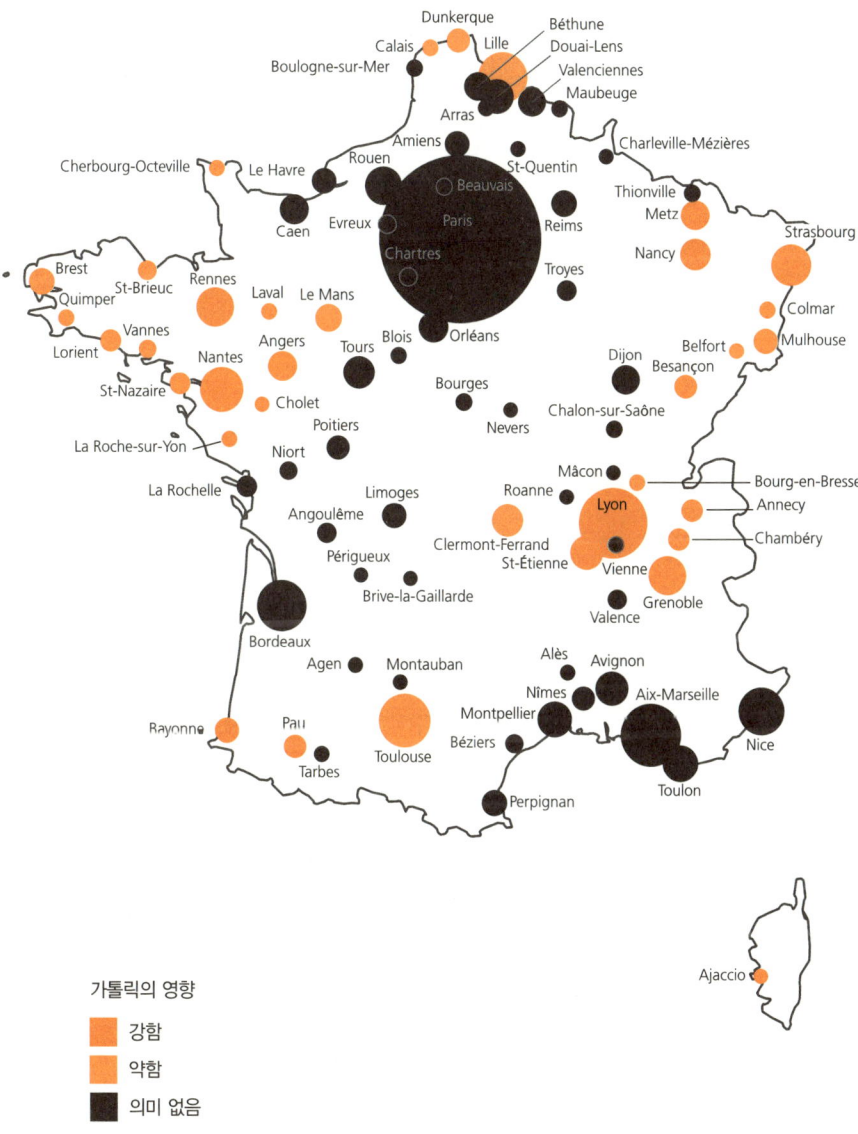

Chapter 1 _ 샤를리 :: 45

그래프 1 **시위의 비율**

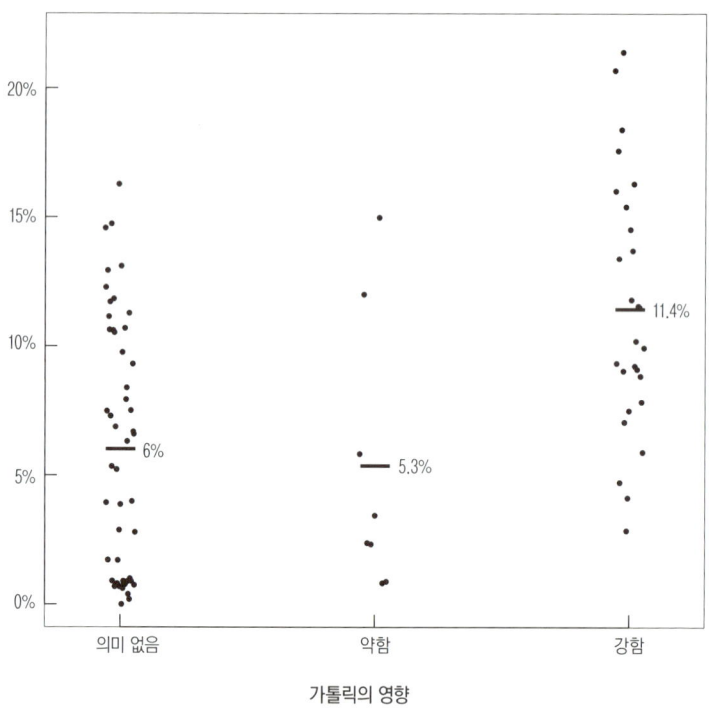

가톨릭의 영향

깊은 우파 성향 속에 나타난 가톨릭의 역할을 연구해서 출간한 저서로 프랑스 정치학의 걸작인 『서부 프랑스의 정치 도표Tableau politique de la France de l'Ouest』에 대한 때늦은 그리고 이상한 찬사가 아닌가 싶다. 그의 분석은 당시의 공화주의자들에게 기본적인 것이었다. 그들은 분석을 통해 자신들이 가톨릭교회와 함께 사는 법을 배워야 할 것임을 알게 되었다. 하지만 오늘날 중요한 것은 왜 서부지방이, '공화주의의 가치라는 이름으로' 일어서는 놀라운 변화를 겪었는지 이해하는 일이다. 1791년과 1914년 사이에 증오의 대상이었던 공화국과 '같은' 공화국을 지지하는 것이 정말 중요하다고 믿는 것에 동의한다면 말이다.

그렇지만 좀비 가톨릭의 효과는 라발, 앙제, 숄레, 생나제르와 같이 노동자 인구가 많은 도시권에서 사라졌다. 이 마지막 도시를 제외하고 서부지방의 도시들은 기업이 최근에 들어왔기 때문에 '노동자' 도시로 여겨지지 않는다. 오늘날 프랑스의 경제 지도들은 30년 전부터 자유무역과 강한 통화를 결합시킨 무분별한 폴리시믹스polycy Mix[20]의 결과로 특히 산업 체계의 붕괴를 나타내고 있다. 서부지방의 도시권들은 잘 견뎌냈고, 이제 북부지방과 동부지방, 파리분지의 재난을 당한 도시들만큼 높은 노동자 비율을 지니고 있는 것으로 나타난다. 페이드라루아르주Pays de la Loire[21]는 대부분 전자 분야이지만 최근까지 항상 다각화되고 새로운 산업들로 활력이 넘치던 곳이었다. 숄레는 창의적 기업 네트워크가 잘 갖추어진 도시로 잘 알려졌지만, 눈에 띄지 않은 라발 역시 주목할 만하다.

노동자와 대중의 활기로 시위 비율이 올라간 도시들 중에 스트라스부르가 없다는 것을 설명할 수 없다. 이 알자스의 수도는 행

---

20 가격안정, 완전고용, 국제수지 균형 등의 정책과제를 수행하기 위해 다양한 정책수단을 조합하는 것을 말한다.
21 페이드라루아르 주는 낭트, 앙제, 라발, 르망, 라로슈쉬르용 등의 주요도시를 포괄하는 프랑스 서북부의 지역을 말한다.

정과 대학이 중심인 큰 도시이며 관리직과 우월한 지적 직업을 가지고 있는 사람들이 많은 도시이기도 하다. 하지만 여기서는 어떤 사람들에게는 명백하고 또 다른 사람들에게는 암묵적이거나 무의식적이기까지 한 시위의 중심 주제가 무엇이었는지 떠올려야 한다. 즉 "나는 샤를리다, 나는 프랑스인이다, 나는 가톨릭에 대해서와 마찬가지로 타인들의 이슬람에 대해서도 신성모독적인 말을 할 권리가 있고 의무까지 있다"라는 주제에 대해서 말이다. 1871년과 1918년 사이 독일에 편입되었던 알자스의 두 개의 데파르트망département[22]과 모젤은 1905년의 가톨릭교회와 국가의 분리를 경험하지 못했다. 그 지역들은 1801년의 콩코르다[23] 체제에 머물러 있었고 신성모독적인 말을 할 권리를 알지 못했다. 장 뤽 멜랑숑Jean-Luc Mélenchon[24]은 그러한 상황을 특징짓는 역사적 당면 과제에 대한 날카로운 감각을 지니고서 사건이 발생하기 훨씬 이전부터 이 특별한 지역에 대해 '샤를리 에브도' 보통법의 적용을 주장했다. 이 지역에서는 사람들이 자신을 가톨릭교도 혹은 개신교도와 동일시하는 일이 여전히 있다. 스트라스부르에서 사람들이 별로 참

---

22 데파르트망은 프랑스 고유의 지방행정구역으로 프랑스에는 최상위 지방행정 구역인 22개의 레지옹(région)과 101개의 데파르트망이 있다.
23 콩코르다는 가톨릭교회의 교황과 국가 사이에 체결된 조약을 말한다. 1801년 나폴레옹은 바티칸과 정교협약을 맺어 프랑스 혁명 이후 지속된 반가톨릭 정책에서 벗어나 교회를 재건하고 예배의 자유를 허용했다.
24 장 뤽 멜랑숑은 1951년 모로코에서 태어난 프랑스의 정치인이다. 사회당에 가입하여 정치에 입문했고 이후 탈당한 뒤 2012년 대통령 선거에서 좌파전선 연대후보로 출마해 4위를 기록했다.

여하지 않은 것이 이슬람에 대한 각별한 애정을 드러내는 것임을 주장하는 것은 전혀 아니지만, 1월 11일 시위의 이데올로기적인 중심은 알자스의 문화적 역학과 잘 결합되지 않았다. 나는 정교분리주의를 신봉하는 사람의 새로운 히스테리가 알자스에서 가져올 수 있는 심각한 결과들에 대해 더 멀리 내다보고 재검토해볼 것이다.

따라서 시위에 대한 상세한 분석으로도 새롭고, 새롭게 바뀌고, 다시 세워진 세계를 발견하는 데 이르지 못했다. 결국 진행 중인 시위에 대한 결정은 마스트리히트Maastricht [25]에 대한 투표의 결정과 동일하다. 동기가 부여된 사회 계층들은 공공부문과 민간부문 출신에, 강한 좀비 가톨릭의 요소를 지니고 있는 지방들에서 부자가 된 중산계급들이었다. 노동자들의 비율과 관리자들 및 우월한 지적 직업을 지닌 사람들의 비율, 가톨릭의 영향 등 세 가지 변수에 관한 선형회귀는 시위 비율의 분산의 40%를 통계적 의미에서 '설명'을 가능하게 해준다.[26]

마스트리히트와 비교해서 나이가 많은 시민들만이 선동에 응하지 않았다. 일정한 나이 이상은 시위를 하는 것이 어렵기 때문에

---

25 유럽공동체(EC)에 가입한 12개 국가는 유럽연합(EU)을 설립하기 위해 1992년 네덜란드의 마스트리히트에서 구성국 정부의 승인을 얻어 정치, 경제, 통화의 연합에 목표를 둔 조약에 서명했다.

26 원주. 결정 계수(R2)는 0.39이다. 데이터에 영향을 미치는 오차한계를 고려한다면 놀라운 일이다. 근접해야할 비율과 모델에 의해 예측된 값들 사이의 오차한계는 사실 부재하는 설명 변수뿐이 아니라 많은 측정 오류 역시 포함하고 있다. 이 오류가 없다면 결정 수준은 대략 55%일 것이다.

그들을 분석에 포함시키지 않았다. 그렇지만 동원된 시민의 평균 나이는 혁명기 군중들의 나이와 비교했을 때 오히려 많았다. 평균 나이는 은퇴자들의 무시할 수 없는 숫자를 포괄했다.

따라서 샤를리는 구면(舊面)이다. 1월 11에 나타난 사회적 힘은 마스트리히트 조약을 받아들이게 했던 힘이다. 1월 11일의 대량 학살에서 비롯된 감정은 프랑스 공화국이 아니라 새로운 유럽 질서 속에서 공화국의 해체에 투표했던 동맹을 되살렸다. 시위의 군중은, 2005년에 동맹을 포기했던, 국립 통계 경제 연구소의 사회 직능별 분류법에 따른 '중간' 계층들이 2015년에는 프랑스 사회의 지배적인 이데올로기 집합체 속으로 돌아왔다는 사실을 시사한다. 일체감은 이 찬동에서 비롯된 것이다.

신(新)공화주의

프랑스 사회의 상위 절반과 후기 가톨릭의 주변에 시위가 뿌리내린 것은 일체감보다는 사회적 동맹이나 집합체의 주도권(헤게모니)에 대해 말해준다. 민중계층들은, 모든 뉴스 해설자들이 인정했듯 방리유의 이민자들의 후손들과 마찬가지로, 침묵할 수밖에 없었고 대부분의 시위에 참여하지 않았다. 옹호해야할 공화국은 모든 시민들의 공화국이 아니었다. 프랑스의 사회적 공간에 대한 인류학적, 지리학적 이해는, 새로운 주의(主義)가 — 최근의 공화주의자와 같은 유럽통합 지지자들을 말한다 — 평등의 원칙에 최소한 혹은 전혀 동조하지 않는 지역들과 계층들에 의존하고 있음을 인정하게 한다. 시위가 일어나는 동안 공화주의의 표어의 두 번째 표현(평등)을 왜 많이 들을 수 없었는지 이해하게 된다.

일체의 혼동을 피하기 위해 이제부터 나는 '신공화주의'라는 용어로서, 드러나고 있는 주의(主義)를 지칭할 것이다. 그 사상은 마리안과 비종교성에 대한 애착을 열렬하게 내보이고 있지만 프랑스 공화국의 확립에 가장 격렬하게 저항하는 그 가톨릭 지역들에 가장 확고한 토대를 두고 있다. 통계적 분석은 이처럼 근본적인 질문을 제기하게 만든다.

'오늘날 유럽 계획과 비종교성을 가장 강렬하게 주장하는 지역들은, 가톨릭에 속했었을 당시 반(反)드레퓌스 주의에 가장 많은 사람들이 참여했었고, 비시 프랑스를 가장 강력하게 지지했었다. 왜 그런가?'

이 질문에 대한 낙관적인 대답이 있다. 프랑스의 주변지역과 상위 계층의 보루에서 가톨릭의 최후의 추락은 관련된 집단의 완전한 해방과, 자유와 평등의 가치에 대한 진심어리고 전적인 찬동을 가능하게 해주었다. (나는 여기서, 박애의 가치는 가톨릭 교회와 공화국에 공통적인 것이기 때문에 그 가치를 판별 요소로서 언급하지 않을 것을 전제로 한다.)

개종이라는 말로 나타난 이런 표현 속에서 — 공화국에 찬동한 성 바오로가 일종의 모델이 된다 — 막 교회를 버리고, 성직자의 영향력에서 벗어난 마지막 집단들의 비종교성에 대한 새로운 열정을 전통적인 비종교성의 순수하고 소박한 회복으로 간주해할 것이지만, 우리가 확인한 것은 전혀 그렇지 않다. 즉 사회적 힘으로서의 가톨릭의 소멸의 마지막 단계는, 볼테르와 대혁명, 1905년의 정교분리 시대에 관찰할 수 있었던 것과 같은, 교회에 대한 명백하고 격렬한 거부를 포함하고 있지 않다. '프랑스 기독교도 노동자동맹'은 서서히 그리고 평온하게 그렇다고 반교권주의자도 되지 않은 채 '프랑스 민주노동 동맹'으로 변화했다.

그것은 우리가 인간의 자유에 관해 형이상학적으로 사색하기 전에, 세상의 현실 속에서 계속성의 힘을 보는 것을 받아들여야만 한다는 것이다. 프랑스나 다른 나라에서도 마찬가지지만 개인이나 집단은 단지 30년 동안의 변화만으로는 자신들의 가치에서 벗어날 수 없다. 관성의 법칙은 사회나 한 계층이 역사적 궤도에서 그렇게 빨리 벗어날 수 없음을 말해준다.

물론 그 가치들은 드러나지 않고, 무의식 속에 잠재되어 있다. 그것의 영속성을, 그리고 정치인들이나 유권자들이 낡은 옷처럼 타성에 젖어있는 의식적 가치들과 그 가치들의 충돌을 인정하게 되면, 우리는 현재의 프랑스인의 정치적 삶의 구조적 특징들 중 하나를 효율적으로 분석할 수 있게 된다. 즉 말로 나타난 것과 행동으로 나타난 것 사이의 끝임 없는 모순 말이다.

1992~2015년, 유럽 통합주의부터 신공화주의까지

이 양분은 유럽 통합주의의 전형을 보여준다. 마스트리히트의 언어는 자유롭고 평등주의적이며 보편적이었다. 칸트적 질서에 따른 영구적인 평화 속에서 자유롭고 평등주의적인 국가들의 결합체인, 결합된 유럽의 건설을 밀고 나가는 것만이 더욱 중요했다. 이 위대한 원칙은 경제적 효율성에 의한 정당화를 무시하지 못하게 만들었다. 유로화는 우리의 번영을 약속해줄 터였다.

현실은 도리어 반대였다. 성장은 둔화되었고 경제는 침체되었다. 마스트리히트는 자유와 평등의 승리에 이르기는커녕, 화폐라는 가혹한 숭배물의 막강한 영향력 아래서, 불평등의 승리를 가져왔다. 민중 사회는 금융 서비스에 특혜를 주기 위해 산업 활동의 파괴를 가능케 하는 경제적 통제의 갈고리가 자신들을 덮치는 것을 보았다. 유럽은 불평등한 국가들의 서열 속에 놓이게 되었다.

마스트리히트에 호의적이고 동시에 무지한 정치인들과 유권자들은 자신들의 이데올로기의 꿈의 경제적 결과를 고려하지 못했고, 공화주의의 자유와 평등을 실질적으로 생각하지 못했다는 것을 인정할 수밖에 없을 것이다. 1992년 대중과 엘리트의 갑작스러운 대립은, '찬성'표 속에 있는 가톨릭의 흔적처럼, 단지 불행한 사고였을지 모른다. 하지만 2015년, 공장들은 문을 닫고 방리유 지역들은 취약한 상태를 벗어나지 못하는, 마스트리히트의 결과가 바로 그것이다. 단일화폐의 기획자들의 머릿속에 다른 것은 결코 문제가 되지 않았다는, 가정을 세워볼 수 있다. 즉 그들은 '지금 일어나고 있는 것은 프랑스를 지배하는 사회적 연대 가치들과 모순되지 않고 그 가치들을 만족시켰다'고 믿었던 것이다.

노동자들과, 사무직원들, 젊은이들에게 이 4반세기는 잃어버린 시간이었다. 이데올로기적인 논쟁 역시, 돌아다니는 공허한 이야기로 사라지기 때문에 결과는 마찬가지다. 그렇지만 지나간 이 시간은 당사자들의 잠재적 가치들을 명백하게 드러나게 해주었기 때문에 연구자들에게는 무언가 가치가 있다. 항상 우리를 지배하고, 권력과 차별의식 속에 뿌리 내리고 있는 마스트리히트에 이르게 한 것은 바로 계급의 이상(理想)이다. 그것은 우리에게 프랑스 대혁명 이상으로 가톨릭과 비시 정부에서 비롯된 것이다.

샤를리는 마스트리히트처럼 두 가지 방식으로 작용한다. 하나는 의식적이고 긍정적이고 자유롭고 평등하고 공화주의적인 방식이고, 다른 하나는 무의식적이고 부정적이고 권위적이고 불평등한 방식으로, 지배하며 거부한다.

1월 11일의 시위는 장엄했다. 시위가 실질적으로 표현의 자유와 비종교성에 대한 옹호, '선량한 이슬람'과 세상에 대한 개방 등을 표현했다는 것을 자세히 되풀이 하는 일은 시간낭비일 것이다. 다만 시위의 구체적인 목적에 관심을 집중하는 것으로 충분하다. 무엇보다도 '자신들의' 정부 뒤에서, '자신들의' 경찰의 통제 하에 대규모로 줄을 지어 행진하면서 달성한 목적, 영향, 사회적 힘을 분명하게 드러내는 것이 중요했다. 풍자 신문 〈샤를리 에브도〉와의 동일시는 시위 동기의 거부라는 큰 의미를 드러낸다. 다시 세워야 했던 공화국은 신성모독의 권리와, 그 즉각적인 적용점으로써, '혜택 받지 못한' 집단이 떠받들고 있는 '소수' 종교의 상징적 인물에 대해 신성모독을 가할 의무를 가치의 중심에 두었다. 대량 실업, 북아프리카 출신 젊은이들에 대한 고용 차별, 프랑스 사회의 상층에 자리 잡은 관념론자들 그리고 학술 단체뿐만 아니라 이슬람에 대해 끊임없는 악마화하는 매스미디어…; 이런 상황에서, 1월 11일의 시위 속에 억제되어 있던 폭력성은 아무리 강조해도 지나침이 없을 것이다.

약자들의 종교를 비방할 권리를 프랑스 사회의 최우선적인 요구로 규정하기 위해 수백만 명의 프랑스인들이 거리로 달려 나갔다. 그들은 이 기회를 통해 자신들의 주장에도 불구하고 (프랑스) 역사의 중심축에서 벗어났다. 볼테르는 샤를리에 의해 교리상의 기준으로 종종 환기되었다. 1789년의 혁명가들이나 1905년의 국교 분리 지지자들이 정당한 이유로 그에 대해 그랬던 것처럼 말이다. 하지만 우리가 『철학 사전』에 다시 몰두한다면, 사전에서 발견하는 것은 저자의 조상들의 종교인 가톨릭과 이 종교의 유일한 기원인 유대교에 대한 탁월한 조롱일 것이다. 사전은 이슬람이나 프로테스탄트에 대해서는 거의 관심을 두지 않았다. 사전은 아브라함, 다윗, 예수, 요셉, 줄리안, 모세, 바울, 베드로와 솔로몬에 관한 항목을 포함하고 있지만 무함마드, 루터, 칼뱅에 대해서는 전혀 언급하지 않았다. 볼테르는 샤를리와 반대로 다른 사람들의 종교를 규탄하지 않았다. 그는 자신의 종교와 그 종교의 시초가 된 종교에 대해 신성모독적인 말을 했다.

우리는, 이제부터 샤를리가 권위적이고 불평등한 괴물을 낳을 것이라고 말하는 것을 가능하게 해줄, 객관적인 평가를 2015년의 시위에 대해서는 마음대로 내리지 못한다. 마스트리히트에 대해서 그랬듯이 말이다. 더구나 우리는, 절대적으로 파리 지역의 전형이 아닌, 이 차별의식이 수도권의 중간계층에 어느 정도로 침투했는지 알지 못한다. 다음 장들에서 제시하겠지만, 파리의 시위가 가톨릭의 전통과는 완전히 무관하고, 정반대로 혁명과 공화주의 전통의 어두운 면을 이루는, 외국인 혐오증의 요소를 포함하고 있었다는 사실은 근거 없는 말이 아니다. '샤를리는 동시대 프랑스의 가장 절망적인 시기를 말해주는가 아니면 그렇지 않은가?'라는 질문에 대해 확정적으로 대답하는 것은 불가능하다.

하지만 우리는 이슬람 혐오증과 반유대주의 감정의 고양이 휩쓸고 간 2015년의 프랑스에 있다. 그 제안의 타당성을 주장하기 위해 신공화주의는 비시 정부에 대한 추종이라고 '확신하기까지' 기다릴 수 없다. 그것에 대해 확신하고 난 뒤면 아마도 너무 늦어버릴 것이기 때문이다. 이슬람 혐오증은 전통적인 우파의 반유대주의만큼 위험할 정도로 충분히 심각해졌다.

2015년에 우리는 상황을 평가하기 위해 어떤 지수들을 사용하고 있는가?

첫째 좀비 가톨릭의 보루와 더불어, 정말로 명백한, 시위의 지리적, 사회적 신분증을 이용하는 것이 가능하다. 그것은 비종교성에 관해 안심시키는 모든 말들을 무효화시키기에 충분하다. 프랑스 도시들의 거리에서 시위의 선두에서 섰던 것은 낡은 비종교성이 아니라 예전에 가톨릭교회를 지지했던 세력의 돌연변이였다. 이슬람을 향한 선두에 섰던 것은 바로 좀비 가톨릭이지 프랑스 대혁명이 아니었다. 그들은 무함마드를 풍자할 의무를 주장한다. 그들은 더 이상 신을 믿지 않는 세상에서 우리에게 종교간 전쟁을 제안한다.

둘째 1월 11일의 시위와 마스트리히트의 '찬성' 표에 나타난 공통적인 사회 경제적, 종교적 태도는 단일화폐의 경우에서처럼, 샤를리는 시간이 지날수록 권위와 불평등이라는 진짜 가치를 점점 더 강하게 드러내는 역동적 현상일 수 있다는 사실을 암시한다. 아직 샤를리는 어린 아이일 뿐이다. 어른이 된 샤를리는 어떻게 변해 있을까?

마스트리히트와 샤를리 사이에서 동일하게 나타난 이슬람 혐오중은 프랑스 사회 시스템의 현실을 그대로 묘사하고 있다. 공식적이고 의식적인 정치의 장막이 두 번째로 찢어졌다. 1992년에는 유럽 통합 지지자이자 낙관주의자였고, 2015년에서는 정신적 충격을 받고 잠재적으로 이슬람 혐오자가 된 동일한 패권주의적인 진영이 이를 지배하고 있다. 사회적이고 집단적인 존재인 샤를리는 프랑스 전체가 아니다. 하지만 샤를리는 프랑스를 자신의 국가처럼 꽉 붙들고 있다.

신공화주의의 현실 : 중간계층들의 사회 국가

2015년 프랑스는 강하고 관대한 국가가 아니다. 빈민가들이 자리 잡았고 감옥들은 가득 차있다. 왜냐하면 축적된 문제들에 대해 MAZ(중간계층, 고령자, 좀비 가톨릭 : classes Moyennes, personnes Agées, catholiques Zombies) 패권주의 집단이 유일하게 내세우는 해답은, 국가가 투옥시킨 개인들의 급속한 증가이기 때문이다. 1980년에는 36,913명이, 2014년에는 77,883명이 수감되었다. 5,500만에서 6,500만의 프랑스 인구 증가를 고려할 때, 우리는 1000명당 7명에서 12명의 투옥률 혹은 70% 이상의 수감률 상승을 기록하고 있다. 무엇보다도 젊은이들이 문제다. 그들의 출신 국가나 종교 이전에 1980년에 30.1세, 2014년에 34.6세라는 수감자들의 평균

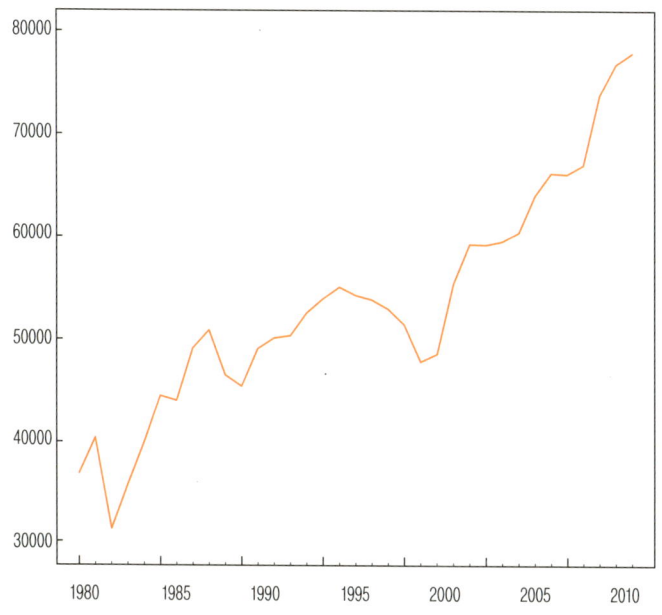

그래프 2 **1월 1일의 수감자들의 숫자**

나이에 주목해보자. 더구나 이런 수감 경향은 심각한 폭력의 증가를 반영하지 않는다. 살인범의 숫자는 프랑스에서 1996년 1,171명에서 2013년 682명으로 감소하였으니 말이다. 감옥을 가득 차게 한 것은 바로 세상의 불공정성이다.(그래프 2)

MAZ 집단은 유럽인들의 보편적이고, 놀라운 가치들을 계속 설명해주지만 실제로는 사회 내부의 놀라운 경직성을 옳다고 믿는다. 여기서는 자유와 평등이라는 전통적인 프랑스의 가치를 부인하는 것도, MAZ 집단의 순전히 부정적인 비전을 제시하는 것도 문제가 되지 않는다.

▍2010~2015년 무렵 중간계층들의 규모

국립 통계 경제 연구소(INSEE)의 분류법은 접근방식이 직업과 교육, 수입을 한 데 섞고 있기 때문에, 이론적 구상에 있어 절대적으로 불완전하지만 완벽하게 합리적인, 사회구조에 관한 경험적인 접근을 가능하게 해준다. 본래 중간계층들은, 수는 아주 적지만 자본의 소유에 있어서는 매우 중요한 상위 계층들과 다수의 민중계층 사이에 존재한다.

우선 상당한 수의 은퇴자들과 비취업자 인구를 별도로 놓아두자. 10명 이상의 임금 노동자를 둔 기업들의 대표들은 기껏해야 생산인구의 0.1%를 차지한다. 최고위급 관리들과 기업 고위임원들, 대단히 부유한 금리 생활자들을 합산해도 상위 계층들의 규모는 생산연령 인구의 1% 이상을 넘지 않는다.

노동자들과 사무직들은 ─ 노동자들의 80%는 남자들이고 사무직원들의 75%는 여자들이기 때문에 종종 같이 결혼하기도 한다 ─ 생산인구의 50%로 일반 민중계층의 대부분을 이루고 있다. 생산인구의 5.5%인 수공업자들과 소상인들은 교육 수준과 국민전선에 투표하는 비율에서 노동자들에 가깝다. 그들은 모두 합해서 1.5%인 농민들처럼, 소수의 대규모 개발업자들을 제외하면, 민중계층들과 문화적으로 가깝거나 그들의 일부이기도 하다. 따라서 우리는 넓은 의미에서 민중계층을 전부 합쳐서 57%로 보고 있다.

그렇다면 생산인구의 42%인 중간계층들이 있는데, 그들은 17%의 중상위 계층들(관리자와 우월한 지적 직업을 가지고 있는 사람들)과 25% 중하위 계층들(중간 직업을 가지고 있는 사람들)로 구성되어 있다. 그들을 상대적으로 비교하기 위해 교수와 초등학교 교사 혹은 전문 기술자와 하급 기술자 사이의 차이를 생각해보자. 이러한 설명에서 우리가 얻을 수 있는 중요한 첫 번째 가르침은 중간계층들이, 물론 민중계층보다는 덜 중요하지만 57% 대 42%의 다수를 이루고 있다는 것이다.

우리는 이 중간계층이 어떻게 더 높은 교육과 수입을 결합시켜 이데올로기적인 체제를 지배할 수 있었는지 잘 알고 있다.

마찬가지로 중요한 두 번째 가르침은, '우월한 수단'이 상위 1%와 하위 57%를 꼼짝 못하게 하려면 '중재자들'을 통제해야 한다는 것이다. 마스트리히트 이후 이데올로기 투쟁의 쟁점은 실질적으로 중하위층의 이데올로기적인 동향이다. 민중계층에 대해 말하자면, 그들은 아주 오래전, 자신들이 더 이상 만회할 수 있을 것 같지 않은, 중상위 계층의 중력장을 벗어났다.

사회적 힘의 균형에서, 15세 이상 인구 중 32%의 은퇴자들과 8%의 학생 혹은 대학생이 있다는 사실을 잊지 말자.

프랑스의 중간계층들은 놀라운 측면을 가지고 있다. 그 계층들은 영국과 미국, 독일의 동일한 계층들과는 달리 상당히 많은 아이를 낳을 수 있으며, 여름 예술제에 참가할만한 여유를 가진 교양 있는 은퇴자들을 배출한다. 그 계층들은 우리 영화를 보호하고 있으며, 일반적으로 세계화와 분리된 세상에서 일관성 있는 문화를 지키고 있다. 이 계층은 공적인 표현으로는 힘과 착취, 배제, 억압과의 관련을 부인하기 때문에, 그들의 행복은 이기적일 뿐 아니라 위선적인 사회 체계에서 비롯되었을 따름이다.

프랑스어의 '사회국가'는 특유한 표현 방식이다. 프랑스인들은 앵글로색슨 민족들보다 사회국가에 더 애착을 가지고 있으면서도 지금껏 국가의 재정을 뒷받침해주고 있는 세금을 내는 것을 거부하지 않았다. 하지만 그들이, 노동자 계급과 민주주의적 평등의 더딘 발전을 위한 투쟁에서 비롯된, 전쟁 이후의 오래된 사회국가의 선두에 서있다는 것을 정말 확신하는가? 물론 의료보장과 퇴직연금은 아직 모든 사람들에게 보장된다. 바로 그것이 건강에 있어서 프랑스의 뛰어난 성과를 설명해주고, 그것에 영아 사망률이나 평균수명도 관련되어 있다. 하지만 오랜 기간 동안 구조적으로 삶을 위협하는 10% 이상의 실업률을 고착화시킨, 경제적 관리체계를 가진 국가를 정말 '사회적'이라고 부를 수 있겠는가? 이러한 결과는, 금권정치가들과 은퇴자들, 중간계층들, MAZ 집단을 형제처럼 뒤섞음으로써, 차라리 계급이 결속된 정책을 연상시키며, 그

정책에 도움이 된다면 불평등을 받아들인다…. 종종 프랑스라는 국가는, 크리스토프 라모Christophe Ramaux[27]가 예리하게 지적했듯이 완전고용을 자신의 장기적 목표의 하나로 삼았던 앵글로 색슨 민족보다 상대적으로 덜 사회적이다. 고용을 자신의 목표의 중심에 두는 것은, 실업률이 10%에 달하는 나라가 그것을 받아들이는 것보다 훨씬 더, 사회적 규약의 원칙에 충실한 것이고 그것을 적용하는 것이다.[28]

하지만 프랑스는, 국가가 온갖 활동과 프로그램을 통해 이미 특권화 된 계층에 특별한 혜택을 주는 나라이기도 하다. 영국과 마찬가지로 미국에서도 부모에게 부담이 되는 중고등교육 비용은 중간계층들의 저조한 출산을 설명해준다. 사실 아이들에게 들어가는 비용부담은 과중하다. 프랑스에서는 그와 반대이다. 즉 중고등교육 비용의 대부분에 대한 국가 부담은, 사회적인 자살행위를 감안하지 않고도 아이를 낳을 수 있는, '관리자와 우월한 지적 직업을 가지고 있는 사람들'의 인구통계적인 안정성을 설명해준다. 사회국가는 프랑스에서 살아남았지만 우선은 중간계층들의 사회국가이기 때문이다. 지배 담론은 이제 그들을 줄곧 세금의 희생자들로 소개한다. 하지만 희생자들이라는 그 표현은 프랑스에서는 단

---

27 크리스토프 라모는 프랑스의 경제학자이며 파리 1대학 교수이다.
28 원주. 크리스토프 라모, 『사회국가. 신자유주의의 혼란에서 벗어나기 위해L'État social. Pour sortir du chaos néolibéral』, 파리, 밀에 윈느 뉘 출판사, 2012.

지 특권 계층들의 이데올로기적인 힘을 보여줄 뿐이다.[29]

나는 여기서 일체의 오해를 피하고 싶다. 내가 보기에 국가에 의한, 달리 말해 세금에 의한 교육비용의 조달은 분명히 좋은 것이다. 각 가정은 자녀들의 장기적인 교육비용을 혼자 떠맡지 않을 것이다. 신자유주의자들의 반국가적이고 독단적 주장은, 교양 있는 계층의 문화를 전달하는 방식에 있어서 사회에 긍정적인 면을 말살시키는 결과에 이를 수도 있을 것이다. 피에르 부르디외Pierre Bourdieu[30]의 직계 후계자들이 그것에 대해 말하기를 거부했듯이, 문화적 재생산(reproduction culturelle)[31]은 단순히 부정한 일이 아니라 우리 모두를 위한 사회 체계의 연속성과 진보를 원할 때 필수사항이기도 하다. 재생산은 교육의 확대에 필수불가결한 기반이다. 하지만 그럼에도, 과장해서는 안 된다. 10%에 달하는 실업의 위협에 시달리고 있는 민중계층이 관리자들의 자녀 교육에 돈을 내야 한다는 냉소적인 시선도 있다. 그런데 우리의 정보 체계는 그러한 현실을 감추고 있다. 그 체계는 샤를리가 프랑스 전체라는 것을 우리에게 설명하는 것에 만족하지 않는다. 그 체계는 민중

---

29 원주. 그것은 앵글로 색슨 사회에는 적용되지 않는다.
30 피에르 부르디외(1930~2002)는 프랑스의 사회학자이다. 콜레주 드 프랑스 교수를 역임했다. 대표작에 『구별짓기』(1979), 『호모 아카데미쿠스』(1984), 『경제의 사회적 구조』(2000) 등이 있다.
31 브르디외에 따르면 문화적 재상산은 지배계급이 자신들의 지속적인 지배를 보장하기 위해 그들의 문화를 재생산하고 영속화하는 것을 의미하며, 그는 학교를 생산과 분배, 교환, 소비가 이루어지는 문화시장으로 보았다.

계층이 세금을 내지 않는다는 것을 우리에게 끊임 없이 암시한다. 얼마나 경솔한 짓인가! 국가 수입 중 부가가치세와 에너지 관련 수입을 포함한 간접세는 직접세의 두 배고, 가장 운이 없는 프랑스인들은 생활을 하기 위해 소비를 하는 중에 세금이 부과되기 때문에 자신들의 몫 이상으로 세금을 지불하게 된다. 하지만 MAZ 집단의 이데올로기는 완전히 정보를 장악하고 있어서 95%의 경우 소득세는 경제부 기자들의 입에서도 대단히 적다는 말이 나온다. 사회적 부가가치세를 조지 오웰식 명칭으로 이해한다면, 그것을 부득이하게 인상해야 할 때를 제외하고는 부가가치세는 퇴출된다….

그렇다고 해서 샤를리를 태어나게 만든 사회 체제의 긍정적인 면을 외면하는 것은 불합리한 일일 것이다. 왜냐하면 신공화주의 사상은 어떤 멋진 성공을 자신의 것처럼 주장할 수 있기 때문이다.

본래의 사회국가에서 '중간계층들의 사회국가'로의 변화는 경제적 불평등의 심화에 제동을 걸었다. 교묘하게 보호받고 있는 '관리자들과 우월한 지적 직업을 가진 사람들'은 자녀들의 교육문제에 대한 해답을 그들의 수입의 급증에서 찾지 않았다. 그와 반대로 중간계층의 앵글로 색슨 민족들은 고립 속에서 민중계층들에게서 떨어져 나와, 소득 등위의 상위 1%와 자신들을 동일시하려 애쓰면서 스스로 세분화되었다.

해마다 국제협력개발기구(OECD)는, 프랑스에서는 선진사회에서와는 달리 적어도 하위 80%와 그들보다 많은 19% 사이에서 수입 불평등이 증가하지 않는다는 사실을 확인했다. 우리나라에서는 상위 1%만이 경제적으로 상승하고 이데올로기적인 고립의 위험을 감수한다. 프랑스가 지구적 규모의 1%로 대상을 한정시킨 경제학자 토마 피케티Thomas Piketty[32]를 세상에 내놓은 것이 완전히 우연일까? 혐오스러운 것과는 거리가 먼 프랑스의 중간계층들은, 실제로 평등하고 진보주의적인 사회의 건설을 시도할 수 있는 기반을 항상 갖추고 있다.

샤를리의 출현은, 중간계층의 일부 상위 '19%'가 무게중심을 이루고 있는 사회적, 이데올로기적 체제의 자폐증 성향이 강화되었음을 상기시킬 뿐이다. 피케티 자신도, 예를 들어 그의 저서 『21세기 자본』의 4장에서, 그가 만약 학자가 아니었다면 훌륭한 유럽통합주의 지지자이자 진정한 신공화주의자가 될 수도 있었음을 드러냈다.[33] 상위 1%에 대한 그의 비판적 견해가 그를 하위 50%에 가담하도록 만들지는 않는다. 그러한 의미에서도 그는 현재의 프랑스 사회의 산물이다.

---

32 토마 피케티(1971~)는 프랑스의 경제학자이며 파리경제대학 교수이다. 부의 불평등을 연구한 『21세기 자본』의 저자이다.
33 원주. 토마 피케티, 『21세기 자본Le Capital au XXIe siècle』, 파리, 쇠이유, 2013.

'샤를리'는 불안해한다

그렇다고 MAZ 집단의 자기만족을 과장하지는 말자. 정신적인 공허가 그들을 사로잡고 있다. 경제적 불확실성이 그들을 압박하고 뼈저리게 스며든다. 그들의 자녀들은 가난해진다. 자녀들이 꽤 괜찮은 월급을 받는 일자리와 거주지를 찾는 데 어려움을 겪고 있는 현실이 부모들에게 타격을 준다. 그들은 자녀들을 사랑해서 뿐만 아니라, 그들 스스로도 어려움 없는 삶을 살았다는 죄의식을 느끼기 때문이기도 하다.

이 집단의 몇몇 중요한 계층들은 약화되었다. 인도의 정보과학은 고도의 과학기술 능력을 지닌 프랑스의 어떤 엘리트계층을 위협한다. 또한 인터넷 때문에 청소년들에게 타격을 받은 프랑스의 신문 잡지는 쇠퇴기를 겪고 있다. 기자들은 앞서 피카르디 지방의 타이어 공장 노동자들이 겪었던 어려움을 뒤늦게 감내하고 있다. 즉 아직 은퇴할 나이가 되기도 전에 회사 문을 닫게 될지도 모른다는 불안 속에 있는 것이다. 그 예로, 몹시 흥분한 「르 몽드le Monde」는 바샤르 알아사드Bashar al-Assad[34]와 우크라이나 체제에 대항한 군사적 개입을 위해 여러 달 동안 투쟁했는가 하면, 「렉스프레스L'Express」는 2015년 2월 3일 10일자 표지에 〈프랑스 공화국 대 이슬람〉이

---

[34] 바샤르 알아사드(1965~)는 시리아의 대통령이며 서방 세계에서 독재자로 평가되고 있다.

라는 제목을 붙이기도 했다. 이런 호전적인 언론 매체들은 지금 경제적으로 큰 어려움을 겪고 있다. 국가로부터 보조금을 받는다고 해도 그들은 머지않아 새로운 소셜 플랜[35]을 받아들이거나 어쩌면 파산 신고를 하게 될지도 모른다. 상당히 많은 신문 잡지의 격앙된 호전성은 물론 위협적인 경제적 현실로도 설명된다. 만일 중간계층들의 분석 모델에서 상승하고 있는 이런 근심들을 고려하지 않는다면, 우리는 그들 내부에서 일어나는 이슬람 혐오증의 확산을 절대 이해하지 못할 것이다.

따라서 20년 이상의 실패로 점철된 마스트리히트의 장기 계획의 결과들은, 온통 과거의 가치들에 대한 고수로 이루어진 '신공화주의' 진영에서 통용되는 표현방식을 빌리자면, 이기적이고 불공정하며 가혹한 사회의 주변부를 어렴풋이 보여준다. 프랑스 모델의 현실을 제대로 파악하기 위해서는 그 근본적인 두 가지 요소를 함께 파악해야 한다. 즉 과거에서 비롯된 자유롭고 평등한 학설상의 상부구조와 현재에서 나온 권위적이고 불평등한 정신의 하부구조가 바로 그것이다.

1월 11일의 시위는 프랑스 모델의 그 구조가 잘 드러나 있을 뿐 아니라 한층 악화된 형태로 나타났다. 1월 7일의 공격의 공포가 불러일으킨 충격은 기습적으로 프랑스를 엄습했고, 그때까지 억압

---

35 고용주가 해고나 파면을 제한하거나 재고용을 용이하게 하기 위해 계획하는 일체의 사회적 대책을 말한다.

되어 있던 본능적 성향을 해방시켰다. 그날의 시위는 희생양을 지목하면서 명백한 불평등주의를 향한 중간계층들의 변화의 시작을 분명하게 드러낸 것이다.

위에서 분석한 프랑스 정신구조 현실에 대한 검토는 시위를 경제적, 사회적 맥락 속에서 다시 놓이게 한다. 1월 11일의 삼색기와 마리안의 입상(立像)들은 우리를 속이지 않을 것이다. 우리는 그날 불평등의 깊은 물속에 빠져 있었고, 그 어떤 경우에도 공화국의 평등한 물속에는 잠겨 있지 않았다. 이데올로기적인 그 새로운 체계는 그날, 자신들이 그 어떤 경우에도 동요되지 않는다는 것을 소리 높여 강조하고 싶었던 중간계층들의 목소리로 뒷받침되었다. 유럽 통합 지지와 유로화가 일부 젊은 계층과 방리유의 젊은이들까지도 망쳐놓은 걸까? 아름답고 훌륭한 '우리의 가치들'이 유일한 '진짜 가치들'이라는 사실은 별로 중요하지 않았다.

우리는 이 단계에서, '무정부주의' 신문을 지지하기 위해 그것도 국가와 그의 경찰에 동시에 갈채를 보내면서 모여든 이 시위의 주된 모순을 이해할 수 있다.

미디어의 거품을 걷어낸 행렬들의 수를 보면, 중상위 계층들이 도시 사회적 구조에서 더 낮은 계층의 사람들까지 부추기는 데 성공했다는 사실을 명백히 보여준다. '관리자들과 우월한 지적 직업을 갖고 있는 사람들'은 프랑스 생산인구의 17%에 불과하다. 파리에서는 28%, 툴루즈는 24%, 리옹이나 릴은 20%, 렌이나 마르세유는 19%, 보르도는 18%를 이루고 있다. 물론 마스트리히트의 양심이 살아있던 시기가 중요하지 않았다는 듯, 불안과 극도의 흥분을 표현했던 중상위 계층의 예외적인 참여도 있었을지 모른다. 한편 프랑스 사회의 상위층은 2015년 1월 11일에 중하위 계층 대부분을 자신의 세계관 속으로 끌어들이는 특별한 능력을 보여주었다. 그 중하위 계층은 국립 통계 경제 연구소의 분류에 의하면 '중간 직업을 갖고 있는 사람들'과 도심에서 일정한 유형의 사무직으로 일하는 사람들이다. 2005년의 국민투표에 대한 분석을 참고로 한다면, 유럽통합 지지의 영향을 받았던 그 당시 대학생들은 아마도 오늘날 신공화주의자들이 됐을 것이고, 그들 중 대다수는 아직도 자신이 결코 넘볼 수 없는 사회의 최상위 계층과 자신을 동일시하고 있다.

반대로 시위 참가자들의 숫자에서 일정하지 않는 '노동자들의 비율'의 부정적이고 강력한 결과는, 민중 사회가 이제 문화적 지배 계층의 이데올로기적인 통제에서 완전히 벗어났다는 사실을 드러낸다. 지리적 사회구성은 이 부정적인 자유를 상당히 넓게 설명해준다. 크리스토프 귈뤼Christophe Guilluy[36]는 도시 외곽지역으로 추방되고 있는 민중계층을 대단히 사실적으로 그리면서 이를 프랑스 사회의 중심적 현상으로 분석하기도 했다. 도시 공간들의 지리

---

36 크리스토프 귈뤼(1964~)는 프랑스의 지리학자이다.

상 외곽으로 밀려난 노동자들은 더 이상 도시의 중심에서 시위를 벌이지 못한다. 그들은, 국민전선에 대한 그들의 지지가 증명하고 있듯이, 이데올로기적으로만 통제할 수 있을 뿐 더 이상 결집시킬 수 없다. 프랑수아 올랑드와 사회당이 '공화주의를 지지하는 대규모 집회'에서 국민전선을 견제하는 발언을 하면서 은연중에 국민전선의 유권자들을 지목해 대도시들의 중심에서는 원하지 않는 사람들이라고 지칭한 것은 사실이다. 이슬람교도라는 가상의 계층과 마찬가지로, 노동자들이라는 실재하는 계층도 신공화주의의 협약이 이루어지는 날을 반기지 않기 때문이다.

MAZ 집단의 중간계층들에 대한 지배는 일시적이었지만 대성공으로 남았다. 우리는, 마스트리히트에 대한 51%의 '찬성'이 유럽헌법조약에 대한 55%의 '반대'로 변화한 것이, 1992년에는 57%로 '찬성'했다가 2005년에는 54%로 '반대'한, 그 계층들의 변절의 결과였다는 사실을 기억한다. 그 집단에 대한 점령은 훌륭했고 사회적 통제수단으로 이슬람 혐오증을 도구화하는 길을 열어준 것 같다.

샤를리 현상이 중간계층들의 내부적 대립의 해소를 조장했고 어떻게 보면 우파와 좌파를 합쳐놓았으며 극좌파의 이데올로기적인 실체의 결핍을 드러낸 것임을 최소한 인정해야할 것이다.

좌파에 맞선 비종교성

소위 비판적인 좌파 경제학자들과 다수의 지식인들은, 그들이 어찌 할 수 없는 자유무역과 유로화에 대한 비판 대신 비종교성의 요구를 흡수했다. 나는 앞서 사회국가의 분석을 위해 크리스토프 라모를 인용했다. 1월 9일부터 그는 「르 몽드」에서, 틀림없이 이슬람 혐오증에 생각 없이 빠져들지 않은 잘못을 저지른, 「폴리티스Politis」지(紙)와 국제금융관세연대(ATTAC)[37]를 고발했다. 2월 11일, '1월 11일 정신의 정치에서 경제로의 연장'이라는 새로운 제목에서, 그는 공공지출에 대해 말했지만, 민중계층들과 거리의 젊은이들을 위한 경제 정책을 가능하게 해줄 유일한 파기 방법인, 유로화의 퇴출이나 자유무역에 대한 항의에 관해서는 말하지 않았다. 중간계층들의 국가사회에 대한 옹호는 절대적인 당면 과제로 남는다.

물론 2015년 초반에는 좌파 쪽에서, 유럽에 대한 변덕스러운 반감과 이슬람에 대한 두려움이 뒤섞인, 개인적 견해를 지닌 많은 사람들을 찾아볼 수 있었다. 하지만 중간계층들을 부추긴 이데올로기적인 원동력은 후자에 의해 전자의 관심에서 사라져가는 추세이다.

---

37 국제금융관세연대(Association pour la Taxation des Transactions financières et pour l'Action Citoyenne)는 「르 몽드 디플로마티크Le Monde diplomatique」의 제안으로 1998년 6월 3일에 설립되어 국제적인 반세계화 및 반신자유주의 운동을 펼치는 단체이다.

그래서 기성 질서와 이념을 비판하는 좌파는 군중 속에서 프랑수아 올랑드, 니콜라 사르코지, 앙겔라 메르켈, 데이비드 캐머런, 장 클로드 융커Jean Claude Juncker[38], 도널드 투스크Donald Tusk[39], 페트로 포로셴코Petro Poroshenko[40]를 앞세우고 열을 지어 행진했다. 되풀이해서 말하지만 어느 누구도 왜, 어쨌든 누구 뒤에서 시위를 하는지 모르는 것 같지 않았다. 현실로 받아들이는 것은 이론적으로 부정하는 것보다 더 의미가 있다. 대부분의 극좌파는 이론적으로 그리고 앞뒤 가리지 않고 긴축과 자본주의 시스템, 미국식 리더십, 팔레스타인에 대한 탄압을 거부한다. 하지만 실제로는 단일화폐와 자유무역을 받아들인다. 그럼에도 유럽통합 지지자 시위의 선두 뒤에서 열을 지어 행진한 것이 그 사이비 기성 질서 비판자들을 곤란하게 만든 것은 물론이다. 그들은 운명의 그날 자신들이, 프랑스 사회를 이데올로기적으로 그리고 정치적으로 지배하고 있는, MAZ 집단에 속에 있다는 사실을 인정한 셈이다.

따라서 비종교성과 신성모독의 권리에 찬성하는 참여는, 명백히 드러나고 있는 체제에 대한 이해에서 역설적이지만 필수적인 개념이자, 그것을 '중간계층들의 일체감'으로 해석할 때 간략해지는 개념인, '부분적인 동질감'을 명확하게 표현했다.

---

38 장 클로드 융커(1954~)는 유럽연합 집행위원회 위원장이다.
39 도널드 투스크(1957~)는 유럽연합 상임의장이다.
40 페트로 포로셴코(1965~)는 우크라이나의 대통령이다.

주변의 정신적 공백, 유로화의 실패, 신자유주의의 결과들에 의한 스트레스를 추스른 중간계층들은 붕괴되기는커녕 최후의 이데올로기적, 감정적 동질감을 실현하는 중이었다. 사회주의자들, 사르코지와 멜랑숑 지지자들은 근본적으로 동일한 가치를 주장하며 함께 열을 지어 행진했다. 동질감은 진정한 것이었고 어떻게 보면 치료의 효과도 있었다. 많은 사람들이 종교적인 방식으로 세계를 단일 재정립함으로서… 사회의 절반 이상을 대표하는 제2신분의 모든 침통한 시민들을 몰아내고 물러나게 하기 위한 하루를 보냈다. 아마도 그들의 진정성은 의심받지 않을 것이다.

실생활의 중력장에서 잠시 벗어난, 정치부 기자들은 그렇게 1월 11일의 하루가 그들과 계층의 대립을 사라지게 해주기를 정말 기대했었다. 그들은 거부 시위를 통해 상징적으로 사라진 국민전선이 정말로 소멸되기를 꿈꾸었다. 그들은 또한, 진정한 지도자인 프랑수아 올랑드가 마침내 선두에 선 사회당에 대한 지지가 일시적으로 상승할거라고 예측하기도 했다.

다른 한편 1월 11일 고위층에서 실현된 프랑스의 통합이, 방리유의 이슬람 젊은이들과 노동자들에 대한 이중의 배척과 결합된, 사회의 정신적 '위계화'를 두드러지게 한 것은 분명하다. 따라서 그러한 위계화는 극우파를 사라지게 만들기는커녕 국민전선의 새로운 도약에 물꼬를 터주었다. 만일 정치부 기자들이, 2015년 1월 21일부터 시위 참여가 미약한 지역에서 시위의 지역적 격차와 국민투표 상의 '반대' 표시 그리고 국민전선의 영향력을 확인한, 제롬 푸르케가 분석한 문서를 읽었다면, 그들은 어리석은 말들을 하지 않았을 것이다.[41]

1월 30일부터 「마리안」 지(紙)는 마린 르 펜Marine Le Pen[42]이 여론조사에서 30%에 달하는 지지를 받았다고 발표했다. 2월 8일 국민전선은 두Doubs 지역 보궐선거의 두 번째 투표에서 사회당 후보 다음으로 많은 유효표의 48.5%를 얻었다. 대중운동연합(UMP)[43]은 첫 번째 투표에서 떨어졌다.

국민전선은 2015년 3월의 지방 선거에서 유효표의 4분의 1을 얻었고 기권율이 50% 이하인 상황 속에서 지역적 정착을 이어갔다. 사회당은 유권자들에게서 기껏해야 다섯 번째로 선택되었을 뿐이다.

가톨릭 사상, 이슬람 혐오주의, 반유대주의

노동자들의 빈약한 대표성이나 '관리자들과 우월한 지적 직업을 갖고 있는 사람들' 계층의 과잉 대표성 못지않게, 시위 비율과 가

---

41 원주. 프랑스 여론 연구소, 「포커스」 121호, '샤를리를 위한 공화주의의 행진, 의미 있는 큰 동원 격차'.
42 마린 르 펜(1968~)은 극우정당인 '국민전선'의 당수이다.
43 대중운동연합(Union pour un Mouvement Populaire)은 중도우파 성향을 지닌 프랑스의 정당이다. 2002년에 창당되었으며 2007년의 대선에서 니콜라 사르코지를 후보로 내세워 대통령으로 당선시켰다.

톨릭 지역을 표시하는 옛날 지도가 일치하는 것을 보면, 우리는 평등에 애착이 있는 전통적인 공화주의와 좀비 가톨릭이 구상해낸 신공화주의 사이에 어떤 연속성이 있다는 것을 알 수 있다. 사실 신공화주의는 인간과 사회적 조건의 불평등을 주장하는 프랑스 인류학 체계의 일부에서 나타난 것이다. 그것의 정신적인 측면을 조사해보면 더 멀리 나아가 그 주장에 대한 더 날카로운 이해에 이르게 된다. 그러한 조사는, 샤를리 에브도 잡지가 반유대적 테러행위에 대해선 상대적으로 소극적으로 다뤘던 입장에 몇몇 가설을 제시해주지만, 여기서는 어떤 결론보다는 차라리 조사의 영역을 신중하게 보여주는 것이 중요하다.

마르셀라 야쿠브Marcela Iacub[44]는 1월 23일자 「리베라시옹」에서 그런 걱정을 드러낸 바 있다.

《테러리즘의 희생자들에 대한 추모에는 대단히 불편한 무언가가 있었다. 즉 유대인의 죽음에는 거의 대수롭지 않은 자리가 부여된 것이다. 유대인의 죽음에 대해서는 샤를리의 죽음에 대해서보다 덜 이야기가 되었다고들 말한다. 물론이다. 하지만 사람들이 그 죽음을 완전히 잊은 것은 아니다. 문제는 여기에 있다. 우리의 기억 속에 쓴 맛을 남긴 것은 바로 그것이다. 왜냐하면 우리가 느

---

44 마르셀라 야쿠브(1964~)는 아르헨티나 태생으로 프랑스에서 활동하고 있는 법률가이자 저술가이다. 2013년 국제통화기금 총재인 도미니크 스트로스 칸과의 애정관계를 암시한 『미녀와 야수』의 출간을 두고 유명세를 탔다.

끼는 감정은, 예언자의 풍자화를 그렸다고 사람을 죽인 사실이 유대인들을 죽인 것보다 더 중대하기 때문이다 [⋯].》

우리는 여기서 샤를리의 원죄에 근접해있다. 샤를리는 모하메드 메라Mohammed Merah가 2012년 3월에 저지른 학살 다음날 침묵했었다. 메라는 몽토방에서 군인들을, 툴루즈의 오자르 하토라 중고등학교에서 유대인 아이 3명과 교사 1명을 살해했다. 그렇지만 툴루즈의 학살이 〈샤를리 에브도〉에 저질러진 대량 학살보다 도덕적으로 한 단계 더 중대했다는 것에는 의심의 여지가 없다. 왜냐하면 그들이 유대인이라는 단순한 이유로 아이들이나 어른들을 살해한 것이, 전투에 참여한 편집국 직원들을 학살한 것보다 훨씬 더 비열하다는 것은 명백하기 때문이다. 2014년 5월 프랑스인 메흐디 넴무슈Mehdi Nemmouche는 브뤼셀의 유대인 박물관에서 4명을 죽였다. 프랑스 사회에서 가장 큰 문제는 풍자화 혹은 표현의 자유에 대한 침해가 아니라 방리유에서 일어나는 반유대주의의 확산 문제이다.

따라서 1월 7일의 사건들은, 이전의 대량 학살이 이미 보여준, 반유대주의에 대한 태연함을 우울하게 반복한 것뿐이다. 시위자들은 우선 매우 중대한 사안인, 반유대주의와 소수 종교인 유대교가 직면하게 될 위험의 증가를 고발하기 위해서가 아니라 이슬람이라는 또 다른 소수 종교에 가해진 이데올로기적인 폭력을 신성화하려고 모인 것이다.

이처럼 샤를리 현상은 종교적인 것과의 관계 속에서만 이해될 수 있을 뿐이다. 여기서 '종교적인 것'은 종교적인 것의 부정을 포함한 가장 넓은 의미로써 받아들여진다. 현실적인 무신론은 자신만의 교리를 가지고 있으며, 다른 사람들의 신과 마찬가지로 자기 조상들의 신을 포함한, 신의 부재를 주장하기 위해 싸우는 것이 중요하고 최우선이라고 믿는다. 프랑스 사회의 특징을 이루는 총체적인 종교적 혼란 속에서, 네 가지 근본적인 요인들을 지적할 수 있다.

1. 일반화된 무신앙
2. 피지배집단의 종교인 이슬람에 대한 반감
3. 그 피지배집단에서 나타나는 반유대주의의 증가
4. 그 반유대주의의 잠재적인 증가에 대한, 주도권을 지닌 비종교적 사회의 상대적인 무관심

'이러한 배경에서 이슬람을 프랑스 사회의 중심 문제로 정의하는 것이 대다수의 프랑스인들이 아닌 이 나라 유대인들에 대한 테러위기를 증가시키는 결과를 낳을 뿐이라는 것은' 사회학적으로, 정치적으로, 인간적으로 명백하다.

이런 일련의 움직임을 우연한 것으로 간주해야 할까. 더 많은 실제적인 무신론이, 더 많은 이슬람 혐오주의에 이르고, 이제 더 많

은 반유대주의에 이르게 될 것인가? 물론이다, 정치적, 사회적으로 관계가 있는 자들의 의식적 동기에 국한한다면 말이다. 하지만 샤를리 현상과 좀비 가톨릭의 동일시 문제를 두고 우리는 신중해야 할 것이다. 우리는 사회적 구조를 '의식적으로' 읽는 것에 더 이상 만족할 수 없다. 만일 인류학에서 관성의 가설과 역사에서 힘의 명백한 연속성을 받아들인다면, 이슬람과 관련되어 정의되는 샤를리의 중심에서, 명백히 유대인들에게는 호의적이지 않았던, 인류학의 힘의 계보 또한 받아들여야만 할 것이다. 보편주의는 이데올로기로서 오랫동안 프랑스를 지배했지만 민족들은 본래 서로 다르다고 생각하는 프랑스 또한 존재한다.

차등주의자[45]의 논리는 인류학적 토대가 불평등한 지역들을 좋아한다. 단순한 연쇄가 정신적 구조로서 그 논리를 요약할 수 있다. 《즉 형제들이 불평등하다면 인간들이 불평등한 것이고 민족도 불평등하며 보편적인 인간은 존재하지 않는다. 이방인, 유대인, 이슬람교도, 흑인은 본래 다르다.》 그러한 차등주의는 원만한 방식으로, '저마다의 고유한 특성을 주장할 수 있는 권리'라는 이름으로, 명확하게 불평등으로서보다는 차이로서 형제들을 정의하는, 특히 인류학의 체계 속에서 명확히 드러날 수 있다. 앵글로 아메리카, 네덜란드 그리고 덴마크 사회의 경우가 그렇다. '다문화주의'

---

45 인간 집단은 성과 인종, 민족 등에 있어 본질적인 차이가 존재한다고 믿는 사람을 의미한다.

는 일반적으로 '상대방의 문화에 대한 존중'이라는 표현이나 '관용'이라는 용어의 대상이 되는 집단과의 거리두기를 그럴듯하게 표현한다. 전형적으로 차등주의는 이민자나 유대인 혹은 흑인 혹은 이슬람교도가 자기 자리에 머물러 있고 서로 다른 사람으로서의 (기대된) 역할을 해내는 한 그들을 받아들인다. 그러나 불평등의 문제가 고개를 들기 시작하는 것은 바로 이 이민자들이 평범한 시민들과 같은 사람으로 자신을 동일시하면서 그들과 같은 사람이 되겠다고 주장할 때이다.

감춰진 가족의 구조가 불평등할 때 배척은 극도로 폭력적으로 나타날 수 있다. 차등주의자의 외국인 혐오증의 극단적인 사례는, 종교적 믿음의 붕괴와 경제적 위기의 국면 속에서 독일 기원 혈통의 때늦은 산물인, 나치즘이었다. 우선은 동화되었거나 동화 중인 유대인들이 참을 수 없는 대상으로 간주되었다. 만일 타인이 본래 다르다면, 타인과의 동화는 하나의 헛된 기대이거나 거짓말이고, 건강한 문화를 내부에서 타락시키기 위해 그 문화로 들어가려는 시도일 뿐일 수 있다.

드레퓌스 사건 당시 프랑스에서 나타난 반유대주의는 차등주의 사례의 온건한 변형이었다. 반유대주의는 프랑스 부르주아 가톨릭 일부와 그 주변, 불평등주의의 인류학적 토대 위에 뿌리내렸다. 그렇지만 충분히 영향력이 있는 가톨릭과 관련되어 주도적 역할을 하는 주민들은 종교적 위기 상태에 있지 않았다. 더구나 그 가톨릭은, 전통적으로 보편적 메시지를 지니고 있기 때문에, 그 자체로 중재자였다. 또한 가톨릭은 합법적인 혈통에 의한 유대교의 후손이라는 것을 전적으로 인정했다. 하지만 그 대상이 되는 사람들은 동화된 유대인들, 19세기 말의 프랑스 '유대교도들'이다.

사람들을, 즉 동화된 유대인들을 다르게 보는 것을 선천적으로 인정하지 않았고, 지배적인 평등 문화가 확고하게 만든, (타인에 대한) 보호는 드레퓌스 파들의 승리를 보장할 것이다.

평등주의의 인류학적 체계의 경우, 논리적 연쇄가 뒤바뀐다.《형제들은 평등하고, 인간들은 평등하며, 민족들도 평등하고, 보편적인 인간이 존재한다.》

확실히 동화의 과정 속에서 나타나는 모든 저항, 모든 지체는, 보편주의의 편견과 함께 변화되면서, 평등을 받아들이는 사회를 분노하게 할 것이다. 나는 극우파 프랑스인들을 위해 공평하게 할애한 4장에서, 보편주의의 본질에 나타나는 외국인 혐오증과, 어떤 위기의 순간에 나타나는, 확실한 공화주의의 반유대주의 가능성을 보여줄 것이다. 예외적인 이 형식은, 전통적으로 불평등 원칙의 관례적인 적용의 결과이며, 가톨릭이나 비시 정부의 반유대주의 논리와도 상반되는, 평등 원칙의 과도한 적용에서 나온 것이다. 분석의 단계에서는 기본적이고 부분적인 사실을 기록하는 것으로 만족하자. 좀비 가톨릭 주변 지역의 지배를 받은 프랑스에서는, 러시아의 마트료시카 인형처럼 원한을 차례로 심어주는 강박적이고 종교적인 풍토가 발달하였다. 즉 기독교 출신의 주민들에게는 이슬람 혐오증을 심어주고, 이슬람 출신 주민들에게는 반유대주의를 심어준 것이다.

오늘날 프랑스 사회를 곤혹스럽게 하는 이데올로기적인 큰 변화에 대한 분석은 아직 이루어지지 않았다. 불평등의 가치의 잠재적 상승을 잘 이해하기 위해서는, 사실 중앙집권적이고 비종교적이며 평등한 프랑스의 위기감을 더 잘 분석해야 할 것이다. 신공화주의 체제의 출현을 설명해주는 것은, 좀비 가톨릭의 고유한 활력보다 중앙집권적인 프랑스 내부에서의 폭발이다. 공화국의 국적 상실을 설명해주는 것은, 비시 정부의 힘보다, 프랑스 대혁명의 취약성이다. 평등의 가치는 사실 프랑스에서, 유럽에서 그리고 솔직히 말해 선진국 전체에서 건강하지 못하다.

Chapter **2**

불행한 평등
L'égalité malheureuse

나의 진짜 적은 이름도 얼굴도 당적도 없습니다.
그는 결코 후보로 나서지도 않을 것입니다. 그는 당선되지도 않을 것입니다.
그렇지만 그는 지배하고 있습니다. 나의 적은 금융계입니다.
– 프랑수아 올랑드François Hollande

불행한 평등
L'égalité malheureuse

토마 피케티와 그의 동료들의 작업이 보여주듯이 평등의 위기는 세계적인 현상이다. 순수하게 프랑스의 상황에서 그것에 대한 설명을 모색하는 것은 별로 현실적이지 못할 것 같다. 자본의 집중, 수입 불평등의 증가, 소수 지배집단의 출현은 세계적인 현상들이다. 무역과 금융의 신자유주의적 편성은 그런 현상의 출현을 가능하게 하지만 그것을 설명하지는 못한다. 불평등의 증가에 이르는 게임의 규칙을 자리 잡게 한 것은 바로 정부들이다. 소득 단계의 시작을 받아들이고 조직한 것은 '대표에 의한 정치 체계'이다. 그 모든 것 중 어느 것도 갑자기 일어나지는 않았다. 데이비드 리카도 David Ricardo[46]의 비교 우위에서 헥셔-올린 Heckscher-Ohlin의 정리

---

46 데이비드 리카도(1772~1823)는 영국의 경제학자이다. 애덤 스미스와 함께 영국

(定理)⁴⁷에 이르기까지 가장 정통적인 경제 이론은 효율성과 동시에 불평등을 야기한다. 나는 프랑스에서 대형 은행들과 국가를 지배하고 있는 국립행정학교⁴⁸ 졸업생들이 요즘 우리가 겪는 중간소득의 하락을 전혀 예상하지 못했다고 정말 믿고 싶다. 하지만 유권자들은 그들이 새로운 관습을 통과시킨 것과 마찬가지로 성공한 개인에 관한 입장과 신자유주의적인 게임의 규칙, 경쟁의 필요성, 불평등이 약속된 효용성 등을 정말로 열렬히 받아들였다.

확인해야 하는 것은, 모든 선진사회에 공통적인, 대중의 그러한 충성을 설명해주는 요인이다. 미디어 여론의 조작을 당정 고위층에게 돌리는, 음모론자들의 해석은 단번에 거부하기로 하자. 시민단체의 해체가 어떻게 일어났는지 이해하기 위해 차라리 교육인구의 변동을 관찰해보기로 하자.

'영광의 30년'⁴⁹이 시작될 무렵인 1945년경, 모든 사람들 혹은 대부분의 사람들은 유럽과 일본에서 읽고 쓸 줄 알았지만 그 이상은 아니었다. 미국에서는 이미 젊은이들의 80%가 중등교육을

고전파 경제 이론의 대표자이다. 비교 우위론(Comparative advantage)을 발표했다.
47 데이비드 리카도의 비교 우위의 발생 원인을 규명하기 위해 사용된 경제학자 핵셔와 올린의 경제 모형이다.
48 국립행정학교(ENA: École nationale d'administration)는 프랑스에서 고위공무원 양성을 목적으로 설립된 학교이다. 현재 스트라스부르에 있으며 현 프랑수아 올랑드 대통령을 비롯해 상당수의 고위 공무원들이 이 학교 출신이다.
49 '영광의 30년Trente Glorieuses'은 대부분의 선진국들을 포함한 프랑스에서 2차 세계대전 이후 30년간 가파른 경제성장이 이루어진 시기를 뜻한다.

받았다. 최선진국 전체에서 암묵적인 특징을 이루고 있는 것은 민주주의다. 계층은 문화적 수준에 따라 별로 다르지 않았다. 고등교육의 혜택을 받았던 정치인들과 관념론자들, 소설가들은 그들이 사회적으로 책임을 지기를 원했다면 대중에게 '말'했어야 했다. 그렇지만 도처에서, 미국에서는 1950년부터, 유럽과 일본에서는 1970년 혹은 1980년부터 고등교육의 발전이 교육적 균질성을 약화시키고 파괴하고 붕괴시켰다.

문화적 피라미드는 젊은 세대들에 이르러 뒤집어졌다. 대단히 도식적인 표본에 따르면 고등교육을 받은 사람의 45%, 중등교육을 받은 사람의 45%, 초등교육을 받은 사람의 10%를 포함하여, 그들은 새로운 계층에 가까워졌다. 이 뒤집어진 문화적 피라미드에서 초등교육은 학업 실패[50]와 잘 구분되지 않는다. 공식 통계는, 통계가 교육의 혜택을 잘 받지 못한 사람들이 대상일 때, '단지 초등 교육'의 개념에서 '무학력자의 사회진출'이나 혹은 '읽기 장애'의 개념으로 끊임없이 옮겨간다. 민주주의의 기반에서 대중의 문맹퇴치가 실패의 상징인 무능과 동의어가 되었다. 보편적인 초등교육이 낳은 평등감에 뒤이어 사회적 불평등의 감정이 나타났다. 물론 불평등의 감정이 모든 사람들에게 똑같지는 않다. 고등교육의 혜

---

50 '학업 실패Échec scolaire'(영어로는 school failure)는 영광의 30년 동안 프랑스에서 16세까지 의무교육이 확대되면서 학급 정원이 늘었고, 그에 따라 학업 부진 학생이 증가하면서 생긴 사회적 개념이다.

택을 받은 사람의 범주에 속한다는 행복감과, 초등교육만을 받은 하위계급에 속한다는 불행한 의식 그리고 중등교육을 받은 중간 계층에 속해 있다는 모호한 감정이 서로 대립한다. 여기서 우리는, 대부분의 서구 민주주의에서 존재하는, 엘리트주의와 대중주의 대립의 기원을 파악하게 된다. 교육에 대한 위계적인 통합으로 새로운 불평등주의의 극히 파괴적인 결과에서 벗어난 국가들인, 독일, 일본, 스위스, 스웨덴에서는 이러한 분열이 덜 나타나고 있다.

물론 새로운 문화 계층이 국민전선에 투표를 하고 있는데, 그 선택에 있어 교육적 결정은 경제적 결정보다 훨씬 더 설득력이 있다. 그렇지만 국민전선에 대한 표를 '단순하다'라고 생각할 수 없을 것이다. '고등' 교육을 받은 사람들은 현실을 직시하면서 그 유혹에 잘 빠지지 않는다. 따라서 단순화시킨 표본에 따르면, 젊은 세대 중 국민전선에 참여할 가능성이 있는 인구는 초등교육을 받은 사람의 10% + 중등교육을 받은 사람의 45% = 구성원의 55%이다. 이 계산은 물론 고등교육을 받은 젊은 층이 스스로 이미 빈약하다고 생각하는 자신들의 수입이 현격하게 떨어지는 날, 어쩔 수 없이 극우파에 침투당할 가능성을 예상에 넣지 않았다….

비종교적이고 평등주의적인 프랑스의 어려움

프랑스의 인류학적 다양성은, 불평등을 향한 보편적 움직임과는 반대로 사회에 나타난 다양한 결과를 이해하려는 사람에게, 이 나라를 놀라운 실험실로 만들었다. 사실 차별의식의 잠재적 상승은, 불평등의 인류학적 기반이 선험적으로 그것을 받아들일 때와 평등의 인류학적 기반이 그러한 일반화된 경향을 겪고 저항하며 거부할 때 같은 결과로 나타나지 않는다.

그렇다면 불평등과 평등의 프랑스라는 두 개의 프랑스는 어떻게 반응하는가?

가장 최근의 조사 자료로 작업을 한 에르베 르 브라와 나는 『프랑스의 수수께끼』에서 주변부 지역들에서의 가톨릭이 죽음을 넘어서 존속하는 것을 목격했었다. 내가 이미 말한 것처럼 그와 같은 객관적인 사실은 좀비 가톨릭 개념의 모형 도입을 필수적인 것으로 만들었다. 사실 수많은 통계 지표들이, 평등에 무관심하거나 반대하는 지역들에서 더 나은 학교교육의 결과, 더 적은 가정 문제, 더 낮은 실업률, 더 성공적인 경제성장… 적극적인 의사표현과 왕성한 활동성을 보여주었다.

평등주의와 비종교적인 낡은 프랑스는 서로 잘 어울리지 않았다. 2014년의 실업 지도(II. 2)는, 쉽사리 사라지지 않는 종교적 계율의 실천인 좀비 가톨릭과 관련하여 실증적이고 약하지만 상당히 의미 있는 상관관계를 보여준다(-0.30).

교육성과의 차이는 틀림없이 좀비 가톨릭이 더 나은 성과를 거둘 수 있었던 주요 동력이자 비종교성의 어려움이기도 하다. 여기서 가장 놀랄만한 일은 평등의식이 강한 지역들에서 관찰된 교육에 대한 강한 집중도일 것이다. 이들 지역에서는 상대적으로 초등교육을 받은 사람들'과' 고등교육을 받은 사람들이 많은 것으로 기록되어 있다.

우리가 『프랑스의 수수께끼』에서 제시했던 결과들과 병행하여 또 다른 연구자들은 교육적 어려움에 처한 지역들을 조사하기 위해 노력했다. 양쪽이 내린 결론은 일치한다. 이처럼 지도 II.1은 우리에게 대단히 정교한 분석 결과를 보여준다. 즉 2001~2002 학년도에 사회경제 환경과 가족 문제, 외국인 비율 등의 요인들을 일단 제거하고 나면, 어떤 데파르트망들은 중학교 1학년 대상 국가시험 평가 때 '매우 좋은 결과를 얻었고', 그중 몇몇 주들은 '매우 나쁜 결과를 얻었음'을 확인시켜준다.[51] 그래서 우리는 어려움에 놓여 있는 두 개의 중심인, 중앙의 파리분지와 프로방스 지방의 비기독교화 된 프랑스 지역이 다시 한 번 등장하는 것을 본다.

우선 가톨릭 전통을 지닌 지역들이 더 나은 결과를 보이는, 현

---

51 원주. 실뱅 브로콜리쉬, 슈크리 방 아이에, 카트린 마테 피에르, 다니엘 트랑카르, 《영토의 분열과 학교교육의 불평등 : 공간적 분포, 학교교육의 조건과 학생들의 성공 사이의 복합적 관계들》, Education & Formations, 74호, 2007년 4월호.

지도 II.1 <u>학교교육의 문제들</u>

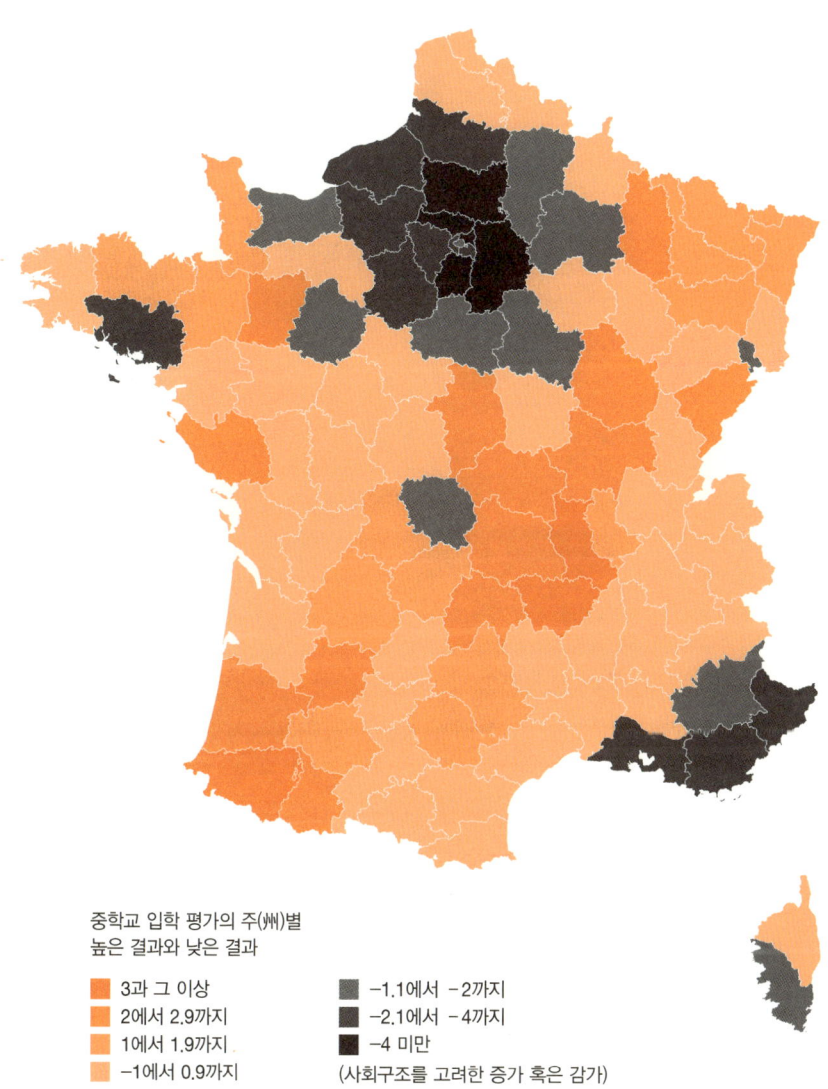

중학교 입학 평가의 주(州)별
높은 결과와 낮은 결과

- ■ 3과 그 이상
- ■ 2에서 2.9까지
- ■ 1에서 1.9까지
- ■ −1에서 0.9까지
- ■ −1.1에서 −2까지
- ■ −2.1에서 −4까지
- ■ −4 미만

(사회구조를 고려한 증가 혹은 감가)

Chapter 2 _ 불행한 평등 :: 91

지도 II. 2 **실업**

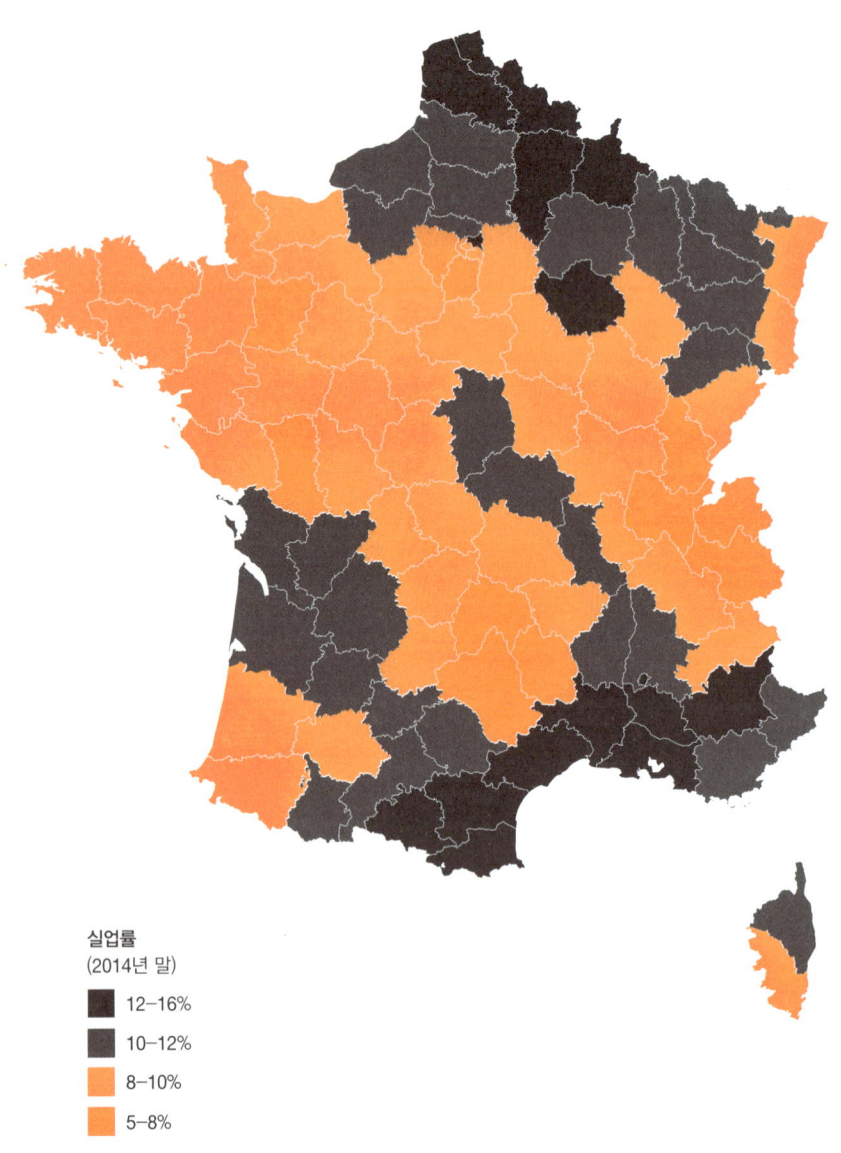

실업률
(2014년 말)

■ 12–16%
■ 10–12%
■ 8–10%
■ 5–8%

상의 긍정적인 측면을 볼 수 있었다. 첫 번째 분석에서 설명의 두 가지 요인들은 그것들의 성과를 이해하는 데 상호 보완적이다. 첫 번째 요인은 기독교인들이 듣기에 틀림없이 좋을 것이다. 즉 가족의 안정성, 지역의 협력, 반 개인주의적인 도덕성 등 가톨릭교회의 가르침에서 비롯된 사회규율의 존속은, 개인들의 고립, 이기주의, 더 나쁘게는 대중의 자기중심주의로 피폐해진 신자본주의 사회에서 그 만큼 보호 계층들을 구성하고 있다. 나치가 불러일으킨 재앙의 인류학적, 문화적 기원을 의식하고 있는 중부 유럽 출신의 두 사상가들은, 시장을 단순화시켜 모호하게 만든 것에 대한 사람들의 저항능력 속에서, 보호해야 하는 문화적 계층의 중요성을 누구보다도 잘 이해했다. 물론 1942년에 설명된 조지프 슘페터Joseph Schumpeter[52]의 시각은, 자신이 사회구조의 더 높은 곳에서, 문명화되고 호의적인 최상위 계층들 쪽에 있음으로서 상당히 엘리트주의적인 입장에 있었다.[53] 하지만 칼 폴라니Karl Polanyi[54]는 1944년 자본주의의 출현을 인류학적인 맥락에서 재해석하면서, 시장에 의해 보호되는 계층들의 약화가 인간의 삶에 끼친 위협을

---

52 조지프 슘페터(1883~1950)는 오스트리아의 경제학자로 미국에 귀화하였다. 그는 창조적 파괴와 혁신에 관한 경제 이론으로 널리 알려져 있으며, 『자본주의, 사회주의, 민주주의』(1942), 『경제분석의 역사』(1954) 등의 저서를 남겼다.
53 원주: 『자본주의, 사회주의, 민주주의』, 파리, 파이오, 재판, 2006.
54 칼 폴라니(1886~1964)는 비엔나 출신의 경제사학자이다. 그의 사상은 "시장경제와 사회적 경제, 공공부문, 생태가 조화를 이루는 다원적 발전 모델"로서 시장만능주의의 대안으로 주목받고 있다. 대표작에 『대전환』(1944)과 『사람의 생계』(1977) 등이 있다.

이야기한다.

《오직 시장구조만이 인간과 자연환경의 운명을, 실제로 구매 및 사용 총액을 지배하게 된다면 사회는 파탄의 결과에 이를 것이다. 왜냐하면 소위 '노동력'이라는 상품이, 독촉당하거나 함부로 사용되며 심지어는 사용되지 않고 버려지게 되면, 그 특별한 상품을 소지하고 있는 개인도 영향을 받을 수밖에 없기 때문이다. 인간의 노동력을 함부로 하다보면 시스템은 그 '힘'과 결부되어 있는 '인간'이라는 육체적 정신적 도덕적 실체도 그 이상으로 마음대로 하게 될 것이다. 이 때 문화적 제도라는 보호막이 벗겨진 인간들은 사회에 과도하게 노출된 채 소멸할 것이다. 인간들은 극심한 사회적 붕괴의 희생자가 되고, 죄악과 타락, 범죄, 기아로 죽음을 당할 것이다.[55]》

우리는 폴라니의 저서를 통해, 가톨릭에서 비롯된 협력과 상부상조의 사회 환경이 지난 30년 동안 어떻게 프랑스 지역들의 3분의 1을 보호할 수 있었고 중앙의 개인주의적이며 평등한 프랑스를 어떻게 냉정하게 저버릴 수 있었는지 잘 확인했다.

좀비 가톨릭의 성공을 설명해주는 두 번째 요인은 가톨릭교회에 대해 보다 덜 호의적이며 차라리 비종교성이나 프로테스탄트의 전통 속에 잘 나타나 있다. 반계몽주의의 괴물인 로마는, 어디서나

---

[55] 원주. 칼 폴라니, 『대전환』, 파리, 갈리마르, 1983. p.108.

성직자에 대한 복종을 부추기는, 발전과 교육에 기대어 지탱하고 있었다. 따라서 신앙에 대한 성직자의 통제가 붕괴되면서 본능을 해방시키고 낙관적 감정을 야기한 것은 당연한 일이다. 더구나 우리는 18세기의 파리분지와 프로방스 지방에서 일어난 유사한 현상을 생각해볼 수 있다. 디드로Didrot는 오트마른Haute-Marne[56] 출신이고 콩도르세Condorcet는 엔Aisne[57], 로베스피에르Robespierre는 파드칼레, 생 쥐스트Saint-Just는 니에브르 출신이다. 1819년에서 1826년 사이에 파리분지 데파르트망은 주어진 몫 이상의 대학생들을, 특히 솜Somme[58]/오트마른 축을 따라, 파리의 그랑제콜들에 공급했다.[59] 특히 국가의 평등주의의 심장은 프랑스 대혁명의 전날과 바로 그 다음날에 북동 지역에서 격렬하게 뛰었다. 즉 더 정확하게 말하자면 평등주의는 이 지역에 전방위적으로 활력을 불어넣었다. 한발 앞서 문화적으로 더 많은 혁신적인 엘리트들을 양산한 반면 더 높은 자살률을 유발하기도 했으니 말이다. 종교의 추락은 동시에 희망과 무질서를 의미했다.

1960년에서 1990년 사이에, 좀비 가톨릭의 지방들에서는 확실히 희망이 무질서보다 우세했다. 뒤늦었지만 고도화된 산업혁명을

---

56 오트마른은 프랑스 동북부의 주로 주도(州都)는 쇼몽이다.
57 엔은 피카르디 지방에 속하여 프랑스 북부의 주로 주도는 랑이다.
58 솜은 프랑스 북부의 주로 주도는 아미엥이다.
59 원주. 에르베 르 브라와 엠마뉘엘 토드, 『프랑스의 발견L'invention de la France』, 앞의 책, p.269.

포함하여 소비사회뿐만 아니라 축적된 모든 현대성을 발견하기 시작한 프랑스의 서부지방에서 특히 그러했다. 숄레와 마옌 지방의 경제적 활력은 이 새로운 정신 상태의 결과였다.

특히 1990년 이후 그 지역들이 성공한 이유가, 상부상조의 전통이나 성직자의 영향에서 자유로워진 결과가 아닌, 불평등이 확대되는 세계사적 국면 속에서, 그 지역들이 선천적으로 불평등을 받아들인 결과임을 간과해서는 안 된다. 그들 지역의 생산자들은 프랑스 중부의 평등주의 지역에서 살고 있는 생산자들보다 더 유순하다. 사회적 평화가 외부의 도움 없이도 지역 경제를 잘 돌아가게 하고 고용주에게 우호적인 사회가 외부의 투자를 잘 끌어들이는 법이다. 즉 다수당인 프랑스 민주노동동맹(CFDT)은 그 지역에서 경제적으로 어려워지고 급여가 줄어드는 국면 속에서도 서부지방의 옛 봉건사회에서 썼던 '고마워요, 주인님'이라는 향수어린 표현을 불러일으키는 영리한 협조를 지지했다.

이미 오래전부터 산업이 유입된 동부 지방에서 상황은 확실히 더 민감했다. 리옹, 알자스, 사부아의 경영자와 은행가들은 다른 곳에 비해 아직 평등의 가치에 눈 뜨지 못한 노동자들을 부려먹기 좋다는 사실을 알고 있다. 여기서 가족구조의 인류학은 모든 사람들이 알고 있는 것을 설명해줄 뿐이다. 현재의 자본주의에서 가속화된 자본의 유동성은 세계적인 규모는 물론 국가들 내부에서도, 극대화된 불평등을 있는 그대로 받아들이는 사회들에게 유리하게 작용한다.

비종교적인 지역들의 어려움은, 좀비 가톨릭 지역들과는 대칭적으로 설명될 수 있다. 그들 지역들의 평등주의적 개인주의는 급속한 사회변화와 경제적 부흥의 시기에 어려움에 처한 사람들을 안전망 없이 방치했다. 비기독교화는 그 지역에서 오래전부터 있어 왔으나 더 이상 해방의 낙관적인 메시지를 던져주지는 않았다.

평등의 프랑스에 전례 없는 무질서의 요인이 덧붙여진다. 프랑스에서 공산주의의 소멸은 민중계층을 거대한 공산주의 교회의 고아로 남겨놓았을 뿐 아니라 반세기 이상 그런 교회를 신봉했던 것을 수치스러워 하도록 강요했다. 1990년에서 2010년 사이, 투쟁에서 패배한 공산주의의 폐해를 알리는 일에 전념했던, 프랑스의 관념론자들은 자기 나라가 프랑스 공산당(PCF)과 더불어 잃어버린 것을 보는 일에는 소홀했다. 거대한 문화적 기구가 프랑스의 비종교적 성향을 지닌 3분의 2인 민중계층으로부터 부르주아 문화의 최고봉인 진보와 교육에 대한 믿음, 보편성에 대한 믿음, 그리고 인종주의에 대한 거부를 잊지 않고 되살아나게 했다. 행정적인 실행 방법에서 스탈린주의를 신봉하는 프랑스 공산당은 풍속에 얽매이지 않는 높은 도덕성을 지니고 있었다. 프랑스 공산당은 반 아랍적인 성향을 지닌 활동가를 내부에 받아들이지 않았다. 중앙 프랑스의 쇠락과 현재의 비관주의 사이에서 일정 부분 프랑스 공산당의 붕괴라는 결과가 나타났다.

이중의 고통이 나타났다. 자본은 사회규범과 계층 간의 분쟁을 이유로 이 지역들을 좋아하지 않았다. 이미 오래전부터 투자는 마지못해 노동총동맹(CGT)이 우세한 지역들을 대상으로 이루어졌다. 그 지역의 지리는, 프랑스 민주노동동맹(CFDT)의 지형도가 종교적 계율의 실천에 의해 결정된 만큼, 오래된 비종교성에 의해 확실히 결정되었다.[60] 비종교적인 프랑스는 내부에서 성장하는 활력이 더 약해서뿐만 아니라 평등에 대한 선호와 사회적 존중에 대한 거부의 대가로 자본의 불안정성이 나날이 드러난 탓에 어려움을 겪었다. 그런 경우에 숨어있는 것은 '신도 주인도 아니다.'

중앙의 평등을 목표로 하는 프랑스에서 그러한 위기가 없었다면, 주변지역의 상반된 가치들은 결코 우세할 수 없었을 것이다. 영토 면에서 불평등의 프랑스는 예전보다 영향력이 크지 않지만 프랑스의 인류학적 토대는, 그 중심축이 불평등으로 치닫고 있는 현재 역사의 움직임에 꼭 들어맞는다. 새로이 교육받은 계층은 불평등한 가족과 종교적 토대 위에 있는 지역들의 이데올로기적인 선입견을 확고하게 했다. 또한 그 계층은 기질이 평등주의적인 지역들을 뒤흔들었다. 그렇지만 의문이 남는다. 이러한 과정 속에서, 고등교육의 발전으로 상당히 두터워진 계층, 즉 평등주의 지역에서 태어난 중간계층들의 가치는 어떻게 된 걸까? 그 가치들은 근

---

60 노동총동맹(CGT)은 공화주의와 더불어 중부지방과 지중해 지역을 기반으로 성장하였고 우파 진영의 기독교도 노동자동맹(CFTC)과 프랑스 민주노동동맹(CFDT)은 그 주변부 지역과 가톨릭의 보루 안에 토대를 두고 있었다.

본적으로 변화하였을까? 평등주의적인 도시 지역에서 생산인구의 5분의 1과 3분의 1 사이를 차지하고 있는, 관리자 및 우월한 지적 직업을 갖고 있는 사람들의 집단은 인류학적 모태에서 벗어난 걸까? 질문은 물론 파리와 관련되어 있다. 우리는 일드프랑스[61] 지방의 평등주의가 소멸되었거나 단지 일시적으로 기능이 정지된 것으로 간주해야 하는가? 나는 인류학적 체계의 재현 양식을 검토한 뒤에 그 미묘한 문제로 돌아갈 것이다.

지금까지 프랑스에 대해 내린 결론들이, 평등주의를 선호하는 민족들로서 똑같은 어려움에 봉착한 다른 발전된 사회에서도 유효하다는 사실에 유의하자.

위기에 처한 자본주의 인류학

프랑스의 불안을 증가시킬 위험을 무릅쓰고, 우리는 자본주의의 이른 발전이 인류학적인 토대가 불평등하지는 않더라도 적어도 평등하지 않은 국가들의 현상이었다는 사실을 먼저 인정해야만 한다. 세계 자본주의에, 19세기의 대영제국과 20세기의 미국이라는, 두 리더를 차례로 세운 것은 사실 영미권 전체이다. 그 두 나라에

---

61   일드프랑스는 프랑스 중북부의 파리를 중심으로 한 주변 지역 전체를 포함하는 지방이다.

서 완전한 핵가족은, 형제들과 자매들 관계에서 어떤 평등의 원칙이 없을 때, 부모와 자녀들 관계에서 자유주의를 생각해낸다. 인류학적 관점에서 덴마크와 네덜란드는(하지만 네덜란드 전체는 아니다), 가톨릭이라는 외형을 지니고 있는 프랑스의 마옌 주를 중심으로 하는 서부내륙지방과 마찬가지로, 영미권과 상당히 가깝다.

경제성장의 두 번째 물결은, 독일, 스웨덴, 일본, 한국과 같이 불평등과 권위가 가족구조에 의해 숨김없이 부추겨진, 전형적인 가족국가들에서 일어났다. 대체로 아들 중 장남인 상속자가 농지를 상속한다. 스웨덴식 변형은, 19세기 유럽의 최북단에서 아직은 새롭고 불완전한 모델을 가지고 여성해방운동의 흥미로운 일탈을 보여주었다.

따라서 서구세계에서 지배적인 경제대국들은 인류학적인 관점에서 보면 평등주의의 기반이 없는 곳들이다.[62] 형제들, 남자들, 계층들 사이의 차별에 대한 선천적 수용원칙이, 슘페터의 창조적 파괴의 원칙에 따라 사라졌다가 다시 나타나는, 산업계의 기능적 분화를 어떻게 용이하게 수용할 수 있었는지 곧 알게 될 것이다.

그렇지만 이곳 '서구' 세계는 이데올로기적으로 균일하지 않다. 전형적인 가족의 권위주의는 절대적인 핵가족의 자유주의와 대립된다. 독일이나 일본의 공공연한 불평등주의는 영미권의 불평등을 받아들이지 못한다. 이 같은 대립 없이 2차 세계대전 동안 서

---

[62] 원주. 이 주장을 통계상으로, 계량 경제학으로 확인하기 위해서는 데이비드 르 브리의 「가족 특성과 경제 발전」을 볼 것. Kedge 비즈니스 스쿨, 2015.

로의 선택을 이해할 수 없었을 것이다. 나치즘이 생각해낸 인종주의에 사로잡힌 사람들의 절대적인 불평등 개념은, 사람들이 서로 간에 정말로 서로 평등하다고 여기지 않는 것에 만족하는, 영미의 자유주의자들에게 받아들일 수 없는 것이다.

불평등한 유럽

중앙 프랑스를 비롯한 평등한 유럽은 어려운 상황에 놓여있다. 20세기 초에 뒤떨어져 있던 이탈리아와 스페인, 포르투갈은 21세기에 북유럽에 착취를 당했다. 아주 작은 예외도 있다. 스웨덴 이외의 지역에서 평등주의적이고 아주 최근까지도 유력한 공산당이 존재했던 핀란드는 비교적 성공의 길을 걸었다. 스웨덴인들이 16세기부터 강요한 루터교는 핀란드로 하여금 가족간의 평등주의를 예정설의 불평등으로 완화시키도록 해주었다. 그리스는 또 다른 예외이다. 그리스의 대륙 쪽 지역, 특히 이곳의 대부분을 차지하는 고린트 만(灣)의 북쪽은 평등적이다. 하지만 아주 독창적인, 이곳 섬들의 인류학적 토대는 여성 장자 상속권에 중심을 둔 가족체계 위에 세워져 있다. 어쨌든 북유럽에 종속된 그리스는 본능적으로 평등하다고 간주될 수 없을 것이다.

본질적으로 독일의 영향 하에 있는 유럽의 위계적 질서는 명백한 인류학적 논리에 따라 작용할 뿐이다. 불평등한 북유럽은 프로테스탄트이든 아니든 평등한 남부유럽을 향한 역사적 전진을 다시 시작한다.

유럽 대륙의 위계적 질서화는 프랑스 본토의 분열에 부합한다. 유럽에서 불평등하면서도 경제적으로 지배적인 게르만의 중심지역은 평등한 주변지역을 지배했다. 프랑스에서는 경제적 침체상태에 있는 평등한 중심지역이 불평등한 주변지역에 대한 지배력을 상실했다. 프랑스 본토 전체를 장악하기 위해 유럽의 메커니즘에 기대고 있는 좀비 가톨릭 지역들은 주변지역의 통제 하에 오히려 중심부가 들어가게 되었다. 단순하게 생각하기 위해서 이제 유럽에서 중심적인 영향력을 끼치고 있는 독일의 경우를 보기로 하자. 좀비 가톨릭 지방들은 프랑스 지역에서 독일의 체계를 위한 중계 역할을 했다.

유럽 지역을 전체적으로 조사해보면 가족주의와 결합한, 대륙 층위의 좀비 가톨릭이 명백하게 드러난다. 플랑드르, 베네치아 지방과 아일랜드, 오스트리아, 폴란드의 활력은, 가톨릭교회의 가장 확실한 보루에 속하는 지역들에서 종교적 계율을 실천하는 신자들의 감소를 나타낸다. 독일에서조차 가톨릭이 대다수인 바이에른 주, 바덴뷔르템베르크 주가 성장률에서 프로테스탄트의 북부지방을 능가하였다. 그렇지만 루르 지방[63]이 새로운 상황에 적응한

---

63 루르 지방은 독일 북서부 노르트라인베스트팔렌 주에 속하며 유럽 최대의 공업지역이다.

것을 보면 가톨릭의 라인란트[64]의 상승은 제동이 걸렸다. 슬로베니아와 크로아티아 두 나라는 경제적 적응에 성공했다면 좀비 가톨릭 집단에 합류할 수 있었을 것이다. 그 지역들에 가족 구조의 다양성이 감춰져 있다고 하더라도 평등 원칙의 부재라는 공통점을 공유하고 있다는 사실을 부정하지는 못한다.

따라서 프랑스 본토와 마찬가지로 유럽 지역에도, 대다수가 유로 통화 지역인, 평등하지 않은 좀비 가톨릭 지역들의 성좌가 존재한다. 인류학적-종교적인 이 유형이 여러 국가들에 정말로 유일하게 공통적인 것인 한, 그것이 단일 통화의 실제 기반을 이루고 있다는 가설을 제시할 수 있다. 기독교 민주주의의 소산인 유럽의 건설이라는 진부한 말에 최근의 비기독교화를 덧붙이는 데 만족하는, 이런 주장에 놀라울 것은 아무 것도 없다. 신에 대한 믿음이 빠져나간 가톨릭 문화가 유로화를 만들어낸 것이다. 연민과 자선의 의무를 벗어난 사회생활의 서열 개념이 명확해지고 굳어진 것이다. 불평등주의의 그 이상(理想)은 나날이 사회 내부의 삶과 유럽 민족들의 관계를 그들 사이에서 조직화했다.

---

64 독일의 라인강 주변 지역을 말한다.

프랑스, 독일인들 그리고 아랍인들

프랑스의 경우, 20세기 역사에서 문젯거리가 되었던 독일인, 아랍인들과 관련된 변화만큼, 지배 이데올로기의 전도를 명백하게 하는 것은 아무것도 없다. 드골 정권 하에서는 국가들과 민족들 사이에 평등의 이상이 가장 중요했다. 규칙이 (군사적으로 경제적으로 승리자인) 독일에 대한 열등감과 (식민지였던) 아랍 세계에 대한 우월감에 개별적으로 적용되었다. 드골 장군의 독일과 아랍 정책은 머릿속에서는 똑같이 보편적이었다. 이데올로기적인 선입견은 현재의 위계질서에 이르기까지 서서히 변화하였다. 독일은 우월한 것으로 다시 규정되었고 모방이 복종의 대상이었다. 아랍 세계는 열등한 것으로 받아들여지고 근대화되거나 배척되어야 했다. 이런 이중의 움직임은, 권력을 잡은 엘리트의 정신 체계에 나타나 있는 불평등주의가 재편성된 요인으로, 같은 것이다. 그것은 '공화주의자'보다는 차라리 '비시 정부 지지자'의 연속성 속에 있다.

　이런 성향은, 동시에 독일 혐오증, 이슬람 혐오증, 러시아 혐오증 근거로, '보편적인 외국인 혐오증'이라고 부를 수도 있는, 더 평등적이고 모든 민족들을 똑같이 증오하게 만드는 또 다른 성향과 싸운다. 나는 한편으로 평등적이고 다른 한편으로는 계급을 두면서 경쟁하는 이 두 가지 인종 혐오증의 인류학적인 결정과 의미를 더 상세하게 설명해볼 것이다.

현 단계에서 프랑스에서의 그런 인종 혐오증은 참기 어려운 무질서와 겹치거나 서로를 피하고 있다. 엘리트들은 거의 동일한 방식으로 러시아 혐오주의자들이다. 프랑스 공산당은 러시아인들을 제외하고 공식적으로는 모든 사람들을 사랑한다. 대중운동연합(UMP)은 유럽인 중심이면서 이슬람 혐오적이지만 러시아 혐오증에는 보다 덜 엄격하다. 국민전선은 유럽을 혐오하고 이슬람을 혐오하지만 러시아를 좋아한다.

독일과 북유럽 국가들의 고유한 변화는 정리되기 시작했다. 이슬람 혐오증이 점차 유럽의 지평선에 나타나는 것 같고 프랑스의 정당들은 곧 선택을 할 것이다. 미셸 우엘벡의 『복종』은 서점가에서 성공을 거두었고 프랑스뿐 아니라 이탈리아, 독일에서도 성공했다. 절대 파리를 새로운 사상의 수도로 생각하지 말자. 우리의 무역수지는 다른 많은 나라들처럼 이슬람 혐오증 노선에서도 명백히 적자이다.

독일과 할례

이슬람 혐오증의 모든 전통적 요소들은, 2010년 봄에 출간되어 2백만 부 이상 팔린 『독일은 망한다 Deutschland schafft sich ab』와 같은 독일산 베스트셀러의 경우에서 보듯이, 독일에서는 상당한 수준으로 존재한다. 저자인 틸로 사라친Thilo Sarrazin은 사민당 소속 정치인으로 프로테스탄트 독일의 중심인 독일 튜링겐 주의 게라에서 태어났다. 그의 저서는 스캔들을 일으켰고 사라친은 책이 출간되고 나서 독일연방은행 경영진에서 물러나야만 했다. 원제인 'Deutschland schafft sich ab'는 직역하면, '독일은 스스로 자살한다'는 뜻이다. 에릭 제무르가 2014년 발표한 『프랑스의 자살』와 더불어, 우리 프랑스는 무게 중심이 동쪽과 북쪽에 기울어 있는, 이데올로기적인 변화의 하찮은 추종자일 뿐이라는 사실을 인정해야만 한다. 마찬가지로 〈샤를리 에브도〉가 무함마드를 철저하게 조롱하기 시작하면서, 이 풍자 신문은 덴마크의 일간지 〈율랜츠포스텐Jyllands Posten〉의 추종자였을 뿐이다. 이 일간지는 2005년부터 여러 풍자화를 이슬람교를 소재로 해 '논쟁을 불러일으켰었다.' 가장 주목 받은 풍자화는 폭탄 모양의 터번을 머리에 쓴 무함마드를 표현한 덴마크인 쿠르트 베스테르고르Kurt Westergaard의 그림이었다. 북유럽의 관념론자들과 곧장 연대한 〈샤를리 에브도〉는 어떤 의미로는 모방자일 뿐이었다. 인구 중 이슬람교도 비율이 프랑스나 독일의 가톨릭 지역에서보다 훨씬 더 낮음에도 불구하고, 새롭게 앞장서는 것은 프로테스탄트 유럽이다.

시대를 다시 좀 더 거슬러 올라가보기로 하자. 2002년 5월 6일에 일어난 네덜란드의 이슬람 혐오 정당의 리더인, 핌 포르퇴인Pim Fortuyn에 대한 암살은 〈샤를리 에브도〉 테러가 있기 13년 전에 일어났다. 암살은 네덜란드에서 적어도 2015년 1월 7일 프랑스에서 있었던 충격과 비교할만한 규모의 국가적 충격을 불러일으켰다. 포르퇴인은 사회당 출신이자 프로테스탄트 지역인 노르트홀란트 주 출신이었다.

2014년 독일에서 설립된 페기다$_{Pegida}$[65]는 롱사르의 표현을 빌리자면 '서구의 이슬람화에 반대하는 애국 유럽인들'이며, 번역에서는 'Abendlandes'(황혼의 나라 혹은 지는 해의)라는 표현에서 '황혼'은 이중적인 의미를 지니고 있다. 이 운동의 내부적 성장의 위기는 드레스덴에서 월요일 저녁마다 열린 집회의 추진력에 타격을 준 듯싶고[66] 프로테스탄트 지역에서도 그러했다.

최근의 이슬람 혐오증의 특성 속에, 페기다 당의 음산한 야간집회보다 훨씬 흥미로운 것이 독일에서 나타나고 있다. 즉 법조 엘리트들과 일반인들의 무의식은 이슬람 혐오증이 반유대주의와 얼마나 쉽게 합쳐질 수 있는지를 보여준다.

2010년 말 4살 된 튀니지 아이가 할례를 받다가 출혈을 일으켰고 병원 치료를 받았다. 그러자 검사는 시리아인 의사를 '가중처벌사유에 해당하는 신체 훼손'으로 고소했다. 1심법원은 그의 고

---

65 페기다(Pegida)는 'Patriotische Europäer gegen die Islamisierung des Abendlandes'의 약자인데, 즉 '유럽의 이슬람화를 반대하는 애국 유럽인'이라는 뜻을 지닌 극우 성향의 단체이다.
66 2014년 10월 20일 월요일 드레스덴에서 독일 정부의 이주 외국인과 망명정책에 반대하는 집회가 열렸고, 이때 만들어진 페기다는 매주 월요일마다 드레스덴에서 집회를 이어갔다.

소를 받아들이지 않았다. 강직한 검사는 지방법원에 도움을 청했고, 법원은 의사를 무죄 석방했지만 2012년 5월 7일 할례는 '지속적이고 회복할 수 없는' 방법으로 신체를 변화시키기 때문에 형사 범죄라는 판결을 내렸다. 따라서 유대인과 이슬람교도, 넓게는 미국(미국인 남성들의 약 절반은 할례를 받았다)의 전통인 할례는, '육체적 완전함에 대한 아이의 권리가 부모의 권리를 앞서기 때문에…', 독일 법정에서는 돌이킬 수 없는 훼손으로 규정되었다. 그와 같은 판결은 독일에서 진지하고도 우스꽝스런 논쟁을 불러일으켰고, 여론조사 결과 독일인들의 55%가 판결에 찬성하는 것으로 밝혀졌다. 이스라엘의 항의가 앙겔라 메르켈과 독일 정당들에게 세상의 현실을 돌아보게 했고, 2012년 12월 12일 종교적 소수자들이 할례 받을 수 있도록 허용하는 법이 독일 연방의회에서 표결에 붙여져 총 434표에서 반대 100, 기권 46의 결과가 나타났다. 할례를 둘러싼 독일의 우여곡절은 거기서 멈추지 않았다.

2013년 9월말 독일 사민당의 여성 국회의원 마렌 루프레히트 Marlene Rupprecht는 유럽평의회 의회에, '아이들의 신체적 완전함의 침해'에 반대하는 조치를 취할 것을 회원국들에게 촉구하는 결의안을 제안했다. 결의안은 78표에서 반대 13, 기권 15로 채택되었다. 유럽의회는 각국들에게, '가장 해로운 관습을 공적으로 금하고 여성 생식기의 훼손과 같은 행위를 금지하는 법규를 채택할 것'과 '의학적으로 근거가 없는 청소년의 할례와 같은 오늘날 몇몇 종교 공동체에 널리 퍼진 관습이 문제이기 때문에 존중해야할 의학적, 위생적, 그 밖의 조건들을 명확하게 정의할 것'을 촉구하였다. 루프레히트는 뉘른베르크에서 가까운 바이에른 주의 소수 프로테스탄트 지역에서 오랫동안 국회의원을 했다.

  다시 한 번 이스라엘은 이 본문에 대해, 유대인 배척주의와 이슬람 혐오증으로 간주되었어야 하는 것이 극히 당연한 상식이라는 반응을 보였을 것이다. 두 가지 자백 중 어느 것이 가장 비난의 대상이 되는지 말할 수는 없지만 말이다. 루프레히트는 스스로를 아동 권리를 위해 싸우는 투사로 생각했다. 하지만 눈을 사로잡는 것은 할례에 대한 독일의 강한 집착이다. 현장의 인류학은 결코 그러한 집착이 사실상 문제라고 규정하지 않으며, 특히 어린아이에 대해서는 그러하다. 조사 결과 할례 받은 사람이나 그렇지 않은 사람 모두 자신의 처지에 만족한다는 사실을 보여준다. 따라서 독일이, 백만 명의 유대인 아이들을 몰살시키고 나서, 채 70년이 지나지 않아, 자기 영토에 있는 또 다른 유대인 아이들의 육체적 완전함의 심판자로 자임하는 것을 '양심에 전혀 거리낌 없이' 보여준다는 사실은 우리를 그저 아연실색케 할 따름이다. 물론 라인강 저편 독일에서는 어린아이의 행복에 관한 최근의 논리에 따른 것이라고 생각한다. 최소한의 유머감각의 조건인, 자신을 돌아보지 못하는 것만으로도 여기서 독일인들을 — 개별적으로가 아니라 집단적으로 — 별개의 민족으로 충분히 특징지을 수 있을 것이다.

물론 천성적인 유대인 배척주의자나 이슬람 혐오주의자는 아니지만 최소한 정신분열증 환자로서 말이다. 그런데 동일한 정신분열증의 정신구조가 독일이 신공화주의 프랑스의 지지를 얻어 남부 유럽에 강요한 긴축재정 속에서 기능하고 있다.

그렇지만 홀로코스트 예찬에 빠져 있는 듯한 유럽 정당들의 침묵은 의미심장하다. 그것이 무엇을 의미하는지 잘 모르지만 말이다. 두 개의 해석이 가능하다. 첫 번째 해석에서는 유럽 대륙의 엘리트들의 무기력을 강조할 수 있다. 그래도 안심할 만한 가설이다. 두 번째 해석은 무언의 동의, 독일이 할례에 대해 제기한 새로운 문제에 대한 동의, 그동안 우리가 유럽의 결의에 대해 긍정적인 표를 던지도록 유도했던, 훨씬 염려스러운 가설을 떠올리게 한다. 이 단계에서 단언할 수 없지만 우리는 유대인 배척주의에 반대하는 싸움에서 유럽 대륙 지도자들의 진심이 더 이상 보이지 않는다는 사실을 인정해야 한다.

세 번째 천년의 초입에서 미래의 역사가들은 유럽의 꿈을 조금씩 갉아먹으면서 새롭게 되살아나고 있는 외국인 혐오증의 연대기를 쓸 의무를 부여받을 것이다. 유럽 대륙의 가톨릭 지역과 마찬가지로 자신의 종교적 계율을 별로 실천하지 않는, 루터 전통의 유럽이 이슬람 혐오증의 특별한 촉매 역할을 하고 있다는 사실은 이미 드러났다. 나는 앞에서 주변 지역 프랑스의 보루와 더불어 독일 남부의 바바리아, 서남부의 반덴, 뷔르템베르크, 라인란트, 오스트리아, 남부 네덜란드, 플랑드르, 아일랜드, 북부 이탈리아, 북서부 스페인, 유로통화 지역에서 좀비 가톨릭 기반의 존재를 주목한 바 있었다. 이 지역들에서 공통적으로 보이는 평등하지 않은 인류학적 토대는 유로화 지역에 불평등이 나타나는 주요 근거가 되고 있다. 따라서 이제 좀 더 북쪽에 있고 역시 불평등하지만 이슬람 혐오 사상의 채택에 더 적극적인 좀비 프로테스탄트라는 두 번째 성좌를 덧붙여야만 한다. 루터교인 독일의 경우 반유대주의가 상승할 때에 이슬람 혐오주의도 동반 상승했다는 사실을 덧붙여 할 것이다. 좀비 프로테스탄트가 죽었다가 다시 부활한 뒤 예정설의 교리에서 비롯된 불평등주의의 증가가 예감된다. 좀비 가톨릭과 좀비 프로테스탄트라는 두 개의 성좌는 네덜란드와 독일에서 서로 뒤섞이며 보완적 역할을 하고 있다.

2015년 1월 11일의 유럽통합 지지자의 대 해프닝

시위의 선두에서 열을 지어 행진한 국가원수들은 불평등의 유럽을 연출했다. 나는 이스라엘 행정부 수반인 베냐민 네타냐후 Benjamin Netanyahu의 경우는 내버려두려 한다. 그의 존재는 또 다른 염려, 특히 프랑스에서 신앙에 충실한 유대인들에게 앞으로 다가올 위험들 때문에 정당화되었다. 내가 다시 다루게 될 러시아

외교부 장관, 세르게이 라브로프의 경우도 마찬가지이다. 포스트모던 시대 불평등의 귀족들에는 앙겔라 메르켈(지배, 긴축), 프랑수아 올랑드(통치), 데이비드 캐머런(신자유주의), 장 클로드 융커(룩셈부르크의 은행 체계), 니콜라 사르코지(프랑스에서 일어난 이슬람 혐오증의 첫 번째 물결), 도날드 투스크(러시아 혐오증) 등이 있다.

프랑수아 올랑드의 경우, 우리는 그의 솔직함에 감사해야 할 것이다. 여러 달 동안 대체로 비호의적인 여론조사에 지치고, 1월 7일 프랑스 역사에서 갑자기 일어난 비극에 휘말린 그는 속마음을 털어놓았고 본심에서 우러나온 불평등주의의 '커밍아웃'을 하고야 말았다. 나는, 브르제에서 평등주의를 말하는 연설문을 낭독[67]하며 참고 견뎌야 했을 괴로움 후에 얻게 된 그의 정신적 해방을 떠올려본다. 《나의 진짜 적은 이름도 얼굴도 당적도 없습니다. 그는 결코 후보로 나서지도 않을 것입니다. 그는 당선되지도 않을 것입니다. 그렇지만 그는 지배하고 있습니다. 나의 적은 금융계입니다.》 그렇다면 그는, 금융계가 얼굴이 없고 당선되지 않을 것이라는 생각을 어떻게 하게 되었는가? 테러리스트의 공포로 혼란에 빠진 올랑드는 결국 우리에게 자기 자신과 공화국에 대한 진실을 말하고야 만 것이다. 그는 우리에게 하는 권유를 통해 샤를리에 대한 개인적인 정의를 내렸다.

---

[67] 2012년 1월 22일 프랑수아 올랑드 사회당 대통령 후보가 르 브르제에서 행한 연설을 말한다.

제롬 카위작Jérôme Cahuzac[68]이 (탈세로) 물러나고 없는 이 순간에도 뭔가 찜찜한 것이 남아있다. 내가 과장하는 것일까? '나는 샤를리다'라는 도장이 일률적으로 찍힌 동시대 언론의 표지들은, 〈갈라Gala〉[69]도 샤를리였고, 〈클로저Closer〉[70]도 샤를리였으며, 또 어떤 포르노 신문이 샤를리였는지 모르겠지만, 〈미키Mickey〉[71]도 샤를리였다는 가능성을 암시했다. 그런데 장 클로드 융커[72]와 비교해서 카위작이라고 왜 안 되겠는가? 조세 천국을 가까이 두고 탈세는 왜 안 되겠는가? 그 역시 우리 공화국의 참된 '가치들' 중 하나를 구현한 것이다.

대중은 불평등 위에 놓여있다. 프랑스 공화국은 우리를 둘러싸고 있는 유럽 공화국처럼 계급적 체제로 이루어져 있다. 신공화주의자의 이 엄청난 시위는 우리로 하여금, 프랑스에서의 불평등의 증가가 극소수 엘리트나 수입이 가장 많은 사람들 중 1%의 음모의 결과가 아니라는 사실을 인정할 수밖에 없게 만든다. 그들의 시위는 100%의 참여 비율(75세 이상과 5세 미만을 제외하였다)에도

---

68 제롬 카위작은 프랑스의 사회당 정부의 예산부 장관으로 2013년 3월 탈세 혐의로 사임하고 사회당에서도 추출되었다. 특히 스위스 은행에 비밀 계좌를 가지고 있다는 사실이 밝혀져 올랑드 대통령은 물론 집권 사회당은 심각한 도덕적 타격을 입었고 이후 사회당은 지방 선거에서도 어려움을 겪었다.
69 1993년에 창간된 프랑스의 대중잡지이다. 연예인이나 패션, 미용, 여행 등을 주로 다루는 여성지이다.
70 2005년에 창간된 프랑스의 연예 잡지로 유명인의 스캔들이 자주 다루어진다.
71 1934년에 창간된 만화 주간지로 디즈니 만화의 캐릭터들이 등장한다.
72 2014년 유럽연합(EU) 집행위원장으로 선출된 융커는 강력한 유럽통합론자이다.

불구하고 '당연히' 프랑스 본토 전체에서 오십만 명 이상을 결집시키지 못했을 것이다. 정말, 프랑스는 과두 체제[73]로 이동하고 있는 중이지만 200개의 가문이나 십오만 명으로 이루어진 대단히 폐쇄적인 집단을 옛날식으로 멋대로 생각하는 것은 잘못일 것이다. 교육수준과 수긍할만한 수입으로 정의되는, 집단 과두제가 등장한 것이다. 과두제는 국가를 움켜쥐고 자신의 가치와 꿈을 강요하며, 가까운 방리유에서는 이민자들의 아이들을, 좀 더 멀리 떨어진 방리유와 각 지역들의 가장 구석진 곳에서는 프랑스의 서민계층들을 내몰고 있다.

러시아의 예외

수많은 시위참가들과 마찬가지로 정치 집단 안에도, 예상치 못한 일과 여러 다른 이유와 다른 논리적 근거로 사건의 주된 흐름에서 벗어나 그곳에 있었던, 사람들이 있기 마련이다. 텔레비전 카메라에는 잡히지 않았던, 러시아를 대표한 세르게이 라브로프도 그 구성원이었다. 그가 가장 안쪽으로 유형(流刑) 당한 것은 교묘하게 계산된 연출의 하나였다. 러시아가 이제부터 날마다 받아야할 서

---

[73] 소수의 엘리트 집단이 사회의 정치와 경제적 권력을 독점하고 있는 체제를 말한다.

방세계의 공격처럼 말이다. 이슬람 혐오증과 마찬가지로 러시아 혐오증도 의미가 있다.

본래 인류학은 이데올로기적인 장광설을 거부한다. 인류학은 정치인들의 보수 성향 증가에 숨어있는 국가적이거나 지역적 가치들의 현실을 간파했다. 또한 인류학은 대중들과 지도자들의 무의식에 접근할 수 있다. 나는 좀 전에 독일 사회에서의 불평등한 가족의 가치들과 영국에서의 평등하지 않은 가치들, 주변 지역의 불평등에 의해 최근 프랑스에 들어선 정권 등의 오랜 우세에 대해 거론했다. 러시아의 가족관은 그들에 따르면, 상당히 평등적이다. 러시아의 가족은 족외혼 공동체의 유형에 속한다. 러시아의 가족은 생활과 노동의 넓은 공동체 안에 아버지와 결혼한 아들들을 결합한다. 또한 러시아의 가족은, 17세기 이상으로 거슬러 올라가지는 않지만 부계 조직이라는 최근의 특징 덕분에, 여성들의 상대적으로 높은 지위를 보장하는 특징이 있다. 러시아의 전통은 부모와 자녀 관계에서의 강한 권위주의를 형제 관계에서의 엄격한 평등과 결합시킨다. 러시아의 전통은 농민들 안에서는 억압이, 귀족들 안에서는 친밀한 관계가 있었다. 또한 러시아의 전통은 우리에게 공산주의와 도스토옙스키 뿐 아니라 톨스토이와 투르게네프도 선사해주었다. 러시아는 유럽 가족관계 방식의 네 번째 사례이다. 중앙의 프랑스는 자유를 평등과 결합시키고, 영국은 자유를 평등하지 않음과, 독일은 권위를 불평등과 결합시킨다. 러시아는 평등을 권위와 결합시킨다.

19세기 후반에 갑자기 등장한 러시아의 가족은 이데올로기적인 영역에 도달하였으며, 볼셰비즘과 일당제, 계획경제, 케이지비(KGB)를 만들어낸, 권위와 평등의 가치들을 사회전반으로 확산시켰다. 시간이 흘러가고 고등교육이 발전함에 따라, 러시아 집단주의의 과격한 형태는 사라졌다. 혼란과 의혹의 시대 이후 소비에트 체제의 붕괴는 국가가 이끄는 시장경제의 출현을 용이하게 했다. 가족적 가치의 숨겨진 확고함은 러시아에서 공산주의의 추락 이후에도 권위적이고 평등한 성향을 유지시켜주었다. 또한 그런 완강함이 러시아를 모르는 사이에, 기꺼이, 어떤 의미로는 서구의 신자유주의의 확산에 저항하는 방파제로 만들었다.

권위주의는 러시아를 프랑스로부터 멀어지게 했다. 틀림없이 독일의 권위주의가 프랑스를 그 파트너인 러시아와 곧 갈라놓을 것이듯이 말이다. 하지만 샤를 드골의 프랑스는 블라디미르 푸틴의 러시아가, 서로가 평등한 국가들의 세계관을 옹호할 수 있는 평등한 자매 관계라는 것을 알아차렸을 것이다. 러시아는 외부의 도움 없이 간신히 자유로운 상태를 유지하고 있지만, 형제들과 남자들 그리고 인민들에 대해 평등주의적인 인식을 가짐으로써 스스로를 '자유롭고 평등한 국가들'의 국제적 지지자 역할을 할 적임자로 만들었다.

평등의 가치가 막 힘을 상실한, 프랑수아 올랑드의 새로운 프랑스는 푸틴의 러시아를 사랑할 수 없을 것이다. 서방의 엘리트들이 모스크바에 드러낸 증오 때문에, 신공화주의자의 행진 때 안쪽에 있었던 라브로프의 유형(流刑)은 당연했다.

파리의 수수께끼

자본은 국가 체계의 불평등 변화에서 주요한 역할을 한다. 잠재하는 인류학적 체계를 현상의 제 1원인으로 만들 수는 없지만 말이다.

파리는 평등한 핵가족 지역들의 중심에 위치에 있다. 18세기까지 파리 인구의 대부분은, 국가의 중심에 자유롭고 보편적인 가족 체계의 가치들을 지닌, 이곳 중심 지역 출신이었다. 19세기에 이어 20세기에, 프랑스 본토의 주변지역에서 온 이주민은, 다른 유럽과 전세계에서 온 이주민들과 마찬가지로 중요한 의미를 지니고 있다.

지방의 주요 도시들은, 멀리 떨어진 출신지 이민에서 중요한 라인/론 강 축을 따라 대부분의 주민들을 지역적 기반에서 충당하며, 결국 18세기의 파리처럼 계속해서 움직였다. 그렇게 해서 렌이나 리옹은 좀비 가톨릭의 특징을 지닌 채로 머물렀고, 마르세유는 이해할 수 없는 무규율 속에서 여전히 마르세유로 머물렀다.

파리는 지상의 모든 시민들의 도시이자 세계라 부를 수 있다. 이주 과정이 지속되면서 프랑스를 앞섰던 미국 같은 나라의 도시들에서 이루어진 동화의 메커니즘에 대한 우리의 지식은, 이민 수용 국가의 근본적인 인류학적 체계의 붕괴를 생각하는 일이 잘못일 수 있음을 암시한다. 뉴욕, 보스턴, 시카고, 샌프란시스코나 로스앤젤레스에서 가족은 늘 절대적인 핵이었다고 묘사할 수 있다. 초기 영국을 모태로 한 자유롭지만 평등하지 않은 가치들은 스코틀랜드, 아일랜드, 독일, 스웨덴, 폴란드, 유대인, 이탈리아, 일본, 한국, 중국의 이민이 이루어진 3백 년을 온전하게 지나왔다. 두 세대 혹은 세 세대에서 이민자 후손은 본래의 가족체계가 어떠하든 수용하는 사회의 체계를 받아들였다.

장소에 대한 기억

미국 이민 역사의 교훈은 인류학에 있어서 매우 중요하다. '그 교훈은 가족이 떠받치고 있는 가치들의 가상의 힘을 상대적인 것으로 만든다. 그것은 망치질하듯 아이들의 무의식 속에 집어넣는 '강한 가치들'의 전달만을 고려하는 '정신분석' 모델과는 다르다. 그런 메커니즘은 확실히 존재하지만, 모호하고 가벼운 모방 과정을 통해 학교, 거리, 동네나 기업처럼 가족보다 더 넓은 환경이 보여주는 '약한 가치들'의 전달 역시 인정해야 한다. 가족과 마찬가지로 영토도 그 가치를 전한다. 이러한 가정 없이 우리는 미국, 캐나다 혹은 오스트레일리아의 존재를 이해할 수 없을 것이다.

사실 그 자체로서 가족의 체계는 거주지역 없이 이해될 수 없다. 사람들은 저마다 자기 가족을 생각하면서 자신의 시대까지 내려가는 계보(系譜)도의 수직적 표현을 자신에게 자발적으로 부여한다. 하지만 부모, 조부모, 증조부모가 서로 만나고 결혼하기 위해서는 같은 장소에서 살아야만 했다. '가족의 체계, 그것은 사실 거주지역 내에서 가족끼리 배우자를 교환하는 것이다.' 아랍 세계나 남부 인도의 이른바 '동족결혼' 체계 내에서도, 대다수의 배우자들은 가까운 사촌이 아니다. 거주지역은 가족과 마찬가지로 결혼의 교환과 가치의 보존을 보장한다. 때로 종교는 사실상 상징적 장소 역할을 할 수 있고, 유복한 가족들 사이에서는 먼 거리를 두고 배우자의 교환을 가능하게 할 수도 있다. 하지만 유대 민족의 중심에서조차 예전 대부분의 결혼은 지역들이나 게토에서 이루어졌다.

인류학적 체계들이 오늘날에도 영속한다면, 인구의 극심한 변화에도 불구하고, 막연한 모방 과정이 지역이나 수용하는 나라 문화의 끝없이 반복된 승리를 보장해주기 때문이다. 이주민은 적응하고 그 자녀들은 가족의 가치를 교환한다. 거주지의 지배적인 가치들은 변경되지도 위협받지도 않는다. '여기서 근본적인 역설은, 강한 체계를 만들어내는 것이 바로 약한 가치들이라는 것이다.' 역시 약하지만 개인들의 집단이 떠받치고 있는 거주지의 가치들이 갑자기 승리한 것은 이민자가 출신지의 가치를 버릴 수 있기 때문이다. 에르베 르 브라와 함께 프랑스 지역문화의 영속성을 확인하면서, 우리는 지리적 변화의 증가에도 불구하고, 마침내 장소에 대한 기억의 개념을 사용하게 되었다. 그것은 가족체계의 개념과 모순되기는커녕 서로 보완적인데, 되풀이해서 말하지만 영토에서 배우자를 교환하는 것이 바로 가족들이기 때문이다.

장소에 대한 기억의 개념은 구원자와도 같다. 그것은 인간을 불변하는 본질 속에 가두지 않고서도 지역문화와 민족문화의 영속성을 받아들이기 때문이다. 피카르디 지방과 마찬가지로 브르타뉴와 프로방스 지방은, 어린 시절에 심어진 강한 가치들이 갈라놓은 이곳 지방들의 인간 유형이 존재하지 않아도 영속할 수 있다. 영국, 스웨덴, 독일은, 교육을 통해 세계와 단절된, 영국인, 스웨덴인 혹은 독일인이라는 가설을 세울 필요도 없이, 다른 여러 나라들만큼이나 정말로 확고하다.

귀류법[74]을 통해 우리는 높은 수준의 이민이 이루어짐에 따라 머릿속에 정반대로 강하게 심어진 가족의 가치들이, 영토의 해체와 모든 가족체계의 영속 불가능이라는 결과에 이를 수 있을 것임을 이해한다. 만일 가족의 가치들이, '정신분석' 모델에 따라 아

---

74 어떤 명제가 참임을 직접 증명하는 대신에 그 부정 명제가 참이라고 가정하여 그것의 불합리성을 증명함으로써 원래의 명제가 참인 것을 보여 주는 간접 증명법을 말한다.

이들의 머릿속 깊이 틀어박힌다면, 이민은 수용하는 사회 중심으로의 동화가 불가능한 가족을 만들어낼 것이다. 이민자들의 증가는 서로 분열되고, 지역의 출신지 문화에 따라 갈라지는 소구역들을 만들어낼 것이다. 그 소구역들은 잠시만 존재한다고 착각할 수도 있지만 리틀 이탈리아나 차이나타운은 단지 처음 도착하여 한 문화에서 다른 문화로의 이전에 충격을 받은 세대를 위한 활주로이자 적응용 감압실일 뿐이었다. 항상 그리고 어디서든 수용하는 사회가 금지하지만 않는다면 이민자들은 그 지역의 시민이 되는 것을 운명으로 받아들인다. 차이의 존중에 관한 다문화주의자들의 주장에도 불구하고, 사실 사람들은 누구나 자신이 있는 곳에서 자신의 출신가족에 속하는 것에 충실하기 원하면서도, 할 수 있는 한 먼저 집단의 일원이 되기를 열망한다. 이 메커니즘은 특히 아이들과 청소년들에게서 두드러진다. 학교나 구역에 저항하는 일부 가족들의 교육적 투쟁은 대개의 경우 이미 패배한 싸움이 된다. 문화들이 지속되기 위해서는 거주지역으로 나뉘어져야 한다. 그러한 관점에서 프랑스의 현 상황은 다른 나라들과 근본적으로 다르지 않아 보이지만, 이 경우에는 부조리하고 혹은 사악하며 그 사실에 있어 인종차별적인 경제 운영이 야기한 어려움들을 고려해야만 한다. 우리는 동화의 실패가 결코 이민자 집단이 아니라 항상 수용하는 사회의 책임임을 자각해야 할 것이다. 동화에 대한 거부가 없다고 하더라도, 수용하는 주민들의 배척은 언제든 가능하기 때문이다.

파리에서 동화의 모방 메커니즘이 작동하고 있지만 분열된 방식으로 특히 인구의 4분의 1이상을 구성하는 사회적 상위 계층에서는 가치의 변화라는 가설을 고려할 수밖에 없이 작동한다는 것을 지적하고 싶다.

파리에서 자유가 역사적 사회적 상황에 의해 영향을 받는 것은 그다지 옳은 일이 아니다. 자유는 차라리 히스테리에 사로잡혔다. 크리스토퍼 라슈Christopher Lasch[75]의 표현을 빌리면, '자기도취증의 문화'인 현대의 과도한 개인주의는, 사회의 분열과 삶의 종말에 관한 불확실성을 초래한다. 성숙보다는 차라리 무질서와 공공질서의 부재를 떠올리게 하는 이런 환경에서 개인은 정말로 더 자유로운가? 말하기 어렵다. 확실한 것은 과도한 개인주의에서 비롯된 고립의식과 감정적 욕구가 2015년 1월 11일에 나타난 군중들의 일체감에 충분히 기여했다는 것이다. 과도한 개인은 종종 개인을 죽게 만들기도 한다. 하지만 우리는 여기서, 가치 체계의 권위적인 변화의 영역 안에 있는 것이 아니라 자유의 잠재적인 병리학의 영역 안에 있다.

우리가 이해해야 하는 것은, 파리 지역에서 정치적 행동에서처럼 이데올로기에서, 평등의 가치가 작동하고 있지 않다는 것이다.

---

[75] 원주.『자아도취증의 문화La Culture du narcissisme』, 파리, 플라마리옹, 2006.

불평등한 사회적 잠재의식을 출현시킨 새로운 교육 계층은 일드 프랑스 지역에서 최대한으로 그 역할을 하고 있다. 파리는 특히 고위 관리자들의 도시로 그들은 생산인구의 28%를 차지하고 있다. 반면에 툴루즈에서 24%를, 지방의 대부분의 대도시들에서는 18에서 20%를 차지한다. 일드프랑스의 최대의 교육적 위계화는 여기서 평등의 인류학적 효과를 파괴한다. 위계화는 초등, 중등, 고등 교육계층들이 저마다 자신을 돌아보며 살게 하고 어떤 의미로는, 스스로 알아서 자신의 수준을 구분하게 만든다. 유복한 고위 간부이자, 대도시 방리유나 특정한 구역에 사는 '보보$_{bobo}$'[76] 족들은 타인들과 지리적으로 구분되는 그 자체로서 하나의 전형이 되었다. 비록 그들이 저마다 환경에서 자유롭고 평등한 가치들을 다시 만들어내고 있지만 말이다. 오늘날 저마다 다른 교육 수준은 파리의 평등한 기질의 쇠퇴를 가져올 따름이다. 그렇다면 인류학적인 체계의 평등주의의 무의식이 상위계층 집단에서 흔들린다고 단언할 수 있을까? 진실은 우리가 그것에 대해 아무 것도 모른다는 것이다. 과거의 가족 가치들과 새로운 교육 계층의 결합, 민족적이기보다는 사회-직업적인 영토 내에서의 구분, 좀비 가톨릭 출신의 새로운 학위 취득자들에게 파리의 교육을 받은 계층의 풍부

---

76 '보보' 족은 특정 사회 계층에 속하는 사람을 일컫는 용어로 부르주아와 보헤미안의 합성어이다. 이들 계층은 일정한 사회적 성공을 거두었으면서도 기존 질서에 얽매이지 않으며 자유로운 성향과 자신만의 독특한 개성을 지니고 있다.

한 유입, 이민 출신의 새로운 학위 취득자들의 증가 추세 등은 혼란스러운 상황을 만들어낸다. 가치의 재생산 메커니즘에 대한 우리의 이해는 강한 체계를 가능하게 하는 약한 가치들이라는 가설로 풍부해졌지만, 파리의 중산 계급에서 평등의 가치가 현재 붕괴되고 있는지를 말해주지는 않는다. 프랑스에서 경쟁하는 두 개의 인종 혐오증(불평등의 원칙에 뿌리를 내린 '차등주의 인종 혐오증'과 평등의 원칙에 뿌리를 내린 '보편주의 인종 혐오증')의 존재가 초래한 것이 무엇이었는지도 말해주지 않는다.

반면에 우리는 지난 30년의 정치적 변화를 통해 1980년 이후 '보편주의 인종 혐오증'의 놀라운 물결을 일으킨 평등주의의 가치가, 중앙에 위치한 프랑스의 민중계층에서 불행히도 손상되지 않았음을 단언할 수 있다. 그렇지만 그 물결은 불평등을 향한 프랑스 사회의 지배적인 움직임에 대한 반동일 뿐이다.

위기의 네 단계

비극적 사건의 주요 요인들이 분석된 이상, 우리는 이제 상당히 단순한 도식을 통해 프랑스에 나타난 이데올로기의 큰 변화를, 그 반대를 향하는 평등의 원칙으로부터 요약할 수 있다.

1) 처음에는 긴밀하게 연결된 상위 계급 그리고 가톨릭의 보루에서 불평등 가치의 항구적인 정착 지점이 존재한다.

2) 궁극적인 비기독교화는 주변지역 좀비 가톨릭의 3분의 1과 불평등한 그 기반의 눈부신 발전을 유발한다.

3) 좀비 가톨릭이든 아니든, 교육의 발전으로 늘어난, 상위 계급들은 모세관 현상을 통해 낮은 곳으로 영향력을 확장한다. 그것이 적어도 불평등한 감정으로 잘못 정의된 집단의 불평등한 가치가 아니라면 말이다.

4) 무게 중심이 북유럽이나 불평등의 원칙으로 넘어간 유럽의 메커니즘은 프랑스에서 불평등한 세력을 위한 중요한 근거가 되었다. 반대로 프랑스 지방들의 불평등한 3분의 1과 잘못 정의된 중간 계급의 일부는, 독일의 리더십 아래 유럽 차원으로 전개된 불평등 원칙의 중재자가 되었다.

이 단계에서 틀림없이 비시 정부(독일 패권 아래의 유럽 대륙에서 프랑스 공화국의 붕괴)를 언급하고 싶을 것이지만 그것은 지나친 단순화에 이를 뿐이다. 1940년 직전에는 가톨릭 주변지역에서 어떠한 성장도 관찰되지 않았고, 고등교육의 어떤 발전도 측정되지 않았다. 반대로 인민전선은 이 나라에서 평등 원칙의 지속력과 사회 상위 계층들의 무능을 보여주었다. 영토와 인간 집단의 연속성을 지각하는 것이 변하지 않는 역사의 '잘못된' 이해에 이르러서는 안 된다.

Chapter 3

이슬람교도 프랑스인들
Les Français musulmans

이슬람교도들로서의 자기규정이 단지 츠바이크 효과라고
부를 수 있는 것의 표시는 아닌지 고려해봐야만 한다.
만일 사회 전체가 여러분을 이슬람교도의 표시를 달고 있는
자루 속에 넣는다면, 당신은 스스로 이슬람교도라고 느끼게 될 것이다.

이슬람교도 프랑스인들
Les Français musulmans

슈테판 츠바이크Stefan Zweig[77]는 자살하기 일 년 전인 1941년에 자신의 회고록에서 나치즘이 하나의 계층으로 재편성한 유대인들의 혼란을 언급한 바 있다. 이러한 계층은 유대인들에게는 더 이상 의미가 없는 것이었다.

《하지만 20세기의 유대인들이 더 이상 공동체를 이루지 않은 지 오래되었다. 그들은 공통의 신앙이 없었다. 그들은 자신들의 유대인으로서의 신분을 명예보다는 오히려 부담으로 느꼈고, 이루어야 할 소명을 전혀 의식하지 않았다. 그들은 성경의 계율과 동떨어져 살거나 살았고 공통의 오래된 언어를 더 이상 원하지 않았다.

---

77 슈테판 츠바이크(1881~1942)는 오스트리아 빈 태생의 소설가이자 극작가, 전기 작가이다. 나치의 압박을 피해 브라질로 망명했다. 대표작에 『어제의 세계』, 『연민』 등이 있다.

지도 III.1 **마그레브 출신**

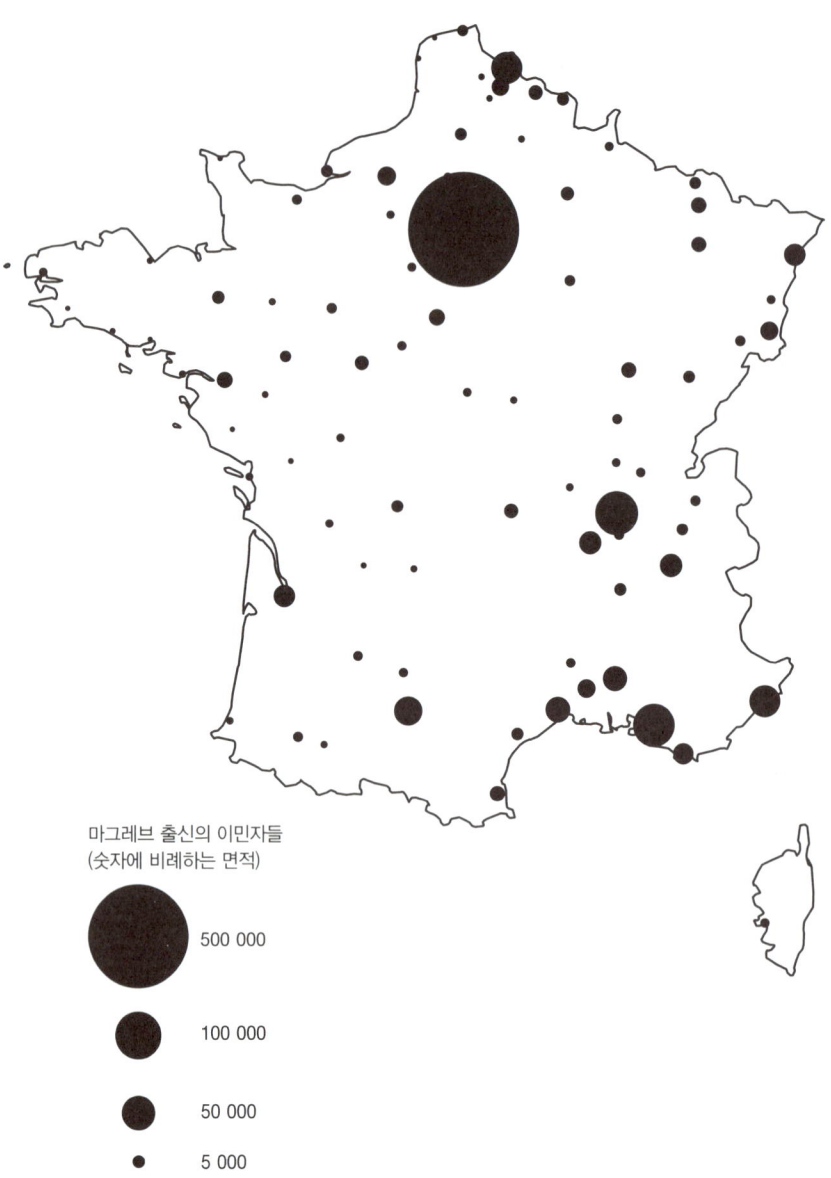

마그레브 출신의 이민자들
(숫자에 비례하는 면적)

500 000

100 000

50 000

5 000

지도 III. 2 흑 아프리카 출신

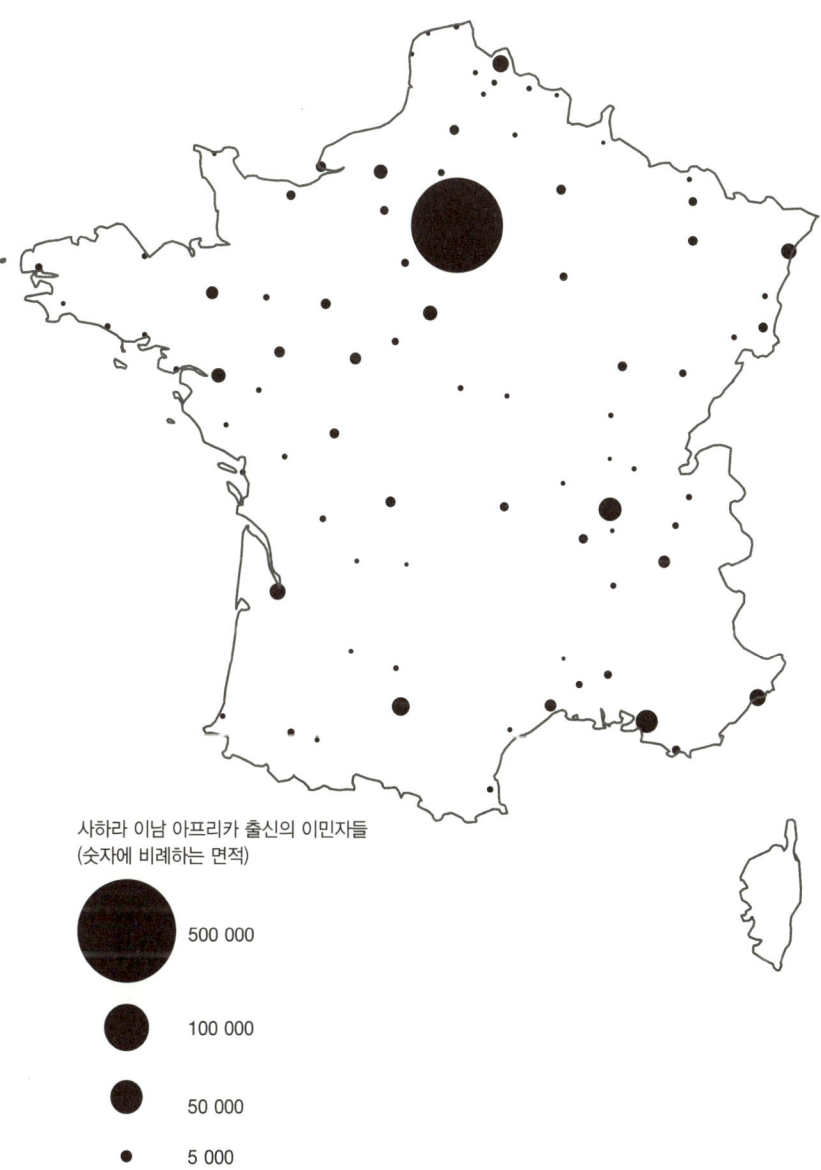

사하라 이남 아프리카 출신의 이민자들
(숫자에 비례하는 면적)

500 000

100 000

50 000

5 000

점점 참을성 없어진 그들의 열망은 적응하고, 그들을 둘러싸고 있는 민족들에 동화되며, 전체 속에 용해되는 것이다. 단지 평화롭고, 모든 박해를 피하며, 영원한 도피 속에서 휴식을 찾기 위해서 말이다. 이처럼 그들은 오래 전부터 프랑스인, 독일인, 영국인, 러시아인 등 다른 민족들 속에서 그랬던 것처럼 융합되어 보통의 유럽인들보다도 훨씬 더 서로를 이해하지 못하게 되었다. 그런데 사람들은 단지 지금에 와서야 그들 모두를 내몰고 한 무리로 내쫓고 있다. 마치 길거리의 먼지, 베를린의 대저택에서 나온 은행장들, 정교회 공동체의 유대교회당의 하인들, 파리의 철학 교수들, 루마니아 삯마차의 마부들, 연주회의 가수들, 장례식장에서 곡을 하는 사람들, 시신을 닦는 사람들, 노벨상 수상자들, 자본가들과 가난한 사람들, 강자들과 약자들, 신앙심이 깊은 사람들과 자유사상가들, 고리대금업자들과 현자들, 유대민족주의자들과 동화된 사람들, 동구 출신의 유대인들과 지중해 연안에 사는 유대인들, 정의로운 사람들과 부정한 사람들로서 말이다. 또한 그들 뒤에서 오래전부터 저주를 피했다고 믿는 다수의 어쩔 줄 몰라 하는 사람들, 세례를 받은 사람들과 혼혈 출신의 사람들로서 말이다. 단지 바로 지금에서야 수세기 이래 처음으로, 유대인들이 수세기 전부터 의식하고 있지 않은 공동체를, 이집트 시대 이후로 끊임없이 다시 나타난 공동체를, 추방의 공동체를 그들에게 다시금 강요했던 것이다.》[78]

---

[78] 원주. 슈테판 츠바이크, 『어제의 세계, 어떤 유럽인의 회상』(1941), 파리, 리브르 드

1930년경의 유럽의 유대인들처럼 프랑스의 이슬람교도들은 존재하지 않는다. 종교적 부류는, 출신국가, 교육수준, 직업과 사회적 계층, 종교적 계율에 충실한 정도와 유형에 의해, 서로 다른 집단들에 속하는 남자들과 여자들 전체의 공통분모로 제기된다. 이러한 인간의 다양성에 '이슬람교도의' 명찰을 붙이는 것은 그저 인종주의자의 행위일 뿐이다. 비엔나의 지적인 부르주아와 폴란드의 슈테틀[79]의 유대인에게 '유대인'이라는 공통의 명찰을 붙이는 것은 인종주의자의 행위였다. 모하마드 메라가 몽토방에서 살해한 군인과 이마드 이븐 지아텐과 모함마드 르구아는, 쿠아시 형제들이 죽게 만든 경찰 아메드 메라베와 똑같이, 이슬람교도들이었다. 일반적인 문제가 제기된다. 즉 점점 더 자주 관심을 끄는, '이슬람교도의' 부류는 의미가 있는 위험스러운 허구라는 것이다.

'이슬람교도들이' 프랑스 사회 체제 내에서 차지하고 있는 자리를 사회 경제적 범주와 직업을 통해 관찰해 보기로 하자. 프랑스 여론 연구소(IFOP)[80]의 조사에 따르면 노동자의 8.4%, 피고용자들의 6.4%, 상인과 수공업자 혹은 기업주들의 6.6%, 중간 직업의 4.5%, 자유직업과 고위직의 3.5%의 사람들이 이슬람교도들이다. 그들은 다양한 사회 구성원으로 자리 잡았고, 거리를 방황한다거

포슈, 1993, p.496~497.
79 2차 세계대전 전까지 동유럽에 흩어져 있던 유대인들의 정착촌을 말한다.
80 원주. 제롬 푸르케가 감사하게도 전해준 자료이다.

나 마약 거래상, 이슬람 테러리즘에 항상 빠져들 태세가 되어있는 젊은이의 허상적 이미지와는 아무런 관련이 없다. 그러한 관점에서 크리스토프 귈뤼는 궁지에서 잘 벗어난 이슬람교도 하층 부르주아 계급의 출현을 충분히 강조할 만했다. 비록 그가 그것을 프랑스의 민중계층들에게 저질러진 불의인 것처럼 유감스럽게 생각하는 듯한 태도를 보였다고 할지라도 말이다.[81]

함께 묶여있는 국적과 교육 수준은 혼합된 계층의 이미지를 확고하게 만든다. 우선 2008년 30세에서 49세까지의 알제리 이민자들의 후손들을 주시해보기로 하자. 그들 중 '학력이 없는' 사람은 27%, 직업자격증, 직업교육 수료증 혹은 중등교육 제1기 수료증이 있는 사람은 39%, '단기 고등교육'을 받은 사람은 9%였고 '장기 고등교육'을 받은 사람은 9%였다. 장기 고등교육을 받은 9%는 조상들이 더 일찍이 프랑스 본토에 자리 잡은 프랑스인들의 19%에 비해 훨씬 낮은 비율이다. 포르투갈인들의 후손들로 출생신고가 된 사람들 8%보다는 조금 높지만 말이다. 그렇지만 그 9%는 '이슬람교'에 대해 우리에게 아무 것도 알려주지 않는다. 즉 튀니지 혈통의 후손들의 경우 장기 고등교육을 받은 비율이 15%에 달하기 때문이다. 모로코 출신의 경우 '진짜' 프랑스인들의 평균인 19%에 달한다. 사회학적으로, 마그레브 역시 존재하지 않기

---

81 원주. 크리스토프 귈뤼(Christophe Guilluy), 『도시 외곽의 프랑스. 우리는 어떻게 민중계층을 희생시켰는가』, 파리, 플라마리옹, 2014.

때문에 이슬람이 존재하지 않는다고 말하는 것으로는 충분하지 않다.[82]

신공화주의의 프랑스는 이 놀라운 사회적 다양성으로부터 상대적인 평등… 즉, 실업률을 만들어내기에 이르렀으니 말이다. 18세에서 50세에 이르는 알제리 이민자들의 남성 후손들의 20%, 튀니지 출신 남성들의 22%, 사하라 이남 아프리카 출신 남성들의 21%, 터키 출신 남성들의 22%가 실업 상태이다. 교육수준과 구직 사이의 상관관계가 없는 것을 보고 악의를 가진 연구자라면, 프랑스가 종교적 출신배경에 집착한다는 것과, 자격은 전혀 중요하지 않다고 주장할 수도 있을 것이다. 새로운 프랑스 공화국은 마음속 깊이 이슬람을 혐오하게 될 것이다.[83] 우리는 상황이 좀 더 복잡하다는 사실을 알게 되었다.

이슬람 사원의 건립은 지역 당국을 통해야만 가능할 만큼 힘들어졌다. 따라서 이슬람의 종교적 계율의 실천에 관한 조사는, 예배당들에 설치된 정보망이 없어서 조사가 직접적인 관찰에 의지할 수 없기 때문에, 상당히 불완전하다. 따라서 이슬람의 경우, 프랑스 지역을 이루고 있는 비종교적이거나 가톨릭적인 두 개의 큰 구역을 구분하게 해주는 종교사회학적 조사를 사용할 수 없다.

---

82 원주: 『프랑스 내 이민자들과 이민자들의 후손들』, 국립 통계경제 연구소(INSEE), 2012, p.167.
83 원주: 『경로와 출신』, 국립 인구문제 연구소(INED)와 국립 통계경제 연구소, 파리 2011, p.56.

2008년 9월과 2009년 2월 사이에 이루어진 '경로와 출신' 조사에서, 스스로를 가톨릭교도라고 규정한 사람들의 76%가 자신들에게 종교는 거의 중요하지 않다고 답했다. 반면 이 무신앙의 비율이 프로테스탄트들에게서는 52%로, 정교회파 신도들은 53%로, 불교도들은 48%로, 유대인들은 24%로, 이슬람교도들은 22%로 떨어졌다. 실업율의 경우처럼 알제리인들, 튀니지인들, 모로코인들, 터키인들과 흑아프리카인들에게서 상당히 비슷한 비율로 떨어지는 것을 볼 수 있다.[84] 나에게는 친숙한 계층인 유대인들에게서 나타난 비율은, 유대인 인구의 대다수인 완전히 세속화된 개인들이, 종교적 믿음이 없이도 스스로를 유대인이라고 답할 수도 있다는 점을 고려해 넣지 않은 조사방법론에 의해 제대로 파악된 것 같지 같다.

따라서 이러한 종류의 기준은 이슬람교도 인구 중 어느 정도가 실제로 종교에 충실한 지를 말해주지 않는다. 우리는 라마단을 지키는 사람들이나, 돼지고기를 거부하는 사람들을 흔히 볼 수 있다. 그리고 우리는 술에 대한 태도가 훨씬 더 유연하다는 사실도 알고 있다. 그래도 현재의 조건 속에서 프랑스에 있는 이슬람교도들은 자신을 이슬람교도로 인정하고, 이슬람에 대한 악마화의 정도가 자신의 종교를 숨겨야 할 정도에 이르지 않았다는 것에 만

---

84 원주. 같은 책, p.127.

족하고 있다. 규칙적, 획일적으로 완전하게 종교적 규율을 준수하는 경우는 아주 드물기 때문에, 피조사자들의 78%에 달하는, 자신들의 종교를 중요하게 받아들이는 이슬람교도들로서의 자기 규정이 단지 츠바이크 효과[85]라고 부를 수 있는 것의 표시는 아닌지 고려해봐야만 한다. 만일 사회 전체가 여러분을 이슬람교도의 표시를 달고 있는 자루 속에 넣는다면, 당신은 스스로 이슬람교도라고 느끼게 될 것이다.

유대인의 역사와 다시 비교해보기로 하자. 1930년 경 서부 유럽에 있던 대부분의 유대인들은 자신들의 종교적 정체성을 잊는 길을 걸었다. 1945년 이후 한 명, 두 명 혹은 서너 명의 유대인 조부모들을 두고 있는 모든 사람들은 유대인인 것이 개인의 선택에 속하지 않았다는 것을 알고 있었다. 요컨대 이슬람 종교에 대한 애착 속의 동질성은 실업률의 동질성과 상관적일 수밖에 없는 것이다. 그렇다고 실업의 경험이 수용소에 투옥된 경험과 마찬가지로 심각하다는 의미는 아니다.

---

85 츠바이크에 따르면 과거의 유대인들은 스스로에 대한 유대 민족으로서의 정체성이 그리 강하지 않았다. 그들은 공동체를 이루어 민족적 정체성을 강하게 드러내기보다는 정착한 나라에 동화되는 길을 선택했다. 오늘날 유대인들이 민족적 정체성을 강하게 가지게 되었다면 그것은 외부의 차별과 핍박에 따른 결과일 것이다.

마그레브 문화의 해체

나는 1994년에 쓴 『이민자들의 운명』에서, 이슬람 출신 사람들을 한 공동체의 틀 안에서 서술해야 한다고 주장하는 것이 불합리한 시도임을 보여주었다고 생각한다. 주변 프랑스 사회와 종교, 인종, 국적이 다른 사람들의 높은 결혼 비율은 이제 충분히 납득할만하다. 공동체의 가설은 그 중심에서 가족 구성의 보존과 더불어 문화의 보존을 전제로 한다. 그런데 마그레브[86]나 말리 가족의 특징들은 바로 그 가족 자신보다 훨씬 쉽게 해체된다. 이들 가족들이 해체되는 것은, 이민자들의 자녀들과 수용하는 사회의 자녀들 사이의 접촉이 – 언론 매체를 통해 듣게 되는 모든 것들에도 불구하고, 프랑스의 근본적인 가치들 특히 성 평등에 대한 생각이 알제리, 튀니지, 모로코의 아이들에게 전파되는 것처럼 – 충분히 오랫동안 열려 있었기 때문이다. 사실 이민 1세대들은 문맹 때문에 출신지의 문화를 받아들일 어떤 기회도 없었다.

  동족결혼을 하는 아랍의 공동체 가족 안에서 이미 아버지의 권위는 전통적으로 약했다. 왜냐하면 아버지는 딸의 배우자를 선택할 권한이 없었고, 딸은 관례에 따라 부계의 사촌과 결혼하도록 미리 결정되어 있었기 때문이다. 더구나 문맹인 아버지의 권위는 중학교, 고등학교 대학에 다니게 된 아들들에 의해 그나마 해체되

---

86 북아프리카의 모로코, 알제리, 튀니지 등의 나라들을 의미한다.

었다. '이슬람 문화'가 사라지자 그 과정에서 나타난 급격한 변화 속에서 이민자의 자녀들은 심리적 방황을 겪고 실제로 상당히 많은 범죄를 일으켰다. 정말 감옥에는 많은 이민자들의 자녀들이 있지만, 소멸된 그들의 출신지 문화가 그들을 보호할 수 없어서가 아니라, 사회가 붙였거나 혹은 그들 스스로가 직접 자신들에게 붙인 표식만큼 그들은 '아랍인'이거나 '이슬람교도'가 아니기 때문이다.

나 자신은, 모든 이민자들의 중심 문화로의 융합 속에서 국가의 바람직한 운명을 보는, 전형적인 동화주의자 프랑스인이다. 그렇지만 모든 것이 너무나 빨리 변화하는 오늘날, 이민자들의 문화 속에 일시적으로 리틀 알제리와 모로코 타운 같은 감압실을 설치하는 것이 정신적 타격을 피하게 해줄 수도 있다고 말하고 싶다. 하지만 우리는 경제정책을 결정하듯 풍속에 대한 정책을 결정하지 않는다. 동화를 선호하지만 신체적인 외형의 차이에 대해선 무관심한 이 나라 사람들을 고려한다면, 마그레브 문화의 갑작스러운 파괴는 피할 수 없는 일이었다.

동족결혼을 하는 공동체의 가족도, 이슬람교도, 프랑스에서 태어난 2세대에게 폴라니가 말한 보호 지붕 역할을 할 수 없었다. 산업사회와 후기산업사회의 개인주의적인 가치들과의 대결은 즉각적이었고 갑작스러웠으며 파괴적이었다. 방리유 젊은이들의 방황을 이해하기 위한 적절한 사례가, 다른 세상에서 갑자기 나타나 폭력의 온상지이자 신기루인, 유프라테스 강 계곡과 시리아의 사막에 있는 것은 아니다. 그것은 첫 번째 산업혁명 기간 동안 영국에서 일어났던 일이다. 즉 노동자들이 갑작스레 문화적 규범을 포기하면, 가족의 해체와 교육적 문제들, 알코올 중독을 유발한다. 가장 숙련된 그 노동자들에 있어 생존의 방법들 중 하나는 신교 종파였다. 생존시장에서 밀려나 극한에 다다르면 인간은 자신에게 규범과 희망을 주는 종교적 믿음 속에서 마지막으로 의지할 곳을 찾는다.

종교, 인종, 국적이 다른 사람의 결혼 비율이 1992년 '지리적 변화 및 사회적 동화'와 2008~2009년 '경로와 출신'의 조사가 이루어지는 사이에 정체된 것과, 프랑스 영토에서 마그레브 출신 인구의 분산이 멈춘 것은 사실이다. 그것은 『프랑스의 수수께끼』에서 상세하게 설명된 현상들이기도 하다.[87] 그 점에 대해서 대승(大勝)을 거둔 이슬람 혐오증의 논평은, 방리유에 사는 이민자들의 문제점들과 실업률을 설명하는 것이 바로 돌이킬 수 없는 문화적 차이라고 주장하면서, 결과를 원인으로 돌리는 데 이르렀다. 그러나 거꾸로 동화가 정체된 것은, 앞서 말한 것처럼 경기침체와 사회적 분열에 대한 우리 지도층들의 선택이자 우리 사회의 패권 집단인 MAZ가 지지하고 받아들인 선택에서 비롯된 결과이다. 인구통계학자로서 반복하여 말하지만, 프랑스는 출산율이 늘어남에 따라 독일보다 젊은 층 인구가 훨씬 더 많은데, 유로화 체제는 그들 중

---

87 원주. 에르베 르 브라, 엠마뉘엘 토드, 『프랑스의 수수께끼』, 앞의 책, p.222~226.

많은 사람들에게 어렵고 소외되며 부족한 삶을 강요하고 있다. 당사자들이 그것을 어떻게 생각하든, 학대자들을 희생자들로 생각하든, 그 하락은 우연한 일이 아니며, 동화의 메커니즘을 어지럽히는 경제논리에 의해 강제된 것이다. '1992년에 측정된 종교, 인종, 국적이 다른 사람의 결혼 비율은 상황이 순조로웠음을 보여준다. 라틴어역(譯) 성서가 말한 것과 달리 그때 우리가 관찰했던 것은 20세기 후반에 나타난 인구 혼혈 과정의 믿을 수 없는 가속화였다.'

유대인들과 이슬람교도들의 종교, 인종, 국적이 다른 결혼

유대인들의 동화 속도를 비교해 보기로 하자. 내 어머니가 늘 그랬듯이 나도 되는 대로 자신을, 아니 더 정확히 말해 내 가족을 예로 들어보려 한다. 이야기는 프랑스대혁명으로 1791년에 해방된 프랑스 동부의 알자스, 로렌 지방 출신의 유대인 가족에서 시작된다. 내 증조모의 조부인 시몽 레비는 보르도 지방의 유대교 대제사장이었다. 그는 1887년에 유대 종교를 옹호하고 선양하는 『모세, 예수와 무함마드 혹은 셈족의 세 개의 대종교들』[88]을 출간하였다. 늘 되풀이되는 유대교에 대한 비방에 맞서 싸우는 것이 문제였다. 시몽 레비는 기독교와 이슬람교의 근본적인 가치들이 오로지

---

88 원주. 재출간, 화이트 피쉬, 몬타나, 키신저 출판사, 2010.

유대교에서 비롯되었음을 우리에게 상기시키고 있다. 예수를 모세 그리고 무함마드와 같은 차원에 놓은 책의 제목은, 기독교인들이 예수가 신의 아들이 아니라는 것을 인정하자마자[89] 곧, 그 자체로서 유대인들과 기독교인들 사이에는 더 이상 어떤 문제도 없을 것임을 암시하고 있다. 그렇지만 작은 귀금속 주조 공장의 소유자인, 그의 사위 폴 에세는 더 이상 신앙을 가지고 있지 않았다. 그는 자신이 1914년의 전쟁 동안 벌였던 논쟁을 상세히 기록한 노트를 남겼다. 당시 장교로 소집된 그는 신부들과 신학 토론을 하면서 점심시간을 보내곤 했다. 원고는 대단히 정확한 자기규정으로 시작된다. "나는 무엇보다도 내가 유대 인종이자 무신앙자였음을 선언할 것이다…" 인종이라는 단어는 아직 위험한 의미를 지니고 있지 않았다. 전형적인 프랑스 '유대교의' 그 가정에서 종교, 인종, 국적이 다른 어떤 결혼도 아직 없었다는 사실을 통해, 그 말은 정당화될 수 있었다. 1928년에 이르러 폴 에세의 손녀는 건널목지기의 아들이자 농부의 손자인, 브르타뉴 출신 기술자의 아들과 결혼했다. 1791년에서 1928년까지, 다시 말해 다섯에서 여섯 세대에 이르는 동안 종교, 인종, 국적이 다른 첫 번째 결혼 사이에는 137년이라는 시간이 걸렸다. 이러한 고증을 참고할 때 2차 세계대전에 뒤이어 나타난 놀라운 가속화를 어떻게 의식하지 않겠는가? 매스커뮤니케이

---

[89] 이슬람교에서는 예수를 삼위일체의 성자가 아니라 무함마드 이전에 있었던 예언자들 중 한사람으로 간주한다.

션, 교육 수준의 상승, 여성들의 해방은 프랑스의 이슬람 인구를 훨씬 더 빨리 종교, 인종, 국적이 다른 결혼으로 이끌었다.

2008~2009년의 '경로와 출신' 조사는 알제리나 모로코 출신 남성 이민자들의 후손들 44%가 이민자도 아니고 이민자의 후손도 아닌 배우자를 두고 있음을 우리에게 알려준다. 비율은 튀니지 출신은 60%로 올라가고 터키 출신은 42%에 달하며 사하라 아프리카 출신은 다시 65%로 올라간다(마지막 경우에는 이슬람교도와 비이슬람교도를 구분할 수 없다). 여성들의 경우 비율은 조금 낮은데, 그것은 해체된 부계 문화에 있어서는 보통의 일이지만, 그 비율은 알제리(41%), 모로코(34%), 튀지니(38%), 사하라 이남 아프리카(49%) 출신의 경우 상당한 수준에 달한다.[90] 터키 출신 여성들의 비율만이 7%로 정말로 낮다. 그 숫자들은, 모든 것이 아주 이상적으로 가장 멋진 세상에 있다는 사실을 말해주지는 않는다. 그렇지만 족외혼이 아직 다수가 아니라도 프랑스 사회와의 접합은 명백하게 이루어졌다. 그 숫자들에서 어떤 경우에도 '이슬람교의 문제'가 존재한다는 사실을 읽을 수 없다. 여기서, 프랑스에 대해서보다 아프리카에 대해서 할 말이 적은, 사하라 이남 아프리카 인구의 급속한 통합을 강조할 필요가 있다. 수용하는 주민들이 피부색 때문에 확실히 고민하지 않았으니 말이다.

---

90 원주. 『프랑스 내 이민자들과 이민자들의 후손들』, 앞의 책, p.131.

그렇지만 여기서, 안타깝게도 독일 문제일 뿐인지도 모르지만, '터키 문제'를 언급해야만 할 것이다. 나는 『이민자들의 운명』에서 그 점을 조사했었다. 터키 주민의 동화에 대한 저항은 그들의 인류학적 구조에서 어느 것도 그것을 설명할 수 없었을 때 더욱 더 명백했다. 터키에서 출신 지역이 어디든 사촌 간 결혼 비율은 마그레브에서보다 훨씬 더 낮다. 그렇지만 더 적게 이루어지는 가족 간의 동족결혼은 상승된 여성들의 지위와 관련이 있다. 나는 동쪽 국경에 몰려 있는, 프랑스 내 터키 이민의 지리적 분포를 관찰하면서 프랑스의 터키인들은 단지 독일에 집중된 전체 이민의 한 부분일 뿐이라고 결론 내렸다. 벨기에나 네덜란드에서처럼 프랑스에서도 유럽 차원에서, 라인강 넘어서 행해지는 인종차별 규범을 내부에 감추고 있었던 그런 이민 말이다. 이슬람교도들과의 종교, 인종, 국적이 다른 결혼의 비율은 독일 연방공화국에서 그 시대에 관심을 끌지 못했다. 현재 프랑스에서 터키 출신 남성들의 비교적 높은 종교, 인종, 국적이 다른 결혼의 비율은 이 인구 구성에서 '독일식 모델'과의 단절의 첫 번째 단계를 분명 나타내고 있을 것이다. 우리는 유럽 차등주의의 진앙이 프랑스에 위치해 있는 것이 아니라 유럽의 북쪽이나 더 동쪽에 있다는 사실을 다시 한 번 느끼게 된다. 바로 그런 이유에서 유럽의 건설을 향한 한 걸음 한 걸음은 결국 이슬람 혐오증을 향해 나아가는 것임이 드러날 것이다.

관념론자들과 족외혼

그렇다면 '통합'의 진실은 무엇이라는 말인가? 모든 조사는 동화가 이루어지고 있고, 동화는 전쟁 전에 비해 가속화되었지만 최근에 억제되었다는 사실을 알려준다. 어쨌든 동화는 가족 구조의 해체와 엄청난 심리적 동요를 유발했다. 또한 경기 침체가 현재의 어려움의 원인이라는 사실을 쉽게 알 수 있다. 즉 생존의 특별한 어떤 '의지'도 오늘날 기록된 이민 억제의 원인이 아니라는 것이다. 하지만 이슬람 혐오증이 폭발하는 현재의 단계에서 사회학적 현상들의 진실을 밝히는 것은 더 이상 만족스럽지 않다. 이슬람 출신의 젊은이들은, 그들이 자신들을 심판하는 사람들보다 정말로 훨씬 덜 동화되었는지 묻는 것을 당연하고 정당하다고 생각하는 수많은 소송들과 이데올로기적인 선고의 대상이 되었다.

하지만 오늘날 사람들은 사회의 '제무르화(化)'를 떠올린다. 그런 성(姓)을 지니고 있는 사람을 문화적 아이콘으로 변형시키면서 말이다. 인류학자로서 에릭 제무르에게 동화의 정도를 평가하는 일반적인 기준을 끝까지 적용해보자. 성(姓)의 사용을 통해, 페르피냥Perpignan[91] 시의 정치적 부패에 관한 대단히 훌륭한 연구에 사용된 기법을 발전시켜보자. 그 연구는 북아프리카 출신 성들의 지

---

91 페르피냥은 스페인 국경에서 가까운 프랑스 남부의 도시로 피레네조리앙탈 데파르트망의 주도이다.

리적 분포를 가지고 이슬람교도의 투표 방식을 평가하는 것이다.[92] 확신컨대, 정치적으로 무례한 당원인 제무르는, 그 자신은 몽트뢰유Montreuil[93]에서 태어났지만, 자기 아내의 처녀 때 성(姓)을 통해 그의 출신지 공동체 내의 북아프리카 유대인의 동족결혼임을 추측하고 만족감을 드러냈을 것이다. 또한 그는 우리가 그러한 사실에 주목하는 것을 불쾌하게 여기지는 않을 것이다.[94] 따라서 마그레브 출신 젊은이들의 최고 종교재판관은 혼종 결혼을 한 알제리 출신의 대부분의 뵈르[95]들보다 동화에 있어서 더 나아가지 못했다. 남자다움에 대해 전형적으로 지중해적인 그의 예언들이 그림을 완성한다. 초문화적[96]인 정신의학에서는 틀림없이 그를 '불완전하게 동화된 마그레브의' 범주에서 평가할 것이다. 하지만 지나친 추측 대신 사회학자로 남기로 하자. 초문화적인 정신의학은, 문화적 상황에서의 제무르의 중요성을 통해, 프랑스 중간계층들의 정신 상태에 관해 할 말을 찾아낼 것이다.

---

92 원주. 제롬 푸르케, 니콜라 르부르와 실뱅 망테르나슈, 『페르피냥, 국민전선 이전의 도시』, 파리, 장 조레스 재단, 2014.
93 몽트뢰유는 파리 방리유에 있는 소도시이다.
94 에릭 제무르는 프랑스에서 태어났지만 그의 집안은 알제리의 유대인 출신이다. 따라서 그는 아내의 처녀 때 성이 북아프리카 출신을 나타내는 것과 자신이 그 지역 출신과 동족결혼을 한 것에 대해 만족감을 드러내고 있는 것으로 보인다.
95 뵈르는 마그레브 출신 부모로부터 프랑스에서 태어난 젊은이를 말한다. 에릭 제무르는 반유대주의와 인종주의 다문화주의에 관한 생각을 여러 저서들을 통해 나타냈다.
96 '초문화성' 혹은 '문화횡단'(transculturation)은 한 지역의 문화가 다른 문화의 이식을 통해 변형되거나 동화되는 현상을 의미한다.

알랭 핑켈크로트Alain Finkielkraut[97]를 막 선출한, 아카데미 프랑세즈의 평균 나이 78세의 선거인단이 발표한 완곡한 어법은 그 자신이 폴란드 유대인 출신인 한 관념론자에 대한 보완적인 사례를 제시해준다. 그는 우리의 사회문제들에 있어서 특히 '아랍'이나 '흑인의' 차원을 항상 신속하게 파악하고 지적해대지만, 종교, 인종, 국적이 다른 결혼에 있어서는, 알제리, 모로코, 튀니지, 흑아프리카 출신의 많은 젊은이들과는 반대로, 큰 결단을 내리지 못한 인물이기도 했다.

물론 종교, 인종, 국적이 다른 결혼이 선량한 프랑스인이 되는 데 필수적이지는 않다. 나의 유대인 조상들은 1914년과 1918년 사이에 그들의 의무를 다했다. 그전에는, 종교, 인종, 국적이 다른 어떤 결혼도 결코 하지 않았지만 말이다. 할머니는 전쟁동안 참호에서 참호로 전해진 가족의 편지교환이 오직 알펜, 에세, 레비, 스트로스, 블로크 혹은 보름스로 불리는 사람들 사이에서만 이루어졌다는 것을 강조하여 나를 웃게 만들었다. 하지만 부디, 동족결혼을 주장하는 관념론자들이 족외 결혼을 하는 이민자들의 자녀들에게 프랑스 문화 고유의 특성이라는 가르침을 주는 것을 멈추었으면! 우리가 사랑했던 프랑스, 프랑스를 더 좋아하는 사람들의 동족결혼을 호의적으로 받아들이는 프랑스, 역사의 긴 시간 속에

---

97 알랭 핑켈크로트(1949~)는 프랑스의 철학자이자 아카데미 프랑세즈의 회원이다.

서 국가 공동체가 존속하는 것이 바로 다문화 출신에 속하는 아이들의 출생에 의한 것임을 조심스럽게 그리고 평화적으로 상기시키는 프랑스와 다시 관계를 맺어보기로 하자.

젊은이들에 대한 압박과 지하드의 탄생

영국과 벨기에나 덴마크처럼 프랑스가 이슬람 국가(IS)를 위한 지하디즘[98]을 만들어낸 방식을 분석하기 전에, 그래도 항상 공정한 정신으로 시리아 사태의 관리가 우리 지도자들의 무능력에서 비롯되었다는 것을 상기해보기로 하자. 여러 달 동안 로랑 파비우스 Laurent Fabius[99]와 「르 몽드」, 그 밖의 사람들은 프랑스가 시리아 체제에 대항하는 군사적 개입을 하도록 시도했었다. 그러자 우리 정부 당국은 마침내 이슬람 국가를 탄생시킨 세력들을 강력하게 지지했다. 그래서 초보적인 지하드 추종자들과 프랑스라는 국가는 평행 궤도가 이어지는 시간을 보냈다. 그렇지만 우리는 가장 위험한 이슬람주의에 호의적이었던 프랑스 정부의 자기비판을 여전히 조금도 들어보지 못했다. 어떻게 그런 일이 있을 수 있을까? 내무

---

98 지하드는 '성전'을 뜻하는 말로 이슬람을 확산시키거나 지키기 위한 종교 전쟁을 뜻한다.
99 로랑 파비우스(1946~)는 미테랑 대통령 시절에 총리를 지냈으면 프랑스의 외무장관을 역임했다.

부 장관이 〈샤를리 에브도〉를 보호하지 못한 것에 대한 일체의 책임을 면한다면 외무부 장관의 그릇된 수단은 왜 벌을 받아야 하는가? 카즈뇌브Bernard Cazeneuve[100]가 2015년 2월 코펜하겐에서 덴마크 경찰에 대한 지지를 표방할 수 있다면[101], 파비우스도 자신의 행보를 계속할 자격이 정말 있지 않은가?[102]

우리가 지하디즘에 대한 분석을 시작하는 때에 이 책에 적용된 방법에 충실할 필요가 있다. 즉 우리의 모든 악의 근원인 것처럼 그리고 죄가 있는 것처럼 이슬람과 이슬람교도에 달려들 것이 아니라 프랑스(혹은 서양) 젊은이들을 테러리즘으로 이끄는 프랑스를 포함한 서구사회의 메커니즘을 분석해야 한다. 2015년 초에 대략 수천 명에 이르는 지하드를 추종하는 지원자들은 우리로 하여금 문제를 사회학적으로 다룰 수밖에 없게 만든다. 그들 중 기독교에서 개종한 상당 수의 추종자들은 — 2015년 2월 말 내무부 장관의 발표에 따르면 20%에 달한다 — 젊은이의 문제를 보편성 안에서 다루도록 이끌게 한다.

모든 선진 사회들의 공통적인 특징들 중 하나는 젊은이들에 대

---

100 베르나르 카즈뇌브(1963~)는 프랑스의 내무부 장관이다.
101 2015년 2월 14일 덴마크의 코펜하겐에서 일어난 총격사건을 말한다. 이날 샤를리 에브도 테러의 피해자를 추모하기 위해 '예술, 신성모독과 표현의 자유'를 주제로 열린 행사에서 총격사건이 발생, 3명이 죽었다.
102 외무부 장관인 파비우스는 무함마드에 대한 풍자를 통해 이슬람 세계를 자극한 「샤를리 에브도」의 태도를 비난했다. 하지만 시리아 정권을 견제하기 위해 근본주의 성향의 이슬람 세력을 지원함으로써 결과적으로 이슬람 국가를 탄생시키는 데 기여했다는 비판에서 자유로울 수 없을 것이다.

한 경제적 사회적 압박이다. 세계화가 그것을 떠맡았고 무엇보다도 자유무역이 그러했다. 가장 전통적인 이론은 우리에게 그 이유를 설명해준다. 지하디즘의 출현 '전에' 문제가 어느 정도로 제기되었는지 보여주기 위해, 나는 1999년에 내가 직접 쓴『경제적 환상』의 재판 서문을 인용해보고자 한다. "〔…〕 자유주의적인 경제 분석은 서구 젊은이에 대한 약탈이 어떻게 행해졌는지 아주 잘 설명해준다. 세계화는 노동 시장을 단일화시켰다. 지구적 차원에서 제3세계를 포함할 때 젊은이들은 상대적으로 많고 착취의 대상이며, 노인들은 수가 적지만 자본을 가지고 있다. 요인들에 따른 비용의 평등화 법칙을 통해 우리는 다음과 같은 사실을 확인할 수 있다. 만일 선진국이 자유무역에 열려 있다면, 가장 풍부한 요인인, 인구통계학적으로 노인들에게서 확인할 수 있는 자본은 유리하게 작용할 것이고, 상대적으로 드문 요인인, 젊은이들에게 인구통계학적으로 확인할 수 있는 노동은 불리하게 작용할 것이다. 우리가 체험하는 것은 대단히 명확하다. 즉 자유무역에 의해 젊은이들과 노동의 자유, 소비와 운동은 압박을 받는다. 가장 명망이 높은 기관들에서 학위를 받은 얼마 안 되는 비율의 젊은이들만이 빈곤화의 메커니즘으로부터 실제로 안전하다."[103]

유로화는 물론 그 지역에서 자유무역의 효과를 가중시킨다. 그

---

[103] 원주. 엠마뉘엘 토드,『경제적 환상L'illusion éconimique』, 파리, 갈리마르, 재판, '폴리오판', 1999, p.X-XII.

것은 강하고 안정된 통화이며, 유일하게 인플레이션에 맞선 싸움에서 관리된다. 우리가 현재 진입해있는 디플레이션은 고정되고 보장된 수입을 가지고 있는 사람들과 은퇴자들에게 계속해서 유리하게 작용할 것이다.

서구 인구의 노령화는 도처에서 고령화된 선거인단을 만들어냈는데, 그들의 기호가 정치적 결정을 이끌어낸다. 자유무역이 그 선택들 중 하나였다. 은퇴자들에게 가장 중요하고 당연히 노인들에게 유리한 안정성처럼 말이다. 물질적 행복을 보장하기 위해 '앞날이 보장된 퇴직/자유무역'의 결합, 즉 '안정된 수입/소비 재화의 가격 안정'은 깰 수 없는 것이다. 그 조합이 지금까지 영국이나 프랑스에서처럼 미국에서도 가장 나이 많은 시민들의 중간 수입의 상승을 보장했다. 우리 은퇴자들에게는, 가격의 안정을 보장하는 시장과 수입을 보장하는 국가 사이에 어떤 모순도 없다.

중간 나이인 50세의 선거인단이 35%였을 때가 있었지만 그 이상이 되는 경우는 확실히 없었다. 민주주의는 자연히 변화했고 관절염에 걸렸다. 65세 이상의 자살 비율은 낮아지고 위기는, 더 구체적이고 더 생리적인 방식으로 시민의 본성에 다가서는, 정치 철학을 예고한다.

여기서 우리와 관련된 상황을 말하면, 우리 중간계층의 상황이, 경제적 관심이 당장에는 관리자들과 고등 교육을 받은 사람들과 일치하는, 노인 세대들의 존재 안에서 결정적으로 좌우된다는 사실을 확인해야할 것이다. 비록 그들이 일반적으로는 대단히 많은 교육을 받지 못했고 대단한 부자가 아니라고 해도 말이다. 화장실도, 욕실도, 냉장고도, 텔레비전도, 자동차도 없던 전쟁 이후의 빈곤을 기억한다면 오늘날 고령자들은 자신들의 처지를 충분히 긍정적으로 평가하고 '사회국가' 쪽에 충분히 가담할 만하다.

물론 차이는 있지만 경제적 압박은 무엇보다도 이슬람 출신 젊은이들에게 타격을 입혔다. 특별한 사회적 연결망 안에 있는 각 가정은 자신의 자녀들을 보호하려고 애썼다. 더구나 그 가정이 프랑스 사회 조직망 안에 더 밀접하게 편입되어 있다면 그것에 성공할 수 있었다. 이 생존의 게임에서 나중에 도착한 사람들(이민자들)은 역학적으로 적응성이 가장 떨어진다. 바로 그런 이유에서 우리는 차별의 가설에 기대지 않더라도 이민자들의 자녀들의 더 높은 실업률을 폭 넓게 설명할 수 있다. 이슬람 혐오증은 단지 상황을 악화시키는 하나의 현상일 뿐이다. 프랑스 사회에서 혈족들의 매우 짧은 동화 시간은 마그레브 출신 젊은이들의 보다 높은 실업률을 상당 부분 설명해준다.

그렇다고 해서 젊은이들에 대한 압박을 경제적 차원에 한정시킬 수는 없을 것이다. '카날 플뤼스'(Canal +)[104]의 경우를 보면, 채널이 젊은 세대 취향임에도 불구하고, 오후 시간 내내 안전 욕조,

---

[104] 카날 플뤼스는 프랑스의 유로 텔레비전 방송이다. 1984년에 개국하여 영화와 스포츠에 특화된 방송을 하고 있다.

요실금, 장례 서비스 등을 다루는 광고가 줄지어 나오는 것을 볼 수 있다. 우리는 이데올로기적으로 나이가 지배하는 세상에 살고 있으며, 그 세상은 젊은이들이 직장을 찾기도 전에 은퇴를 걱정하도록 부추긴다. 가장 선진화된 사회는 젊은 정신을 지닌 노인들을 만들기는커녕 노화에 프로그램이 짜 맞추어진 젊은이들을 만들어낸다. 예를 들어 가능한 빨리, 은퇴를 대비한 자산인, 주택을 마련하고 그 가격을 올려놓음으로써 젊은이들이 거주할 수 있는 구역을 스스로 좁혀나갈 수밖에 없게 만든다. 자신들의 그림을 완성하기 위해, '중간계층들과 노인들의 사회국가'는 주택 건설에 더 이상은 투자를 하지 않는다.

만족하지 않는 프랑스 젊은이들은 미국이든 오스트레일리아든 어쨌든 다른 곳으로 떠날 것이다. 젊은이들의 여행과 이민의 전망은 우리 미디어들이, 특히 노인들이 구독하는 미디어들이 좋아하는 주제들 중 하나이다. 젊은이들은 미국에서 대학을 다니거나 요리사가 되고 런던에서는 술집 바텐더가 서아프리카에서는 자원봉사자가 될 수도 있다. 모든 모험은 해볼 만한 것이다. 그러니 실업과 범죄에 빠져있는 방리유의 젊은이들이 시리아에서 지하드 추종자가 되지 못할 이유가 무엇이란 말인가? 나는 농담을 하는 것이 아니다. 정말로 이슬람 국가의 환상은, 우리의 잡지들이 그토록 열렬하게 권고한, 젊은이들의 이주에 대한 이상이 적응된 것일 뿐이다. 프랑스 여론 연구소(IFOP)에 따르면 2014년 3월 「렉스프레스 L'Express」지(誌)

독자들의 49%, 「푸엥Point」 독자들의 56%, 「누벨 옵세르바퇴르Nouvel Observateur」 독자들의 57%가 50세 이상이었다.

퇴보적인 종교적 유형의 도덕주의에 빠져들지 않더라도 가장 선진화된 사회들이 젊은이들에게 제시하고 있는 사회적 도덕적 전망이, 놀랍게 성장하는 기술적 진보에도 불구하고 정말로 불투명하다는 사실을 우리는 인정해야만 한다. 그 전망은 비단 오늘날 프랑스의 젊은이들에게만 국한된 것이 아니며, 단지 비디오 게임과 사회 연결망, 해방된 성생활로 나타나는 것만도 아니다. 그것은 불평등과 10%에 달하는 실업률의 상승이라는 '도덕적으로 타락한' 공연이고, 서로 대립하는 체하는 정치인들과 의회를 연속적으로 보여주는 영화가 연극무대로 바뀐 것이며, 텔레비전이 늘 그 삶을 찬양하는, 보호받는 중간계층들의 냉담함을 나타낸다.

이미 말했듯이 그러는 동안, 필연적으로 감옥에는 젊은이들로 가득 차게 되는데 물론 최근에 이민 온 출신지 사람들의 과잉 대표성을 나타낸다. 더구나 프랑스에서 국가는 죄수들을 좋은 환경에서 수용하는 데 필요한 돈의 투자를 거부하였고, 그 결과 수용 인원의 과잉은 나쁜 감옥 환경으로 나타났다. 감옥은 모든 것을 과격하게 만들었다. 즉 가벼운 범죄가 강력 범죄가 되었고, 전통적인 이슬람교도는 그곳에서 테러리스트가 되었다. 우리는 이슬람교도든 아니든 감옥을 경험했든 아니든 어떤 메커니즘을 통해, 왜곡된 환상 속에 놓인 이슬람교가, 수많은 젊은이들이 살고 죽는 이유가 되었는지 이해하기 시작했다. 그렇지만 서구세계에서 젊은이들의 소외와 분노는 다른 곳에 있는 또 다른 배출구를 찾을 수 있다는 사실을 잊지 말자.

스코틀랜드의 근본주의

경제 기자들이 우리의 머릿속에 그의 정책의 '성공'을 심어주는 동안, 영국 수상 데이비드 캐머런David Cameron이 1월 11일 시위의 선두에서 으스대며 걷는 것을 우리는 보았다. 사실 그의 정책은 유로존의 정책만큼이나 엄격하고 마찬가지로 평균소득의 하락, 더 정확히 말하면 학업을 마친 뒤 부모의 집에 다시 얹혀살 수밖에 없는 젊은이들의 소득의 하락을 막을 수 없었다. 그것은 가족의 독립성을 요구하는 핵가족의 규범과 절대적으로 모순되는 것이다. 영국에서는 이튼[105]을 선두로 하여 막대한 돈이 드는 소수 사립학교 졸업생들이 파벌을 형성하고 있고, 프랑스에서는 국립행정학교(ENA) 출신들이 소시민 계급을 형성하고 있다. 제2기 교육과정[106]에서부터 선발된 영국 지도층의 더욱 더 두드러진 어리석음은 편

---

105 영국 이튼에 있는 명문 사립 중등학교이다. 데이비드 캐머런 총리를 비롯해 18명의 전직 총리가 이 학교를 졸업했다.
106 중고등학교 과정을 말한다.

협한 프랑스 지도층의 어리석음과 서로 다를 것이 없다.

글래스고나 에든버러에는 파키스탄 출신의 이민자들이 별로 없고 그들의 스코틀랜드 지하드에 대한 역할은 정말로 대수롭지 않다. 하지만 데이비드 캐머런은, 장학금을 받던 자기 시대의 가치들을 맹목적으로 신봉하여, 스코틀랜드 젊은이들을 국가로부터의 이탈로 이끌었다. 2014년 9월의 국민투표 때에 16세에서 34세에 이르는 스코틀랜드인들의 57%는 영국에서 분리되는 것을 선택했다. 반면에 65세 이상의 73%는 영국에 남기로 결정했다. 영국의 역사를 아는 사람에게 있어 젊은이의 반감에 의한 내부에서부터의 해체의 위협은, 비록 덜 폭력적이긴 하지만 프랑스 방리유의 지하디즘 못지않게 놀라운 것이다. 두 국가의 의회를 통합시킨 1707년의 연합법은 실상 스코틀랜드에게 놀라운 번영의 시기를 열어주었다. 영국의 지성적이고 과학적 역사에 대한 북부지방 소국의 기여는 데이비드 흄 David Hume[107], 애덤 퍼거슨 Adam Ferguson[108], 애덤 스미스 Adam Smith, 제임스 와트 James Watte, 제임스 클러크 맥스웰 James Clerk Maxwell[109]… 등을 통해 계속해서 이루어졌다. 얼마 안 되는 국가적 접합 사례의 성공 같았다. 영국 덕분에 스코틀랜

---

107 데이비드 흄(1711~1776)은 스코틀랜드 출생의 철학자로 『인간지성에 대한 탐구』를 썼다.
108 애덤 퍼거슨(1723~1816)은 철학자이자 역사학자이며 에든버러 대학교 교수를 역임했다.
109 제임스 클러크 맥스웰(1731~1879)은 스코틀랜드 에든버러 출생의 이론 물리학자이자 수학자이다.

드는 근대성의 리더들 중 하나가 되었다. 따라서 젊은이들의 이런 적대감은 어디서든 규칙적인 주기를 가지고 다양한 형태로 서구 사회의 본질적인 연대 문제가 제기될 것임을 예고하고 있다. 이제 우리는 모든 분리파들을 이해할 수 있다.

프랑스에서 예상되는 국가적 결합의 문제는 절대적으로 '이슬람에만 관련된' 것이 아니며 단지 종교적인 것만도 아니다. 아직 시간이 있을 때 토지 개혁에 의해 홀대당한 브르타뉴와 부당한 대접을 받은 알자스에 대해 생각해보자. 붉은 모자의 가을[110]은 분명 경고에 불과했다.

종교 혐오증에서 벗어나기

이 단계에서 우리는, 전체적으로 별로 명망이 높지 않고 오히려 소외된, 소수 집단에 의해 프랑스에 도입된 종교인 이슬람이 왜 젊은이들의 마음을 사로잡았는지 이해하려고 노력해야만 한다. 그들 중 어떤 젊은이들은 자신들의 출신 종교처럼 생각되어, 가톨릭이나 비종교적인 전통에 속한 또 다른 젊은이들에겐 순수하고 단순

---

110 브르타뉴 지방에서 2013년 10월에 일어난 사회운동을 말한다. 노동자, 어민, 농민들은 환경세의 폐지와 세금 감면, 지방분권화를 주장하며 혁명의 상징인 붉은 모자를 쓰고 시위에 가담했다.

한 개종처럼 느껴져서 가담한다.

  종교의 가치에 대한 너무 신경질적인 부정은 우리를 앞으로 나아가지 못하게 할 것이다. 정신적 위기를 겪고 있는 프랑스에서 분명 가장 부족한 것은 종교가 사람들에게 줄 수 있는 것에 대해 차분하게 성찰할 수 있는 최소한의 능력이다. 이제 프랑스의 국가적 정체성과 무함마드를 신성 모독할 권리와 혼동한 '샤를리'를 자극할 위험을 무릅쓰고, 우리는 이슬람교가 일부 프랑스인들에게 가져다 줄 수 있는 것에 대해 성찰해야 할 것이다. 사실상 또 다른 종교 체계에서 앞서 제기된 좀비 가톨릭에 대한 — 많은 영역에서 가톨릭교회의 부정적 역할뿐 아니라 가톨릭에서 비롯된 협동 윤리의 긍정적 역할을 인정했던 — 분석을 확대할 필요가 있다. 가톨릭과 마찬가지로 이슬람교에도 폴라니의 생각을[111] 적용해볼 필요가 있다. 일반적인 견지에서가 아니라, 사람들이 일반적으로 생각하는 것보다 훨씬 더 약하게 종교적 계율을 실천하는 수준에 있는 프랑스 내 특유한 이슬람에 대해 그렇게 해보자는 말이다.

  그 종교들이 진보에 저항할 때를 제외하곤, 그 무엇도 종교에 대한 비난을 정당화시키지 못한다. 반대로 대단히 높은 문화적 수준의 민족들을 낳은, 성경에 기반을 둔 두 종교인, 신교와 유대교가

---

111 앞장에서 폴라니는 시장에 의해 보호되는 계층들의 약화가 인간의 삶에 끼친 위협을 이야기하면서 "오직 시장구조만이 인간과 자연환경의 운명을, 실제로 구매 및 사용 총액을 지배하게 된다면 사회는 파탄의 결과에 이를 것이다"라는 입장을 밝힌다.

보여주듯 사회의 발전에서 신앙은 그 중요성에서 대중 교육을 앞선다는 것이다. 신교의 나라들 특히 종교개혁 이후 발전한 스칸디나비아 국가들은 이스라엘과 마찬가지로 대단히 높은 교육 수준을 지니고 있다. 중등교육 과정 학생들의 성적을 측정하는, 국제학업성취도평가(PISA) 유형의 학업조사 순위표에서 선두에 있는 핀란드의 힘은 정부에는 빚진 것이 없고 앞선 자본주의에는 더구나 빚진 것이 없으며 오히려 루터에 많은 신세를 지고 있다. 핀란드는 좀비 개신교를 가장 크게 빛낸 나라이다. 느리고 퇴행적인 가톨릭교회가 문자 교육에 제동을 걸었던 프랑스와는 역사적으로 아주 달랐다. 자신들의 역사에 갇혀 사는 대부분의 프랑스인들이 오늘날 종교를 긍정적으로 이해하지 못하는 것은 어쩌면 (무의식적으로) 당연한 일이다.

신의 존재와 영생에 이르는 조건들 등의 신빙성에 관한 어려운 질문들을 한번 생각해보자. 개인적인 도덕과 집단의 계획, 미래의 가능한 아름다움을 결합시키는 이상(理想)의 존재가 의미를 상실한 세상에서, 허약하고 고삐 풀린 동물들과는 다른 무엇이 되기 위한 인간들의 노력에 도움을 줄 수 있다. 바로 그런 이유에서 우리는 이슬람교가 어떤 상황들과 그 변화 속에서 개인들의 정신적 안정과 그들 사회의 훌륭한 학교 교육을 통해 프랑스 사회로의 성공적인 통합 등에 기여할 가능성을 고려해야할 것이다. 이슬람교에 의한 방리유의 재정비를 상상해서는 안 된다! 하지만 우리는 무질서가 공동체주의보다는 도시의 지역사회들을 훨씬 더 위협한다는 것을 정말 의식해야만 한다. 프랑스의 가족 이데올로기 가치들의 동화는 너무 앞으로 나간 것이다. 우리가 생각할 수 있는 것은, 지적, 교육적, 사회적 상승을 위해 노력을 하는 이슬람 이민자들에겐 절실한, 이슬람교 신앙의 공백에 대한 대체이다. 그들을 조용히 내버려둘 뿐만 아니라 전투적인 무신론이 가하는 모욕과 공격과 '극단적인 정교 분리주의'인 신앙의 자유에 직면하여 생긴 새로운 위협으로부터 그들을 보호하는 것으로 충분할 것이다. 새로운 종류의 그 신앙은 가톨릭과 신교, 유대교, 이슬람교와 마찬가지로 공립학교들의 바깥에 있어야만 할 것이다.

이슬람교와 평등

이슬람교가 프랑스 사회에 제기한 진정한 질문은 형이상학적으로 공허한 세계에서 과거의 종교는 대체물이 될 수 없다는 것이다. 이들 종교는 이제 더 이상 힘이 없다. 자기 출신지의 종교를 믿었던 주민들은, 다른 보통 사람들처럼 조금 늦게 환속 중에 있다. 하지만 이슬람교는 가톨릭이나 신교처럼 무신앙이 된 주민에게도 다시 전파될 수 있는 것이며, 지속되는 믿음으로서 그 종교가 사라진 뒤에도 영향력을 끼칠 수 있다. 우리는 좀비 가톨릭의 존재를 그리고 좀비 프로테스탄트의 존재를 인정해야만 한다. 우리는 좀비 이슬람교의 존재도 가정할 수 있을 것이다. 그런데 이슬람교가 지니고 있는 특징은 강력한 평등 가치이다. 전통 아랍의 가정들은, 코란에서 설명된 이상적인 상속의 규칙처럼, 형제들을 평등하다고 규정한다. 그러나 '여성의 불리한 조건'에 대해서는 따로 이야기해야 할 것이다. 아버지의 약한 권위는, 아랍 가족 조직의 중심적 특징인 매우 수평적인 특징과 형제들의 결속을 만들어낼 정도로, 형제간의 평등과 결합한다.

더구나 이슬람교의 확장력의 한 부분은, 버팀목이 된 가족 구조에서와 마찬가지로 이 글에서 말하는, 근본적으로 평등주의적인 것에서 비롯되었다. 프랑스에서 오늘날 위협으로 여겨지는 이슬람교의 평등주의는 진정한 기회를 줄 수 있을 것이다.

프랑스에서 이슬람 출신 인구들은 정치적으로 좌파에 투표하는 성향을 강하게 보인다. 여러 해 전부터 그들에게 가해진 이데올로기적 압박감과 계층 구성을 고려할 때, 이슬람 출신 유권자들이 그러한 투표 성향을 보이는 것은 지극히 정상적이다. 현재의 프랑스 좌파가 (이미 보았듯이) 그들 본질적인 가치에 있어서는 훨씬 더 믿을 수 없을지라도 말이다. 프랑스 여론 연구소(IFOP)의 조사를 통해 나타난 이러한 좌파 성향은 이데올로기적인 고유한 활력 때문인 것으로 짐작될 뿐이다. '이슬람에 속하는 프랑스인들'의 80%가 지속적으로 좌파를 선택하고 있으니 말이다.

2002, 2007, 2012년 1차 대통령 선거에서 이슬람교도들의 투표의 변화[112]

	2002년 대통령 선거	2007년 대통령 선거	2012년 대통령 선거
극좌파 · 공산당	19	10	21
사회당 + 연합 정당	49	58	57
녹색당	11	3	2
프랑수아 바이루[111]	2	15	6
우파	17	8	7
다양한 우파	1	2	2
극우파	1	1	4
기타	–	3	1

 2007년 대통령 선거에서 반(反) 사르코지주의의 '절박함'을 예외로 한다고 해도 극좌파에 투표하는 비율은 특히 주목할 만하다. 만약 모든 프랑스 노동자들이 이슬람교도들이었다면 장 뤽 멜랑숑은 정치적으로 유력자였을 것이다….

 그렇지만 '여성의 지위를 그렇게 낮게 두는 가족 구성과 종교를 어떻게 평등적이라고 부를 수 있을까?'라고 묻는 사람들도 있다. 그러한 질문은, 특히 가족 구조에서 평등이 문제될 때, 평등의 개념에 대한 순진하고 반역사적인 해석에서 비롯되었다.

---

112 원주. 프랑스 여론 연구소, 「포커스」 88호, 2013.
113 프랑수아 바이루François Bayrou(1951~)는 프랑스의 정치인으로 민주운동당(CDS)의 대표를 역임했다.

성(性)의 불평등

파리분지의 평등한 핵가족에서는 사내아이건 여자 아이건 모든 자녀들을 상속에 있어 평등하다고 여기는 것은 사실이다. 따라서 프랑스들인이 한편으로는 남자들 평등이, 다른 한편으로는 남자들과 여자들 간의 평등에 같은 원칙이 적용된다고 생각하는 것은 당연하다. 하지만 그것은 일반적인 경우가 아니다. 예를 들어 앵글로-아메리카와 스칸디나비아 나라들에서 여성들의 높은 지위는 남자들 사이 평등 원칙의 부재와 결합된다. 파리분지의 평등한 핵가족은 긴 역사의 산물이며, 일찍이 두 가지 성을 가진 아이들을 평등한 것으로 간주한, 후기 동로마 제국의 평등한 핵가족의 역사에서 온 것이다. 하지만 훨씬 더 전에는, 남자 아이들끼리만 평등하다고 여겼던 로마 공화제의 가족이 있었다. 가족 평등의 기원을 보면 '여자들과 달리 남자들을 평등하다고 규정한' 중국과 북부 인도, 러시아에서 부계 구성을 발견할 수 있다. 아랍 가족의 경우가 그렇다.

동족결혼을 하며 형제들 간의 평등과 결속의 원칙하에 이루어진, 아랍의 가족 공동체는 남자들에게만 보편주의를 명확히 한다. "형제들이 평등하다면 사람들도 평등하고 민족들도 평등하다. 여자들은 남자들과 다르다는 사실을 제외하고 말이다."

따라서 이슬람교는, 프랑스 대혁명이나 러시아의 공산주의 혹은 로마 제국의 기독교와 마찬가지로, 보편주의를 지향한다. 바로 그런 근본적인 이유에서 그 종교는 오늘날 지구적 규모의 평등에 대한 막연한 열망과 경제의 세계화가 그토록 피해를 입힌 평등을 지향하는 방향으로 나아가고 있다. 세계에서 프랑스의 비중의 축소와 공산주의의 붕괴는 그러한 가치들의 세계적인 추세에 공백을 만들어냈다. 예전보다는 덜 강력하지만, 러시아가 지정학적으로 민족들과 국가들 간 평등의 공식 대표 자리를 회복하기 위해 노력하고 있을지라도 말이다.

하지만 인류학은 단 하나의 보편주의만이 존재했을 것이라는, 직관적으로 합리적인 생각을 포기하게 만든다. 우리에게 인류학은 보편적 인간에 대한 '편견'이 특유한 가족체계에 뿌리를 두고 있으며, 프랑스와 러시아, 아랍의 보편주의는 실상 배타주의라는 것을 보여준다.

이슬람교의 평등 가치의 표현은 그것이 여자들을 명백하게 제외시키고 있기 때문에 문제가 있다. 유세프 쿠르바즈Youssef Courbage[114]와 나 자신은 물론 『문명들의 회합Le Rendez-vous des civilisations』에서도 아랍 세계의 인구통계학적 변화는 여성 지위의 빠른 변화를 전제로 하고 있음을 보여주었다. 그렇지만 서유럽으로의 동화는 당장 이루어지지 않을 것이다.[115] 인류학적 거리가 여

---

114 유세프 쿠르바즈(1946~)는 국립인구문제 연구소 소속의 인구통계학자이다.
115 원주. 유세프 쿠르바즈, 엠마뉘엘 토드, 『문명들의 회합Le Rendez-vous des civilisations』, 파리, 쇠이유/La République des Idées, 2007.

전히 중요하다. 평등하고 보편적인 가치들은 유럽과 아랍 세계에서 팔레스타인 민족의 평등한 권리를 주장하는 사람들에게 공통적인 것임을 우리는 잘 알고 있다. 하지만 인류학적 체계의 깊은 곳에서 여성의 지위에 대한 서로 다른 이해가 유럽과 이슬람의 보편주의를 갈라놓고 있다는 (언짢은) 사실은 고려해야만 한다.

유럽은 프랑스적 보편주의의 내적 폭발과 독일의 눈부신 발전 때문에 완전히 쇠락하고 있으며 이슬람은, 문맹 퇴치가 가족적 가치에서 평등한 아랍 세계 전체를 활발히 움직이게 하고 있기 때문에, 완전히 개화하고 있다. 물론 팔레스타인 민족에 대한 부당한 행위가 프랑스에서 대혁명으로부터 살아남은 보편적 가치에 영향을 미쳤고 그래서 연대감을 불러일으켰지만, 그래도 프랑스인들이 생활양식에서 가장 가까운 민족은 이스라엘인들이다. 유럽과 아랍 세계 사이의 이데올로기적 상호작용이 결국 해결책과 평화보다는 혼란과 폭력을 더 불러일으키는 이유도 바로 이런 근본적인 그 모순 때문이다. 이슬람 국가의 환상은 팔레스타인의 환상에 뒤이어 나타났다. 그 환상은 많은 젊은이들을 무분별한 모험 속으로 이끌었다. 또한 프랑스 사회의 내적 원동력에 관해 분석가들의 판단을 마비시켰다. 프랑스어와 아랍어라는 두 보편주의 사이의 인류학적 충돌은 ― 아직도 중동에서는 해결되지 못하고 있다 ― 그렇지만 당연히 프랑스에서는 약화되었다.

방리유의 뵈르들은 프랑스인들이며 그들의 행동양식을 분석해

보면, 양성 평등적 개념을 향해 한 발 앞서 나가고 있다. 나는 앞서 종교, 인종, 국적이 다른 사람간의 결혼에 대한 분석을 통해 알제리 출신 젊은이들의 과반수가 통합의 실패를 옹호하는 어떤 세력들보다 동화를 향해 더 나아갔음을 보여준 바 있다. 우리는 통합의 실패에 대해 통탄하기보다는 좀비 이슬람교가 프랑스 정치문화의 긍정적인 균형 회복에 기여할 수는 없는 것인지 생각해봐야 한다. 왜냐하면 아랍문화의 반 페미니즘적 요인이 파기된 이상, 이슬람교는 평등주의라는 이름으로 파리분지나 지중해 연안지방의 평등주의와 높은 수준에서 양립할 수 있기 때문이다.

나는 앞서 프랑스 사회가, 주관적 가치이자 객관적인 현실인, 불평등에 사로잡혀 있다고 묘사했다. 좀비 가톨릭 지역들이나 사회적 상위 계층의 불평등 성향을 지닌 지역들과 계층들에 의한 이데올로기적, 정치적 권력의 획득과정도 보여주었다. 여기서 우리는 프랑스 대혁명의 주역으로서 실제로 공화주의적인 공화국의 개화를 약속할 만큼 평등했던 중앙 프랑스 문화의 상대적인 추락을 인정해야만 할 것이다. 민족문화 파괴의 주요 정치적 요인은, 상승하는 불평등주의의 눈에 띄지는 않지만 강력한 요인을 제공했던, 사회당이었다.

평등의 문제만 볼 때 아랍의 가족제도와 이슬람교는, 좀비 가톨릭 지역들이나 신공화주의 이데올로기보다, 중앙 프랑스의 전통에 더 가깝다. 우리는 이러한 사실을 이슬람 출신 프랑스인들과 공산주의적인 방리유 주민들이 지속적으로 공산주의에 투표하는 성향에서만큼이나, 극좌파에 대한 강한 투표 성향에서도 알 수 있다. 이에 근거해 인류학자들은 아랍과 이슬람 문화가 고유한 힘과 특수성을 유지하는 한, 변화된 그 문화가 프랑스에서 진정한 공화주의 사상의 회복에 기여할 수도 있다는 일말의 가능성을 간과하지 않는다.

방리유의 반유대주의

앞의 장은 중앙의 공화주의의 공간 한가운데에서 나타난 주민들의 평등주의의 타락에 폭넓게 할애되었다. 그것은 국민전선에 대한 투표 형태로 나타나기도 했다. 나는 보편주의가 낳은, 오래 전의 타락부터 군주제, 공화주의에 이르기까지 나타난 여러 형태의 타락들에 대해 언급했었다. 즉 1685년 프로테스탄트에 대한 마지막 배척[116], 1793년의 방데 사람들에 대한 학살과 영국 혐오주의, 1898년경 북아프리카 식민지 거주자들의 평등주의적 다양성에서 나온 반유대주의, 1914년의 독일 혐오주의 등이 바로 그것이다. 2015년 우리는 마그레브 출신의 일부 젊은이들에게 잠재하는 반유

---

116 1685년 낭트 칙령이 폐지되고 프로테스탄트들에 대한 탄압이 다시 시작된 사실을 말한다.

대주의를 똑같이 엄정하게 다루어야 할 것이다. 방리유의 반유대주의에서 평등주의의 새로운 타락을 확인하는 것은 어렵지 않다.

메라, 넴무슈, 쿨리발리에 대해 다시 말해보기로 하자. 특정 환경에서 증가하는 반유대 감정은 이제 반론의 여지가 없이 명백하고, 자살률과 마찬가지로 사회학적 사실로서 다루어져야 한다. 우리가 그것에서 이스라엘-팔레스타인 분쟁의 프랑스 내 유입만을 보는 것은, 비록 팔레스타인 민족들에게 가해진 부당한 행위의 간접적인 현실이 방리유의 반유대주의 젊은이들을 의식적으로 선동했을지라도, 항상 잘못일 것이다. 바로 그것이 고유한 아랍 문화의 명백한 차이에 대해 반감을 드러냈던 국민전선의 대중적이고 평등적인 지지자들의 경우와 마찬가지로, 프랑스의 이질적인 문화를 수용한 이민자들의 일부 후손들은, 파리 북동부와 그 지역의 방리유 또는 남프랑스의 다양한 지역들의 종교 계율에 충실한 유대인들의 눈에 보이는 차이에 대해 반감을 드러냈다. 히스테리 증세를 보여주는 평등주의는 우리가 지켜보았듯이 타인에 대한 거부로 이어질 수 있다. 서로 닮아야 하는데 다르다는 것은 결국 그 사람을 '인간이 아닌 것으로' 분류할 수 있기 때문이다.

파리 지역의 경우, 수많은 방리유 젊은이들이 드러낸 유대인에 대한 거부 속에서, 중앙 프랑스 문화의 보편주의에 의해 야기한 것과 지속적인 이슬람 보편주의의 결과를 구분하는 일은 실제로나 이론적으로나 완전히 불가능하다.

그렇지만 국민전선 지지자의 아랍 혐오증과 방리유의 반유대주의 사이의 구조적 차이는 존재한다. 국민전선의 표는, 사회 질서 속에서 대중 계층으로 하여금 자신들보다 아래에서 희생양을 찾도록 만드는, 계층 구조의 학습된 결과물이기도 하다. 방리유의 반유대주의의 경우 젊은이들은 종교적 계율에 충실한 유대인들을 자신들보다 사회적으로 낮은 계층으로 여기지는 못한다. 소수이기에 이상적인 희생양이 되었지만 오히려 사회적 주변 환경의 분열 상황에서, 종교적 부러움을 사는 유대인들을 생각해볼 수 있다. 그들은 공동체에 편입된 덕분에 프랑스 사회의 외곽지역으로 확산되는 공허감을 피할 수 있다.

파리 지역의 마그레브 출신 주민들의 인류학적 기반은 그들이 파리 사람이자 이슬람교도이기 때문에 이중으로 평등적이다. 또한 이런 기반은 지역적으로 지배적인 개인주의와 해체 중에 있는 동족결혼 공동체 가족을 불안전하게 융합시킨다. 또한 그 기반은 사실상 일체의 집단적 보호를 박탈한다. 마그레브 출신 개인들은 파리분지의 대부분의 프랑스인들과 마찬가지로 공동체주의보다는 무질서에 의해 훨씬 더 위협을 받는다. 반대로 그 자체로서 차등주의적인 유대인 문화는 필요하다면 공동체의 효과적인 후퇴를 허용한다. 유대인 가족은 형제들과 사촌들의 가까운 혈연관계를 강조하지만 어떠한 평등의 원칙도 지니고 있지 않다. 성경은 장자에 대한 원칙적인 선호(에서)와 막내(야곱)의 실제적인 선택 사이에서 늘 동요하는 모습을 보여준다.[117] 유대의 전통은 족외혼이지만 가족의 관점에서[118] 보면 기독교 문화들처럼 사촌들 사이의 결혼에 대한 극단적인 혐오감이 없다. 집단의 작은 규모 때문에 그런 결혼이 필요하다면 전통도 그것을 허용한다. 유대의 전통은 교육의 차원에서처럼 정체성의 차원에서도 강하다.

국민전선 표와 방리유의 반유대주의 사이의 극명한 차이에도 불구하고, 두 경우에서 우리는 동화되거나 융합하지 못하는 일시적인 불능이, 그들을 인종주의자로 만들어버리는 보편주의의 놀랄만한 메커니즘에 직면하고 있다. 앞의 사회 구조에서 불평등의 증가에 의해 영향을 받은 '샤를리'는 우월한 가치의 이름으로 평등적이고 정신 나간 두 대중 집단을 조용히 드러내고 규탄할 수 있게 됐다. 국민전선 지지자들은 인종주의자로, 뵈르들은 반유대주의자로 받아들여지고 있으니 말이다. 하지만 집단 이기주의와 모욕적인 언동을 통해 프랑스 사회의 밑바닥부터 부패를 가능하게 했고, 계층 전체를 - 그들이 자신들의 욕구불만과 분노를 다시 달구기에 충분한 - 사회적 유형에 처할 것을 언제나 고집하는 것도 바로 양심에 젖은 그 중간계층이다. 반인종주의적 신념의 선언을 넘어, 반유대주의에 맞서 싸울 정부의 엄숙하고 반복적인 약속

---

117 원주. 나는 『가족체계의 기원』에서 본래의 유대인 가족체계를 분석했다. 파리, 갈리마르-쇠이유, 2011, p.541~546.
118 원주. 하지만 공동체 관점에서는 명백하게 동족결혼이다….

을 넘어, 사실인즉 '샤를리'는 거대한 사회학적 수술대의 끄트머리에서 이슬람교를 믿는 프랑스인들을 냉대함으로써 유대교를 믿는 프랑스인들을 위태롭게 만드는 데 성공했다. 또한 냉혹하고 잔인한 경제 정책의 영향 속에서 '샤를리'는 계속해서 이에 전념할 것이다.

Chapter 4

극우 프랑스인들
Les Français d'extrême droite

국민전선 유권자들은 교육 수준으로 볼 때,
압도적인 대다수의 중간계층이 자신보다 더 높은 곳에 있다고 본다.
그들은 더 이상 그런 지위에 오르려는 꿈을 꾸지 않는다.
특히 그들은 몰락할 것을 두려워하면서 낮은 곳을 바라본다.
결국 그들의 분노는 이민자를 향한다.

극우 프랑스인들
Les Français d'extrême droite

연구의 가장 강력한 도구들 중 하나는 대칭의 원칙이다. 안정된 체계가, 'A'라는 방향의 착오가 '보다 못한 A'라는 역방향의 착오 속에서 자신의 대칭을 필연적으로 발견하게 될 총체적 구조의 요소들, 즉 힘과 형태가 대칭을 이루는 균형을 통합하지 못하는 것은 드문 일이다. 따라서 지금 인류학적 불평등주의의 구조 속에 뿌리를 내린 공화국의 부조리에, 인류학적 평등주의의 기반에 뿌리를 내린, 공식적으로 외국인을 혐오하는 힘의 대칭적 부조리가 서로 부합하지 않는 것은 놀라운 일이다. 그런 힘을 프랑스에서 확인하기는 어렵지 않다. 이민자들과 그들 자녀들의 열등함을 주장하면서, 프랑스 대혁명이 일어났던 지역들에서 지리적 토대를 분명하게 찾아가고 있는 국민전선의 경우가 그렇다.

프랑스의 중앙을 향한 국민전선의 느린 행진

우리는 국민전선le Front national과 함께 살고 있다. 1988년 이후 정치부 기자들은, 실제로는 전면적인 증가가 실제로는 꺾인 극우파에 단계적으로 잠식당하는 프랑스 정치에 대해 앞 다투어 논평했다. 장 마리 르펜Jean-Marie Le Pen은 1988년 대통령 선거에서 14.4%의 표를 얻었고, 마린 르펜은 2012년 선거에서 17.9%를 얻었다. 25년 동안의 3.5%의 증가 속도가 매우 빠른 상승세를 나타내지는 않는다. 그렇지만 프랑스 사회의 일부에서 국민전선 영향력이 뚜렷해졌다는 사실에는 의심의 여지가 없다. 다만 국민전선의 완만한 발전에는 구조적 변화를 드러내는 것 이상으로 감추어진 것이 있다. 국민전선 지도자 집단의 이데올로기적인 변화는 정말로 설득력이 없다. 프랑스의 차등주의적인 주변지역에서 비롯된, 반유대주의에 대한 그들의 사적인 포기를 나는 개인적으로는 의심하고 있다. 하지만 극우파 노동자의 정착은 프랑스 역사에서 새로운 현상을 보여주고 있다. 그 현상은 1980년대 말부터 관찰되었다.

어쨌든 지난 10년 동안의 가장 새로운 변화는 국민전선 지지표의 지리적 변화에 있다. 제3당인 국민전선은 국토 곳곳으로 이민자들의 이주가 이루어지면서 프랑스 본토의 중심을 향해 점진적으로 퍼져갔다. 극우파에 대한 지지와 알제리, 모로코 그리고 혹은 튀니지 국적의 이민자들의 비율을 결합하는 상관계수는 1986년에

+0.79에서 2012년에 +0.10으로 떨어졌다. 오랫동안 대중적인 극우파는 자신의 이상적인 인류학적 토대를 조금씩 찾아갔다. 『프랑스의 수수께끼』는 국민전선이 평등주의의 중앙 지역에서 자리를 잡아가는 경향을 주목했다. 세밀한 지도상의 분석을 통해 1993년부터 그런 경향이 파악되었다. 그래서 회귀 계수의 통계적 분석을 통해, 국민전선의 득표가 주민 중 마그레브[119] 출신 이민자들의 비율을 능가하는, 데파르트망을 충분히 확인할 수 있었다.

그 격차를 나타내는 지도 IV. 1은 1993년에 이미 국민전선이, 프랑스 대혁명의 중심이었던 평등주의 지역에서 비정상적으로 상승했음을 우리에게 충격적으로 보여준다.[120]

그래프 3은, 인류학적 체계의 잠재적인 평등주의에 따라, 마린 르펜에 투표한 수준을 가리킨다(2012년 대통령 선거). 극우파는 데파르트망의 평등 지수가 0.5인 곳에서 가장 나쁜 결과를 얻었고, 2인 곳에서 최상의 결과를 얻었다. 전면적이고 확고한 불평등을 (지수 0과 0.5) 합한다면 17.1% 국민전선 표를 예상할 수 있다. 만일 강한, 매우 강한, 최고의 평등을 합한다면, 20%에 이른다. 간략하게 말해 국민전선은, 지역의 정치적, 사회적, 경제적인 모든 요소들과 상관없이 불평등주의 지역에서보다 평등주의 지역에서 오히려

---

119 북아프리카의 모로코, 알제리, 튀니지 등의 나라들을 의미한다.
120 원주. 엠마뉘엘 토드, 『이민자들의 운명Le Destin des immigrés』, 파리, 쇠이유, 1994, p.308~312.

지도 Ⅳ.1 **국민전선과 1993년의 평등**

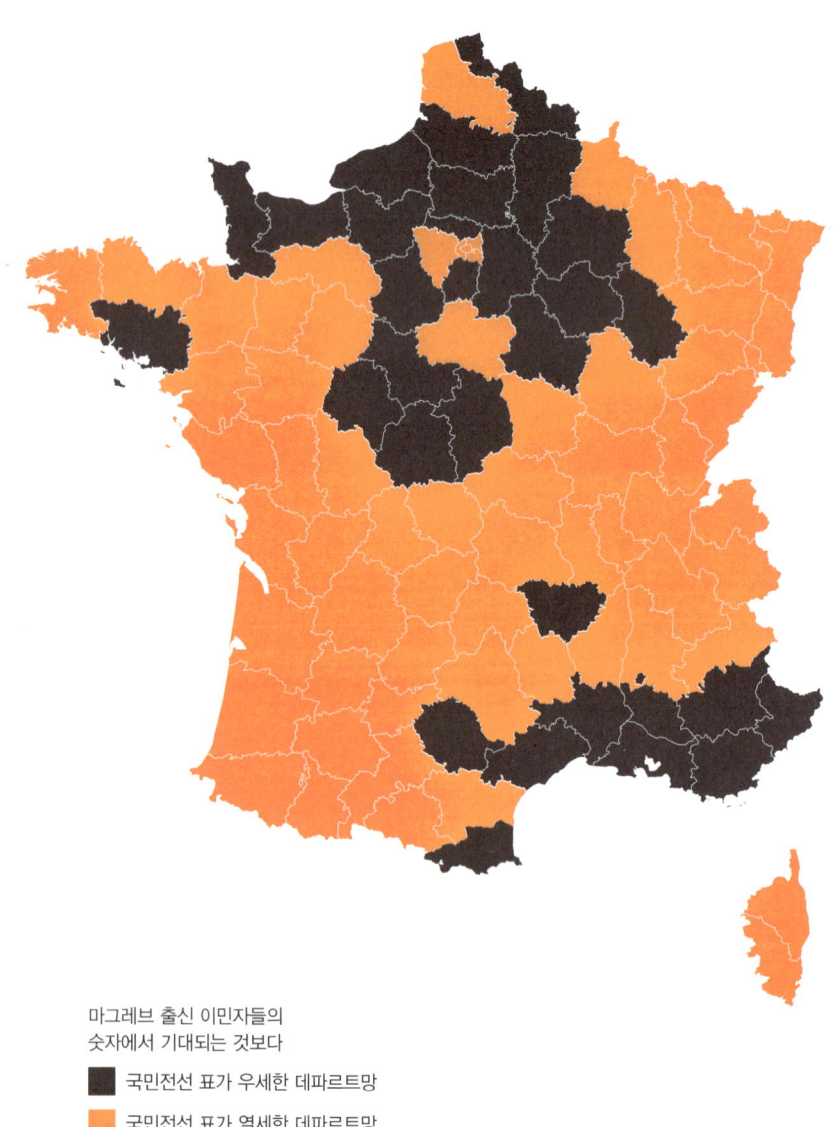

마그레브 출신 이민자들의
숫자에서 기대되는 것보다

■ 국민전선 표가 우세한 데파르트망
■ 국민전선 표가 열세한 데파르트망

우세하다.

국민전선의 유권자들에게 막연하게 불평등하다고 생각하는 감정과, 프랑스인으로 못 받아들이거나 덜 받아들이는 집단과 개인들을 사회의 밑바닥이나 바깥으로 내몰려는 의지가 함께 작용한다는 것은 의심할 여지가 없어 보인다. 그럼에도 그들은 평등주의 무의식에 사로잡혀 있는 듯하다. 극우파 유권자의 '공화주의적인'

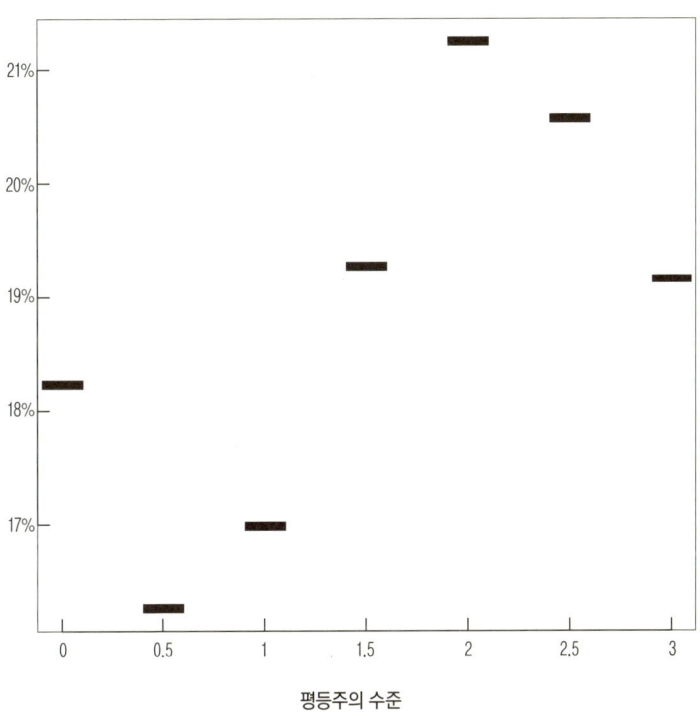

그래프 3 **2012년 대통령 선거의 1차 투표에서 르펜이 얻은 표**

평등주의 수준

인류학적 토대를 일단 확인하면, 지도자와 자칭 엘리트 계층들의 권위를 거부하는 그들의 속성이 더 잘 이해된다.

보편주의의 타락

국민전선에 투표하는 많은 사람들을 구성하는 대부분의 계층은 노동자들과 소상인들이다. 그들의 마그레브 출신 주민들에 대한 적대감을 인종주의라는 용어로, 달리 말해 본질주의적인 관점에서 파악된 사람들에 대한 타고난 믿음의 결과로 해석할 수 있는지는 확실하지 않다. 종교, 인종, 국적이 다른 사람들 간의 결혼 비율은 비유럽 출신의 주민들도 포함하여, 프랑스에서 구조적으로 높은 수준에 도달했다. 모든 시대를 통틀어 프랑스는 그 점에 있어서 프로테스탄트이자 다문화주의인 북부 유럽 국가들과 구별된다. 종교, 인종, 국적이 다른 사람들 간의 결혼은 분명 중간계층보다는 이민자 집단과 교류가 많은 서민계층과 연관이 있다. 하지만 아랍 출신 주민들에 대해 반감과 종교, 인종, 국적이 다른 사람과의 결혼 수용을 어떤 방법으로 설명할 것인가? '보편주의의 타락'이 그것을 가능하게 해준다.

"형제들이 평등하다면 사람들도 평등하고 민족들도 평등하다"라는 평등주의 가족 구조가 뿌리내릴 수 있었던 정신의 맥락에서 시작해보자. 외국인과 대면할 경우 무슨 일이 일어나는가? 접촉의 순간에, 평등주의 체계의 선입관과 명백한 차이라는 현실 사이에 늘 불일치가 존재한다. 또한 구체적인 차이가 심할수록 반발도 더 격렬해진다. 인류학의 관점에서 볼 때 처음에는 마그레브의 가족제도가 가장 차이가 컸다. 전통적인 아랍 가족은 공동체를 이루며 부계 중심이고 동족결혼을 허용한다. 아랍 가족은 남자들을 중시하고 여자들을 집에 가두며 사촌들 사이에서의 결혼을 선호하는데, 2000년 무렵까지 그 비율이 모로코 25%, 알제리 28%, 튀니지 35%로 나타났다. (오늘날 그 비율은 마그레브 지역에서 빠르게 낮아지고 있다.)

중앙에 위치한 프랑스 제도의 선험적인 보편주의는, 세계 인권 선언이 지닌 이론과도 같은, 훌륭한 이론들은 물론 결혼에 의한 이민자들의 동화라는 놀라운 경험도 만들어낼 수 있다. 하지만 그 선입견은 중간 단계에서 극단적인 폭력의 긴장을 유발할 수 있다. 평등주의 '선입견'이 유발하는 논리적 결과를 끝까지 따라가 보기로 하자. 말하자면, "인간들은 어디서든지 같다. 그런데 우리 땅에 들어온 이방인들이 정말로 다른 방식으로 행동한다. 그렇다면 그것은 그들이 인간이 아니기 때문이다"라는 논리에 대해 생각해볼 필요가 있다.

1995년 경 그와 같은 설명을 제기한 강연이 끝날 무렵 청중이 건넨 농담을 기억한다. "그래요, 베지에 지역에서 우리는 그것을 다른 식으로 말합니다. 인종주의는 아랍인들처럼 존재해서는 안 되는 것이라고 말이에요." 추방이나 말살을 유발할 수 있는 보편주의는 이론상으로 수용 불가능한 것은 아니다. 그러나 실제로 종교, 인종, 국적이 다른 사람의 결혼으로 태어났거나 그렇지 않은, 프랑스어를 말하는 아이들의 등장은 그런 이론적 가능성을 빠르게 차단했다. 국민전선에 대한 투표는 전형적으로 보편적 인간에 대한 교의를 문자 그대로 해석한 결과일 뿐이다. 그 표에는, 급속한 동화만이 납득할 수 있었고 큰 차이의 해소에는 시간이 걸린다는 사실을 인정해야 하는, 주민들의 분노가 나타나 있다. 국민전선이 출현한 결정적인 순간에, 이주 온 사람의 차이를 존중해야 한다는 둥 허울뿐인 관용의 말들이 엘리트 출신 계층들 사이에 빠르게 전파되었다. 그런 식으로 대중 계층들이 동화의 지체를 걱정하던 그 순간에 지도자들은 그것이 필요하지 않다고 주장했다. 사회 고위층이 만들어낸 '차이에 대한 권리'는, 여성을 존중하고 족외혼을 수용하는 문화와 부계의 동족결혼을 하는 이민자의 문화 사이의 현실적 대립만큼이나, 국민전선의 형성과정에서도 필수적인 역할을 했다. 대중의 평등주의와 엘리트들의 다문화주의의 조합은 1980년대 초에 비정상적인 결정체로 이루어진 조건들을 결합시켰고, 그 시험관에서 나온 화학물질이 국민전선에의 지지 표로 나타났다.

일반 대중 유권자들이 극우 쪽으로 쏠리는 현상의 분석을 통해 문제를 제기한 것은 이슬람이 아닌 구체적인 아랍의 생활 방식이었다. 사실 국민전선의 주된 증가는 종교적이나 추상적인 이데올로기로서의 이슬람이 거의 누구의 마음도 사로잡지 못했던 순간에 이루어졌다. 이슬람 혐오증의 개념은 1980년에서 1990년대에는 잘 적용되지 않았다. 오히려 아랍 혐오증이 더 정확한 용어일 것이다. 그것이 훨씬 더 논리적이다. '보편주의자의 외국인 혐오증'은 구체적이고 명백한 차이와 풍속, 품행에 관심을 둔다. 이유를 따지기 전에 타인을 다르다고 생각하는 '차등주의자의 외국인 혐오증'은 자신의 관심 대상을 보여주기 위해 현실적이지는 못해도 추상적이고 이상적으로는 종교적인 표시를 필요로 한다. 중간계층에서 차등주의자들의 관심이 커지면서 주요한 표현 속에서 이슬람교도가 아랍인의 뒤를 이었다. 물론 단일한 이데올로기 공간 속에 있는 두 개 논리의 공존은 부분적인 혼합을 초래하면서 그것들을 구분하는 데 상당히 큰 어려움을 야기했다. 그렇지만 미래에 두 논리는 얼마든지 분리될 수 있다. 그 동기에 있어서 평등주의적이고 대중적인 아랍 혐오증과 불평등주의의 부르주아적인 이슬람 혐오증은 두 개의 전혀 다른 문제이다. 게다가 오늘날 중간과 상위 계급들에 대항하는 민중계층들이 그들과 열정적으로 혐오증을 공유하고 싶어 하는 것은 자연스러운 일이 아니다. 올바른 사회학에서, 특권층들의 이슬람 혐오증을 생각해내지 못할 이유는 전혀 없다. 그들의 혐오증은 노동자들과 사무직원들이 생각하는 아랍 혐오증을 결국 평가절하하게 만들 것이다.

　그렇지만 아랍인들이나 이방인만이, 사람이 아닌 다른 종(種)으로 취급당할 수 있는, 타락한 보편주의의 유일한 희생자라고 생각하지는 말자. 1914년 파리에서 독일인들은 동물로 간주되었다. 영국인들은 그들보다 훨씬 전에 프랑스 혁명들을 통해 '호모 사피엔스'의 자격을 박탈당했다. 로베스피에르가 1794년 1월 30일(프랑스 혁명력(曆)의 제5월)에 자코뱅파 정치집회에서 했던 말을 들어보기로 하자. "프랑스인이자 민중의 대표로서, 나는 영국인들을 증오한다는 것을 선언하는 바입니다." 5개월 뒤인 1794년 5월 26일(프랑스 혁명력(曆)의 제9월)의 법령에서 "그는 영국인이나 하노버인 누구의 포로로도 잡히지 않을 것이다"라고 선언했다.[121] 헌법을 통해 자유롭다고 규정된 영국 국민은 그들의 행동에 책임이 있었다. 즉 혁명기에 프랑스와의 이해할 수 없는 대립 때문에 그들은 인간성을 박탈당했다. 혁명 군대는 관례적으로 협약의 사항들을 현장에서 준수하지 않았다. 보편주의자의 본질인 외국인 혐오증은 본래 무너지기 쉬우며 불안정하다. 따라서 사랑에 빠진 남녀는 현실적으로 외국인 혐오증을 버릴 가능성이 상당히 높다. 내재하는 이 허약함의 완벽한 유형은 현재의 프랑스에서, 마그레브 출신의 예쁜 아가씨와 동거생활에 들어가면서 자신의 당원증을 찢어버린,

---

121　원주. 소피 와니슈, 『감당하기 어려운 시민. 프랑스 대혁명의 연설에 나타난 이방인』, 파리, 알뱅 미셸, 1997.

국민전선 투사의 흔한 예를 통해 충분히 알 수 있다.

프랑스는 비기독교화와 프랑스 대혁명을 기다리지 않고서도 적의에 찬 보편주의를 만들어내었다. 파리분지의 가톨릭이 아직 활력이 있을 때인 16세기나 17세기 같은 때에는, 극단적으로 평등주의적이고 보편주의적이었다. 신교도는 프랑스에서 1793년의 방데 사람이나 영국인에 앞서 중앙 체제의 정복 대상이었다. 특히 남프랑스 주변부 지역들에 뿌리를 내린 프랑스 신교도들은 당시 파리분지의 중앙을 주요 보루로 삼고 자유의 이상과 정신적인 평등을 주장함으로써 일찌감치 프랑스 대혁명을 예고했었다. 그러나 그들은 긴 투쟁 끝에 가톨릭에 의해 철저하게 제거되었다. 칼뱅주의의 예정설은, 장남을 상속자로 삼는 데 익숙하고 자유도 평등도 믿지 않던 오시타니아[122] 기원의 가족의 마음을 사로잡았다.

프랑스 혁명에 의해 파급된, 중앙 프랑스의 보편주의적이고 단순화된 의지는 결국 3공화국 하에서 약해졌고, 자유와 평등의 원칙에 충실했다가 그럼에도 불구하고 마침내 세계와, 무엇보다도 프랑스의 다양성을 용인하게 되었다. 가톨릭 공동체는 그런 지역들에서 받아들여졌다.

보편적이라는 것은 '호감을 준다'는 말이 아니다. 그것은 우리,

---

[122] 프랑스 루아르강 이남에서 오크어를 쓰는 지역을 말한다. 프랑스 남부와 스페인 아란 계곡, 이탈리아 3개 지역, 모나코에 걸쳐 있는 지역으로 고유한 문화를 지니고 있다.

나와 같이 어느 장소, 어느 시대에도 자기 자신과 닮은 보편적 인간에 대한 선입견과 더불어 작용한다. 만일 세상의 현실이 그 정신 체계를 실제적으로 다른 어떤 사람과 부딪치게 한다면, 부지불식간에 가장 순수한 민족의 입장에 놓은 보편적 인간은, 모순을 지니고 있는 사람으로서 인간 본성의 부정을 통해 반발할 수 있을 것이다.

공화주의의 반유대주의

파리분지에서 멀리 떨어져서, 우리는 제3공화국 하에서 보편주의의 외국인 혐오증에 대한 분명한 이해를 확인할 수 있다. 사실 식민 지배하의 알제리에서 자유롭고 평등주의적이며 공화주의적인 반유대주의라 부를 수 있을 것이 잠시 존재하기도 했었다. 나는 그것을 『이민자들의 운명』에서 상세하게 분석했었다.[123] 드레퓌스 사건이 한창일 때, 알제리는 1898년 5월, 의회에 4명의 '반유대적인' 대표들을 보냈다. 프랑스, 이탈리아, 스페인 출신 북아프리카 유럽인들의 반유대주의는 그럼에도 불구하고 프랑스 가톨릭의 반유대주의와 같은 성격이 아니었다. 알제리에서 유럽인의 인류학적 토

---

123 원주. 엠마뉘엘 토드, 『이민자들의 운명』, 앞의 책, p.331~334.

대는 확실히 자유롭고 평등하며 완전히 비종교적이었다. 가톨릭교회는 공화국의 식민지에 대해 영향력이 크지 않았다. 알제리 유대인들이 비난한 것은 프랑스 본토의 유대인들처럼 동화가 너무나 잘 이루어진 것에 대해서가 아니라 반대로 그것이 늦어진 것과 공동의 투표를 계속 실시한 것에 대해서였다. 서로 떨어져서 여전히 동족결혼을 했던 유대인 구역의 지도자들은 그들이 관리했던 투표를 전부 교섭했고, 지역적으로 개인주의적인 정치 게임을 방해했다. 전국적 규모로 보면 차등주의 가톨릭교도와 보편주의 공화주의자가 만들어낸 두 개의 반유대주의는 서로 뒤섞여 있다.

프랑스의 인류학적 다양성은 확실히 풍부하며 아마도 매우 중요하게 작용할 것이다. 하지만 화학에서도 그렇듯이, 그 총합은 사회학에서도 아주 아름답거나 적절하게 나타나지는 않는다. 양차 세계대전 사이 독일 북부의 프로테스탄트 지역들은 나치즘에 당원들을 제공해주었고, 남부의 가톨릭 지역들은 히틀러[124]를 필두로 한 지도자들을 배출했다. 프로테스탄트의 사려 깊은 내면성과 가톨릭교도의 상상력이 풍부한 외향성의 융합이 독일에게 축복이었다고 오늘날 누가 감히 말하겠는가?

하지만 평등주의와는 다른, 국민전선 지지표의 또 다른 결정인자가 있다. 평등주의는 사회적 상위 계층들을 올바른 방식으로,

---

[124] 히틀러는 독일 남부와 국경을 접하고 있는 오스트리아의 브라우나우 암 인에서 태어났다.

이방인들이나 외국인 출신 프랑스인들을 잘못된 방식으로 적대시했다. 앞서 보았듯이 불평등한 변화에서 새로운 교육 계층은 중요한 역할을 한다. 그렇지만 보편적으로 문자 교육을 받은 사회에서 공산주의 노동자는 사회 구조의 상층을 바라본다. 문화는 받아들이지만 경제적 특권은 인정하지 않는, 그들은 소수 상위 계급을 조준선에 넣었다. 그들은 미래를 향해 나아갔다. 국민전선 유권자들은 교육 수준으로 볼 때, 압도적인 대다수의 중간계층이 자신보다 더 높은 곳에 있다고 본다. 그들은 더 이상 그런 지위에 오르려는 꿈을 꾸지 않는다. 특히 그들은 몰락할 것을 두려워하면서 낮은 곳을 바라본다. 결국 그들의 분노는 이민자를 향한다.

교육적 변화에 따른 평등의 이상(理想)의 위기는 특별히 프랑스 지역의 중심에, 특히 서민계층들에게 타격을 주었다. 하지만 우리는 국민전선과 평등의 인류학적 토대 사이에서 더 강한 관계가 지속되는 것을 앞장서서 감시해야할 것이다. 공통의 정치 언어로 표현된 그런 사실은 결국 자신들의 정당이 공화주의라고 말하는 국민전선 지도자들의 주장이 완전히 터무니없는 말이 아님을 뜻한다. 로베스피에르의 반 영국적이고 무례한 말은 우리에게, 공화주의의 보편주의가 현실의 이방인에 대해 항상 다정다감하지 않다는 것을 상기시켰다.

평등의 가치에서 여전히 더 멀리 있는 프랑스에서 오늘날 모두가 공화주의자라고 자처하고 있으며, 우리는 더 자세한 전문용어를 사용하지 않으면 안 된다. 나는, 은연중에 불평등한 가치들에 뿌리를 둔 소외의 논리를 받아들이는, 정치적 대표제의 일부(이른바 공화주의 정당들)를 '신공화주의자'라고 규정한다. 또한 평등의 인류학적 구조에서 태어났지만 민족적이고 외국인을 혐오하는 이데올로기에 의해 그 구조를 벗어난 듯싶은, 국민전선을 '후기공화주의자'라고 규정할 것이다.

하지만 인류학적 분석은 또 다른 놀라운 일을 예상하고 있다. 그 분석은 동일한 'UMPS'[125]에 대한 국민전선의 시각을 명확히 드러내지 못한다. 사회당과 대중운동연합은 이처럼 평등에 대해 서로 다른 관계를 유지하고 있고 우리가 기대하는 관계는 전혀 유지하고 있지 않다.

르펜, 사르코지 그리고 평등

2012년 1차 대통령 선거에서 르펜에게로 간 표의 공간적 분포(지도 IV. 2)를 보면 국민전선이 프랑스 중앙의 평등주의적인 지역을 향해 영역을 계속 확장하고 있음을 보여준다. 우선 최대 영향력을 지닌 그 지역들은, 파리분지의 북동 지역에서 샹파뉴 지방의

---

[125] 'UMPS'는 대중운동연합의 약자 UMP와 사회당의 PS를 묶어 부르는 말이다.

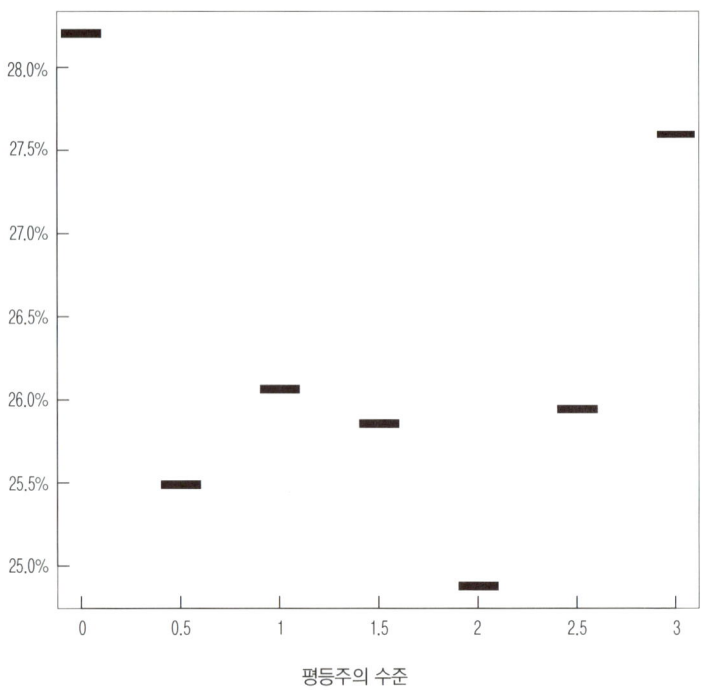

그래프 4 2012년 1차 대통령 선거에서 사르코지에 투표한 표

평등주의 수준

진앙지와 함께 프로방스 지역까지 모두가 프랑스 대혁명의 지역들을 상기시킨다. 선거가 계속됨에 따라 긴장감은, 국민전선에서, 불평등들의 원칙과 이민자의 열등함을 주장하는 이데올로기와 표의 평등주의적인 확고한 태도 사이에서 증가하고 있다.

  주변지역의 불평등한 가톨릭 보루의 지도에 익숙한 사람에게, 2012년 1차 대통령 선거에서 사르코지Sarkozy에게 투표한 표의 분포는 더욱 더 놀라웠다(지도 IV. 3). 그 분포에서는 사부아, 알자

지도 IV. 2 **르펜 2012**

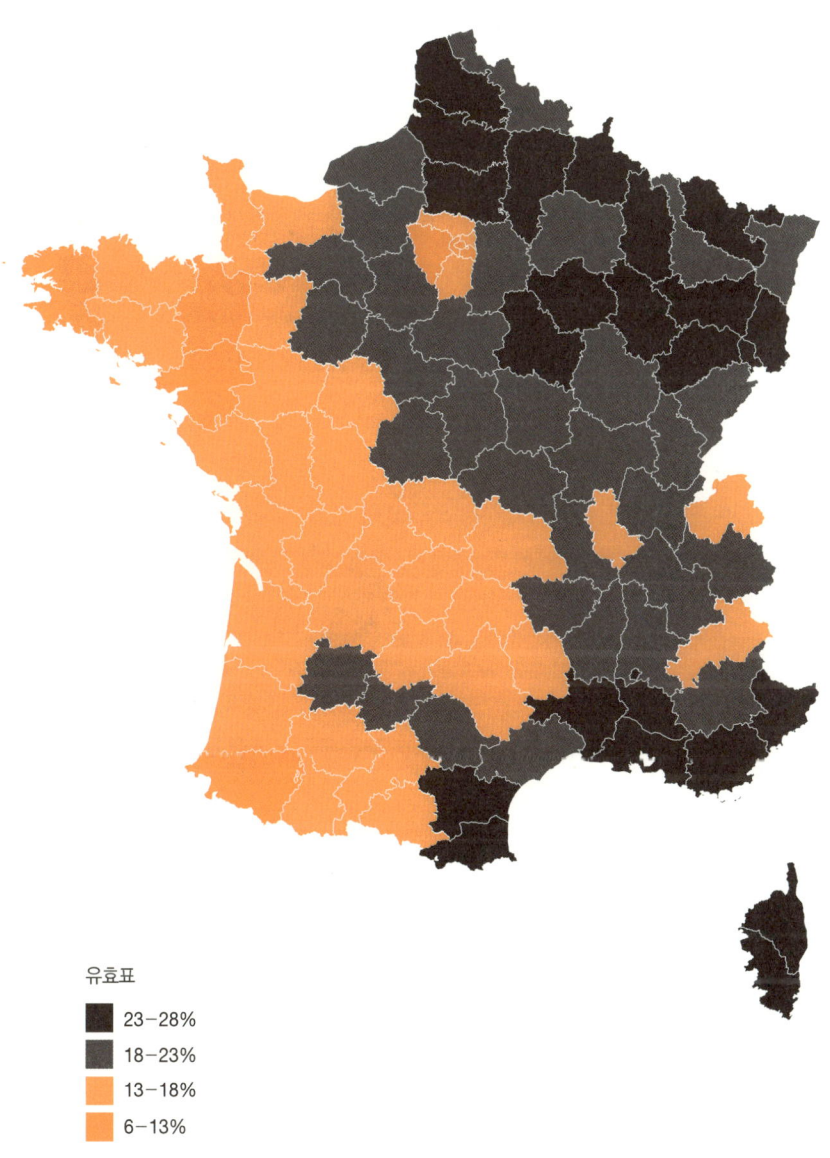

유효표
- ■ 23–28%
- ■ 18–23%
- ■ 13–18%
- ■ 6–13%

Chapter 4 _ 극우 프랑스인들 :: 191

지도 IV. 3 사르코지

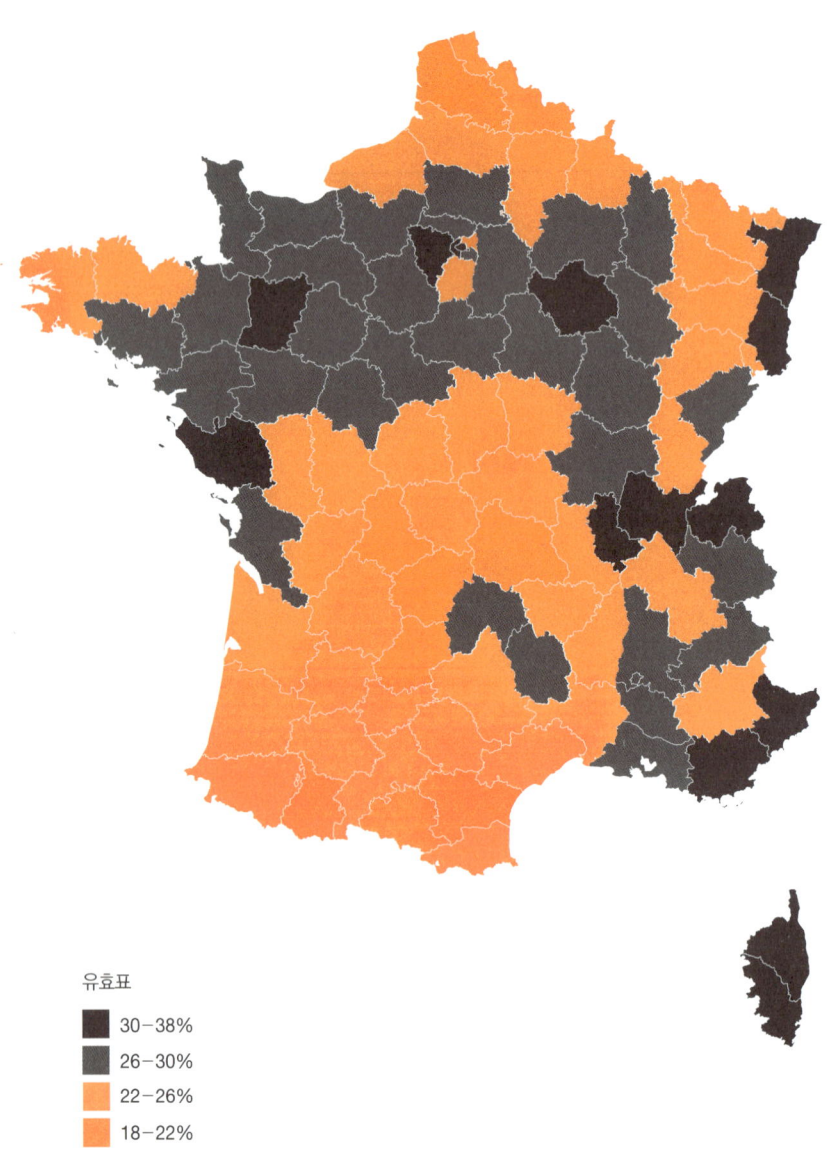

유효표
- 30−38%
- 26−30%
- 22−26%
- 18−22%

스, 방데, 마옌, 내륙 서부지방 전체에 산재한 가톨릭 우파의 잔재가 발견된다. 하지만 사르코지는 프로방스 지방, 파리분지의 중앙, 혁명적인 중앙 지역에서도 놀라운 성적을 냈다. 간략하게 말해서 그래프 4가 보여주듯이 그의 성공은 평등주의가 가장 약한 지역들과 가장 강한 지역들에서 동시에 최대치를 기록하고 있다. 그의 일련의 정치적 강세 지역에 공통적인 인류학적 변수는, 아주 최근까지 가톨릭 지역이었던 내륙 서부지방과 예전에는 공화주의였던 파리분지와 프로방스 지역에서 공통적으로 나타나는, 핵가족적인 특성인 것 같다. 그와 같은 총체적인 토대는 신공화주의 우파 유권자를 완전히 개인주의자로 규정하였다. 그렇지만 본질은 평등주의 지역에 실제로 뿌리를 내린 대중운동연합(UMP)의 출현이다. 이처럼 우리는 2012년 2차 대통령 선거에서 피카르디와 샹파뉴-아르덴 지역들의 민중계층들이 '좌파' 후보인 프랑수아 올랑드에 대항하는 사르코지에게 과반표를 준 사실을 인정해야 한다.[126] 프랑스의 정치적 대표제는 극우파(후기 공화주의)와 은밀하게 평등주의적인 우파(신공화주의) 유권자들과 더불어 정말로 이상하다는 것이 드러났다. 우리는 여기서 상황을 우스꽝스럽게 만드는 요소와 만나게 된다. 즉 국민전선(FN)과 대중운동연합(UMP)을 가장 가깝게 만드는 것은, 두 정당 지도자들의 우파로서의 동일시 이상으로, 평등주의라는 인류학적인 공통의 토대이다! 우파가 '개혁'을 원할 때

---

126 원주. 에르베 르 브라, 엠마뉘엘, 토드, 『프랑스의 수수께끼』, 앞의 책, p.270.

권력을 쥔 우파의 어려움들을 더 잘 이해할 수 있다. 우파 개인주의의 핵심 토대는 그들로 하여금 그렇게 하도록 만들지만, 그들의 무의식적인 평등주의의 정착은 신자유주의적인 정치적 경지와 복지국가에 대한 논의에 이르기 위한 일체의 시도를 거부한다.

사회당(PS)과 불평등 : 명백한 외국인 혐오증의 개념

불평등의 신봉자들은, 사회당이 아마도 자신들의 가장 어리석은 이데올로기적인 꿈들을 언젠가 구현하기 위해 존재한다고 믿으며 안심할지도 모른다.

여기서 프랑스의 이데올로기적인 공간에 적용된, 대칭이라는 과학적인 도구에 충실하기로 하자. 평등주의 우파의 존재는 우리로 하여금 불평등주의의 사회당을 찾지 않을 수 없게 만들고 그런 사회당을 발견하도록 해줄 것이다. 그래프 5는 프랑스 좌파의 인류학적 토대가 이제 혁명의 기원에서 얼마나 멀어져 있는지를 보여준다. 그래프 3과 4와 마찬가지로, 2차 대통령 선거의 틀에서, 올랑드의 평균 득표수는, 인류학적인 평등주의의 다른 수준들을 보여주는 데파르트망에서, 따로 계산되었다.

평등수준 0에서, 알자스와 방데 지방에서는 우파의 특유한 정착의 결과이자 사회주의자의 침투에 대한 최후의 저항점을 보여주는 대단히 적은 표를 확인한다. 하지만 0.5부터는 평등 수준이 올라감에 따라 프랑수아 올랑드에 대한 표가, 최댓값에 이르렀다가 일정하게 감소한다. 더구나 우리는 사르코지에 대한 표의 수준이 평등주의 수준과 더불어 상승한다는 것도 마찬가지로 강조할 수 있을 것이다.

올랑드의 지지표를 나타낸 지도는 그 결과들을 명시하여 보여 준다(지도 IV. 4). 남서부의 부분적으로 비기독교화된 가족에 기원

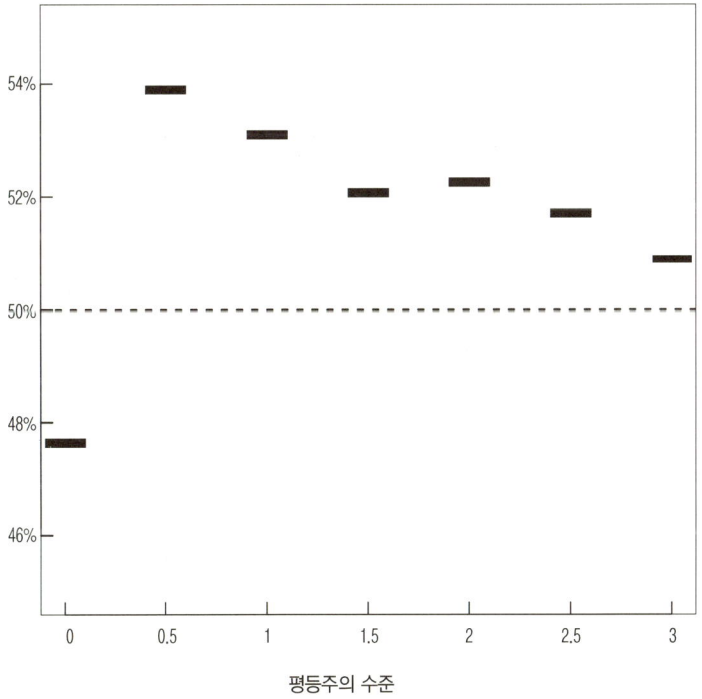

그래프 5 2012년 2차 대통령 선거에서 올랑드에게 투표한 표

Chapter 4 _ 극우 프랑스인들 :: 195

지도 IV. 4 2012년 2차 대통령 선거에서의 올랑드

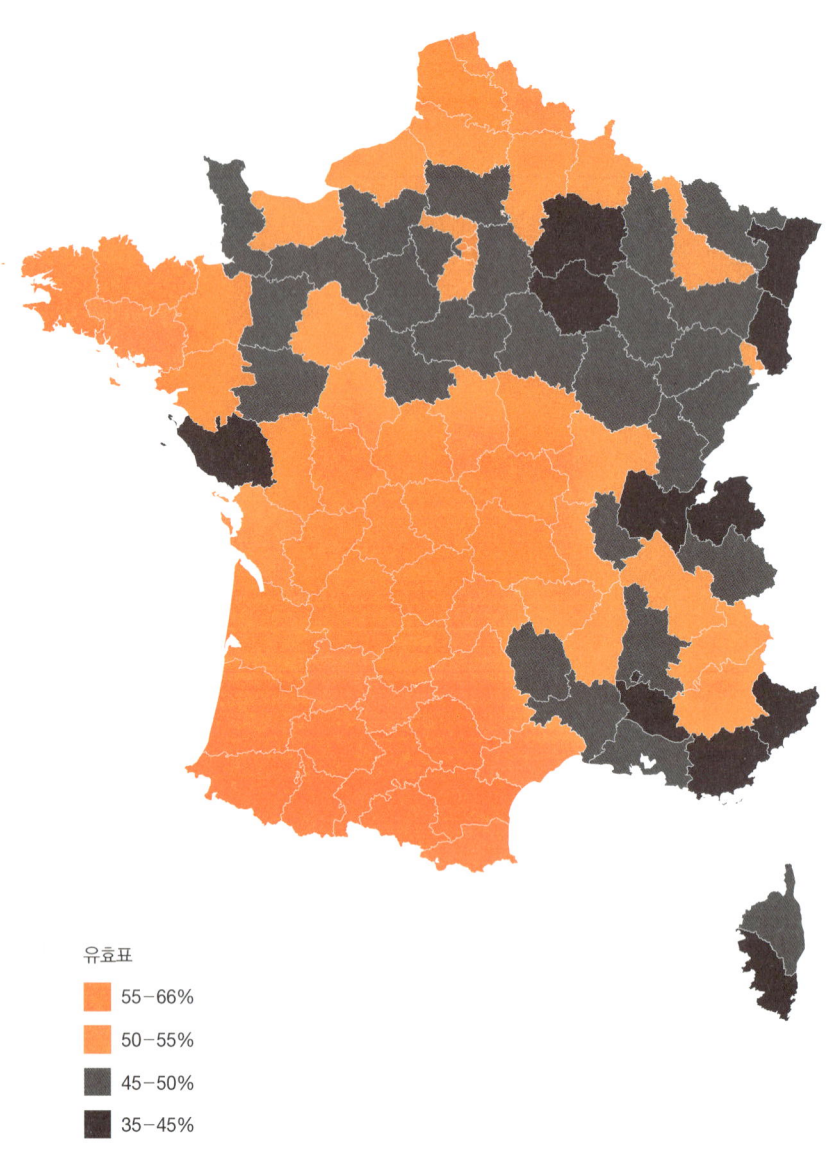

유효표
- 55–66%
- 50–55%
- 45–50%
- 35–45%

을 둔 지역들과 지도 위에 항상 존재하는 북부의 그리 평등적이지 않은 불완전한 핵가족 지역들은 이미 '국제 노동자 동맹 프랑스 지부'(SFIO)[127]의 전통적인 보루에 속해 있다. 하지만 신공화주의 사회당은 평등주의적인 론강 하구 지역을 잃었고, 오트피레네와 피레네자틀랑티크Pyrénées-Atlantiques[128], 아베롱Aveyron[129], 로트Lot[130]의 가톨릭 우파 보루 지역인 남쪽에서 세력이 확장되었다. 사회당은 브르타뉴의 대부분을 얻었다. 멘에루아르Maine-et-Loire[131]와 방데, 마옌 지역들만이 사회당을 거부했다. 그것은 그곳 데파르트망들이 반혁명적인 올빼미당[132]의 중심지였다는 사실로 명백하게 설명될 수 있을 것이다. 그 지역들이 서부에서 가장 산업화되고 노동자들이 많은 곳에 속했다는 사실을 특히 인정해야할 것이다.

이제 추론을 마지막까지 끌고 가 최종 결과에 이르기까지 사회당의 불평등의 가치 추종이라는 가정을 받아들여야 할 때이다. 인류학적 분석의 귀결은, 집권 사회당이 가난한 사람들과 젊은이들을 옹호하기 위한 캠페인을 벌인 다음에 결국 부자들과 노인들 편

---

127 국제 노동자 동맹 프랑스 지부(Section française de l'Internationale ouvrière)는 프랑스 사회당의 옛 명칭이다.
128 피레네자틀랑티크는 프랑스 남서부의 데파르트망이고 주도는 '포'이다.
129 아베롱은 프랑스 남부 내륙의 데파르트망이고 아베롱 강이 흐르는 지역이다.
130 로트는 프랑스 남부 내륙의 데파르트망이다.
131 멘에루아르는 프랑스 서부 내륙의 데파르트망이고 주도는 '앙제'이다.
132 올빼미당은 프랑스 혁명 기간 동안 프랑스 서부 지역에서 봉기를 일으킨 반혁명 농민집단이다.

에 계속 머물러 있는, 경제 영역에서 분명하다. 우리의 발견 결과는, 이민에 대한 사회주의자의 견해와 관행을 똑바로 이해하기 위해 더욱 더 중요하다. 이 진실에 접근하면서 연구자는, 가능한 가장 조심스럽게 정치적 행동에 잠재되어 있는 가치들을 밝히려고 애쓰는 동시에 가능한 가장 의연하게 막스 베버의 논리와 도덕에 만족해야할 것이다.

사회당은 1980년대 이후 공공연하게 이민자들과 그들의 자녀들에 대한 보호자를 자처해 왔다. 사회당의 '반인종주의'는 지속적이다. 사회당은 'SOS 인종주의'와 '내 친구에게 손대지 마' 운동을 지지했고 지역 선거에서 외국인들의 투표권을 종종 거론하기도 했다. 그렇지만 그 약속은 처음부터, 불평등주의의 무의식에 뿌리를 내린, 말하자면 결과적으로 나타나는 증상인 '차이의 권리'를 강조하는 다문화주의자의 논리 속에 들어가 있었다. 1970년대와 1980년대 동안 가톨릭 주변지역 출신의 새로운 유권자들과 고위직들이 사회당을 주도했기 때문에 그것은 놀라운 일이 아니다. '차이에 대한 권리'는 이민자에 대한 후기 가톨릭의 관리의 당연한 형식이다. 번영의 시기에 그 권리는, 특히 외국인이 확실히 프랑스인으로 동화되지 않았을 때, 가톨릭의 지지자들에게 있어 꽤 중요한 역할을 했다. 하지만 어려운 기간 동안 속도가 빨라진 동화와 실업률이 한꺼번에 나타나자 호의적인 차등주의자의 사고방식은 침울해졌고, 어수선한 상황 속에서 2015년 1월에 마뉘엘 발스

Manuel Valls[133]가 행한 아파르트헤이트[134] 모델을 즉시 알아보았다. 남아공의 아파르트헤이트의 정의는 무엇보다도 이민족간 결혼의 금지를 포함하고 있었기 때문에, 프랑스의 종교, 인종, 국적이 다른 사람의 결혼 비율은 그 개념을 언어적 모욕으로 받아들였다. 하지만 어찌되었든, 그 개념은 차등주의자의 정신적 경험 속에 은연중에 받아들여졌고, 아파르트헤이트가 다문화주의의 진정한 영역이기 때문에 곧 받아들여질 준비가 되어 있다.

마뉘엘 발스는 이베리아의 차등주의가 나타난 곳 중 하나인 바르셀로나에서 태어났다. 민족주의는 그 도시와 지역에서 오늘날 상승 국면에 있고 분리 독립으로 스페인을 위협하고 있다. 카탈로니아 농민은 전통적으로 상속인이 지정된 가족 기원의 순수한 전형을 지니고 있었고, 문화적 고정관념이 남아 있다. 따라서 "형제들이 불평등하면 사람들도 불평등하다"라는 연쇄는, 정복보다는 차라리 수세적인 정신으로 고무되어 있는 약소민족이었던 점을 감안하더라도 이곳 카탈로니아에서 특히 잘 확인된다.

결코 한 사람을 인류학적 결정 속에 가둘 수는 없다. 불평등한 가족 원칙을 지닌 인간 집단의 우위에서 차별 정책에 대한 같은 집단의 선호에 이르는, 통계적 결과만이 확실한 것이다. 프랑스에서 사용되는 '아파르트헤이트'라는 말의 계보에서 카탈로니아를

---

133 마뉘엘 발스(1962~)는 프랑스 집권 사회당의 총리이다.
134 남아프리카공화국의 극단적인 인종차별정책을 말한다.

재발견한 것은 솔직히 흥미로운 일이다.

어쨌든 우리는 이민자와 그들의 자녀들에 대한 사회주의자의 호의를 경계해야만 한다. 그 호의에는, 이방인이 개인으로서 중심 문화에 순수하고 단순한 방식으로 동화되기를 기대하고 요구하는, 진짜 보편주의의 잔재가 틀림없이 포함되어 있다. 하지만 오늘날 프랑스 좌파는, 아랍인들과 흑인들, 유대인들의 자녀들이 다른 사람들과 똑같은 시민이 되는 것에는 별 관심이 없다. 다만 테러리스트 마그레브 젊은이들과 랩을 하는 흑인들, 키파[135]를 쓰고 있는 유대인들을 보면서 스스로는 적법하게 태어났다고 정신적으로 느끼는, 무의식적인 차등주의자의 토대에 깊이 젖어 있다.

말치레는 접어두고 객관적인 사실을 보기로 하자. 사회주의자들이 1983년에 집권한 이래 강한 프랑화, 유로화를 향한 행보, 유로화의 옹호와 같은 경제적 관리가 늘 계속되어 나타났다. 마뉘엘 발스에 따르면 그것은 아파르트헤이트의 위협을 당하는 구역들을 실업에 빠지게 했다. '그러한 관리는 이민자들의 자녀들이 동화하는 데 주된 제약이 되었다. 그들 중 많은 사람들이 올바른 미래를 향해 실질적이고도 정신적으로 나아가는 것을 막았기 때문이다.' 우리는 이런 추론의 단계에서 지도자들과 고위 간부들, 평균적인 지능을 타고난 사회주의 활동가들에 대한 있음직한 가설을 덧붙여야한다. 그런데 프랑스보다 상대적으로 아이들을 35% 덜 낳는

---
135 유대인들이 머리에 쓰는 작은 원형의 모자를 말한다.

독일의 정책에나 적합할 경제 정책이 많은 프랑스 젊은이들을 실업으로 내몰고 있다는 사실은 보통의 지식인들이라면 잘 아는 사실이다. 더구나 국가의 특권 체제와 거리가 먼, 최근에 도착한 이민자들의 젊은 자녀들이 더 나쁜 영향을 받는다는 사실은 명백하다. '달리 말해서 사회당은 통합을 말하면서도 분리를 이행하는 것을 경제 정책으로써 결정한다.' 그것을 이행하는 데 있어서의 논리적 연쇄의 단순성과 완고함은 우연한 일이나 불운한 우연이라는 가정을 허용할 수 없을 정도이다.

물론 사회당이 이민 출신 젊은이들의 유폐를 '원한다'고는 말할 수 없다. 하지만 최소한 그 유폐가 받아들여졌다는 것과 프랑스 좌파의 다수당이 스스로를 국민 일부의 행복과 미래에 책임이 있다고 생각하고 있지 않다는 사실은 인정해야만 한다. 따라서 여기서는 근본적인 차등주의가 충분히 문제가 된다. 나는 이 차등주의가 간접적인 방식으로 영향을 미치지만 그렇다고 그 방식이 완전히 무의식적이라고는 감히 단언하지 않을 것이다. 대개의 경우 악행을 저지르기 위해서는 외면하는 것만으로도 충분하다.

분석의 이 단계에 이르러 우리는 전문용어를 사용해야 한다. 이 전문용어는 방리유의 경제적 삶에 대해서는 별 효과가 없겠지만 국민전선의 외국인을 혐오하는 구호와, 프랑스에서 이민자들의 자녀들을 대량으로 축출하는 데 '실질적으로' 기여한, 사회주의자의 경제적 행동을 구분하게 해준다.

국민전선의 외국인 혐오증은 '주관적인 외국인 혐오증'에 속한다. 경제적 행동으로는 드러나지만 노선을 통해서는 부정되는 사회당의 외국인 혐오증은 '객관적인 외국인 혐오증'이라는 표현으로 불릴 수 있다.

요약해보기로 하자.

- 사회당은 '객관적으로 외국인을 혐오한다.' 불평등한 인류학적 구조에 뿌리를 내린 사회당은 차등주의자이며 이민자들의 모든 자녀들이 나라에 들어오는 것을 정말로 원하지 않는다.
- 국민전선의 유권자는 '주관적으로 외국인을 혐오한다.' 평등주의의 인류학적 구조에서 나온 국민전선은 이민자의 다른 삶의 방식을 참지 못한다.

유사성의 원칙과 학술적인 논리의 관점에서 보면 지금의 세상은 질서가 잡혀있다. 프랑스인들의 삶에 있어서 그것은 다른 문제이다. 경제 정책상의 객관적인 외국인 혐오증은 명백한 차이 속에 이민자들과 특히 자녀들을 묶어둔다. 따라서 그 혐오증은, '차이'와 외국인의 '동화에 대한 거부'에 분노한, 국민전선 유권자의 주관적인 외국인 혐오증을 쉼 없이 만들어낸다.

우리는 여기서 프랑스의 인류학적 다양성이 양산해낸 복잡한 이데올로기적인 조합들 중 하나에 직면해 있다. 방식은 다르지만

19세기말의 반유대주의의 상승 상황에서처럼 말이다. 주변 지역 차등주의자의 동기와 중앙 지역 보편주의자의 동기는 확실히 혼합적이지만 대단히 위협적인 인종주의의 형식을 출현시키는 데에 협력했다. 머릿속에 떠오른 이미지는, DNA가 다른 두 개의 띠가 재결합한 결과, 특히 해로운 바이러스가 출현하는 이미지이다.

사람들의 무의미함과 이데올로기의 폭력

프랑스 공화국의 대통령은 자신의 표현에 따르면 '보통의' 유순하고 평범한 사람이다. 사회주의자들은 매사에 온건하다. 따라서 겉으로 보기에 우리의 이론은, 그다지 폭력적이지 않은 사람들, 그다지 강력하지 않은 믿음을 지닌 사람들, 너무나 무기력한 활동가들의 확신과 정말로 양립하기 어렵다. 따라서 우리는 그리 강하지 않는 불평등주의와 차등주의자들의 기호가 어떻게 집단적인 방식으로 예외적인 격렬함을 고집하게 되었는지 이해할 필요가 있다.

앞에서 자세히 다뤘지만 약한 가족적 가치들이 강한 체계를 만들어낼 수 있다는 견해는 많은 정보를 제공해준다. 사회주의자들, 대중운동연합(UMP) 지지자들, 좌파전선의 중도파 혹은 구성원들 같은 모든 신공화주의자들에게서 확인할 수 있듯이 허약한 믿음이지만, 가족 영토에서 그 힘이 공통적인 것처럼 전체 계층에서도 공통적이라는 사실이다.

가치를 지니고 있는 모든 집단들이 데파르트망이나 도시의 틀에 의해 규정되는 것은 아니지만, 마을이나 도시, 구역, 직업적인 인맥, 정당 등과 같은 공간 속 물리적 환경은 믿음이나 행동을 존속시키는 개인들 사이의 일상적인 상호작용에 있어 필수적이다. 어떤 계층은 강한 믿음과는 상관이 없는 모방 현상들을 통해 충분히 영속한다. 그 계층이 존속시키고, 그 계층을 규정하는 가치들은 개인적 혹은 사회적 삶에서 중요하거나 중요하지 않은 요소들과 관련이 있을 수 있다.

나는 오늘날 약한 가치들의 집단적 힘과의 첫 접촉이, 도시 환경에서 가족체계의 영속화에 관한 나의 분석 훨씬 이전에 있었다는 사실을 깨달았다. 나는 사실상 이데올로기에서 출발했다. 나는 1992년과 1995년 사이에 대면 토론을 통해 유럽통합주의자에게 단일통화 계획의 불합리성을 증명하는 일이 불가능하지 않았다는 것과 그럼에도 유로화의 불가피성에 대한 믿음이 집단적 수준에서 견고하다는 사실에 주목했다. 한순간 마음이 돌아섰던 개인이 대화 이후에 자신의 계층과 믿음으로 돌아올 만큼, 충분히 광범위한 사회 집단이 이들의 약한 믿음을 이미 떠받치고 있었다.

다니엘 슈네데르만Daniel Schneidermann[136]은, 「리베라시옹」의 논

---

[136] 다니엘 슈네데르만(1958~)은 프랑스 언론인으로 「르 몽드」, 「리베라시옹」 등의 컬럼리스트로 활동했다.

설에서 당시 논쟁의 두 중심축이던 엘리제 궁의 '실력자' 장 피에르 주에와 언론의 '실력자' 카트린 바르마의 명백하게 무의미한 논쟁을 최근 들어 지적한 바 있는데, 상당한 직관력이 있었던 듯싶다. 《바로 여기에, 공개 토론의 제무르화(化)[137]와 이른바 우파와 좌파의 이데올로기적인 융합이라는 두 가지 정치 현상들이 있다. '상습적인 실언자와 자료 신봉자'인 이 두 괴짜들을 어둠 속에서 생각해내고 본뜬 두 사람의 인물들은 자신들의 행동에 대한 어떤 자각도 없이 조명 아래 모습을 드러냈다.》[138]

프랑수아 뤼팽François Ruffin[139]은 사회당의 피카르디 지방의 당선자에 관한 대단히 훌륭한 성찰 속에서 같은 것을, 보다 정확히 말해서 같지만 무가치한 것을 파악했다. 그는 「파키르Fakir」에서 이렇게 우리에게 《공허감과의 만남》[140]을 이야기한다. 《두 시간 동안 나는 사회주의자 여성 국회의원 파스칼 부아타르와 이야기를 주고받았다. 내가 그렇게 무의미한 대화를 나눈 적은 드물었다. 그래서 나는 그 대화를 잊어버렸다. 그렇지만 나는 그 무가치함 속에서 집단 퇴행성 신경증을 나타내는 그 대담에 대해 곰곰이 생각

---

[137] 에릭 제무르는 프랑스의 쇠락과 정체성의 위기를 지적하여 사회적으로 반향을 일으킨 인물이다. 따라서 제무르화(化)라는 신조어는 프랑스의 국가적 정체성에 관한 사회적 토론이 비판적인 방향으로 나타나는 경향을 의미한다고 볼 수 있다.
[138] 원주. 다니엘 슈네데르만, 《주에, 바르마, 어둠에서 밝은 곳으로 나온 인물들》, 「리베라시옹」, 2014년 11월 16일.
[139] 프랑수아 뤼팽(1975~)은 프랑스의 언론인이다. 아미엥 지역 신문 「파키르」를 창간하였고 「르 몽드 디플로마티크」에 기고하였다.
[140] 프랑수아 뤼팽, 「파키르」, 2015년 2월 20일.

해보았다…》

　유로화의 실패는 이후 말 그대로 허약한 믿음의 집단적 결집의 한계에 대해 깊이 생각해보게 만들었다. 즉 개인들의 수준에서 단일화폐에 대한 믿음은 거의 제로에 가깝다. 반면에 '엘리트들'의 집단적 수준에서 그 믿음은 항상 견고하다. 우리는 영속할 수도 있는 집단적 믿음의 가설을 분명히 할 수 있다. 설사 그 가설이 개인의 믿음으로 흔적만 존재하거나 더 이상 존재하지 않을지라도 말이다. 유로화는 단지 제도의 관성과, 유효성에 관한 성찰 없이, 사람의 집요한 계획에서 비롯된 특별한 경우일 뿐이다. 왜냐하면 원래부터 믿음을 지니고 있는 집단이 존재할 때는 그 믿음을 개인적으로 버린다고 해서 그 집단이 금방 해체되는 것은 아니기 때문이다.

　허약한 개인들과 강한 체계들이 존재하는 것이다. 프랑수아 올랑드 같은 사람은 단일 통화에 대한 어렴풋한 믿음과 영속되어온 차등주의적 가족의 전통 그리고 이민자의 자녀들이 자국민이 되는 것이 당면과제가 아니라는 막연한 생각을 가지고 있다. 하지만 서로 가깝게 지내면서 날마다 서로 똑같은 행동을 하는 오십만 명의 프랑수아 올랑드, 아니 백만, 수백만 명에 이르는 프랑수아 올랑드는 누구란 말인가? 유로화와 '이슬람교도의 차이'에 대한 믿음, 엄청나게 많은 삶들을 배제하고 허물어뜨릴 수 있는 완고한 믿음이라는, 이 놀라운 이데올로기를 하나로 뭉치게 할 수 있는 조직이 존재하고 있다.

Chapter 5

종교적 위기
Une crise religieuse

단일 통화의 선택은 유일신의 포기에 이어서 나타난 것이다.
경제적 계획에 찬동했던 것은 종교가 아니며, 종교의 쇠락으로
이데올로기에 의한 '대체'가 이루어진 것이다.
분석의 현 단계에서 보면, 유로화 혹은 황금 송아지라고도 불리는
화폐라는 우상이 출현한 것이다.

종교적 위기
Une crise religieuse

1월 11일의 시위는 그 규모와 추상적인 요구를 통해 프랑스가 종교적 위기를 겪고 있다는 사실을 우리에게 명백하게 알려주었다. 시위자들과 뉴스 해설자들, 정부의 근심에 비추어 보면, 프랑스 이슬람교도들 가운데 15%에서 25%에 불과한 사람들이 잔 다르크와 볼테르, 샤를 드골의 나라에 자신들의 신앙을 강요할 태세라도 되어 있는 듯하다.

더군다나 그것은 미셸 우엘벡Michel Houellebecq[141]의 최근 소설의 주제이다. 출간되기도 전에 성공을 거둔 그 책은 쿠아시 형제

---

141 미셸 우엘벡은 1956년 생으로 프랑스의 해외 영토인 레위니옹에서 태어났다. 소설가이자 시인으로 활동하며 2015년 1월 7일 출간한 『복종Soumission』에서 2022년에 이슬람 정권이 들어선다는 가상의 프랑스 사회를 그려 사회적인 논란을 불러일으켰다.

와 아메드 쿨리발리가 영속적인 것으로 만든 공포를 능가했다. 에릭 제무르Éric Zemmour[142]가 이슬람 공포를 불러일으킨 최근의 책도 참사가 일어나기 전에 프랑스 도처에서 인기를 끌었다. 『프랑스의 자살Le Suicide français』은 통합의 실패와 다문화 공존의 함정, 우리의 아름다운 문화의 소멸이라는 식상한 이야기를 되풀이 했다. 1월 9일의 사건이 일어나기 훨씬 전인 2014년 10월 30일, 제무르는 이탈리아 기자가 그의 초고를 '추방'으로 의미를 압축하면서 한물간 논쟁거리로 만들자, 그는 이탈리아의 최대 일간지 「코리에레 델라 세라Corriere Della Sera」에서 프랑스는 이슬람교도들을 그들 나라로 되돌려 보내야 할 것이라고 말한 바 있다. 이는 프랑스 구성원의 일부를 배로 추방하는 것을 주장하려고 각색된 것인가 혹은 그렇지 않은가?

이슬람 혐오증은 일정한 규칙을 지니고 있다. 그 혐오증이 이슬람교도들을 국가 공동체 밖으로 몰아내는 한, 그것은 테러리즘의 또 다른 원인이 된다. 그것은 파리 방리유의 객관적인 위기와 이데올로기의 히스테리가 서로 확대 재생산되는 참기 어려운 변증법의 양 극단이다.

그렇지만 우리는 여기서도 이 현상을 사회학적으로 그리고 통

---

142 에릭 제무르는 1958년 태생으로 프랑스의 몽트뢰이유에서 태어난 작가이자 정치부 기자이다. 2014년 발표한 『프랑스의 자살』에서 1970년 이후 프랑스가 쇠락의 길을 걷고 있다고 말하며 프랑스의 정체성의 위기를 지적하여 사회적인 반향을 일으켰다.

계적으로 봐야 할 것이다. 즉 우엘벡과 제무르의 영향을 받은 이슬람 공포증에 대한 찬동은 본래 책을 구입할 능력이 있고 책을 읽을 시간이 있는 사람들, 그러니까 중산층의 상당히 나이가 든 사람들에 국한된 것이다. 국민전선에 표를 주는 민중계층이나 이제 막 사회에 진출하려는 가난한 젊은 층은 제무르나 우엘벡의 책을 살 능력도 읽을 시간도 없다.

이슬람의 붉은색 아니 정확히 말해 녹색의 구겨진 옷가지에 달려들기보다는, 태생이 기독교도인 94%의 인구에게 충격을 준 정신적 혼란에 대해 생각해보자. 국가의 존속에 기여하는 4.5%에서 5%에 이르는 이슬람교도들의 심리적, 사회적 상태에 대해서는 충분히 재검토할 것이다. 94%의 기독교 태생과 4.5%에서 5%의 이슬람 태생이라는, 균형이 맞지 않은 숫자에 현혹되어서는 안 된다. 매번 설문조사를 하고 보면 종교가 실천적인 믿음이라기보다는 그냥 과거의 기억일 뿐인 무신론자들과 일반적이거나 열성적인 신자들이 뒤섞여있다. 2015년 프랑스의 종교적 진실은 역사상 존재한 적이 없을 정도로 무신앙적이라고 할 수 있다. 완전히 종교로부터 멀어진 프랑스인들 중에는, 여러 세대에 걸쳐 서로 다른 종교를 지닌 부모들 사이에서 태어난 과반수의 아이들이 있다. 그들의 조상은, 아시아 출신 동양인들의 종교인 불교, 유교, 힌두교까지도 포함해 기독교도와 이슬람교도, 유대교도가 형제처럼 뒤섞여 있다. 우리가 이 나라의 종교적 동태(動態)를 찾아야 하는 것은 프랑스 사회의 중심적인 대중에서이지 주변부에서가 아니다. 우리는 이런 방법론적인 선택을 통해, 얼마 전 '동성결혼mariage pour tous'반대를 외치며 열을 지어 행진하던 군중들을 떠올려본다. 샤를리가 갑자기 전국적인 무대에 등장하기 2년 전인 2013년 1월 13일, '모두를 위한 시위들' 중 가장 성공적이었던 그 시위에 34만에서 80만 명이 파리에 결집했다. 숫자는 경찰 집계나 참가자 집계나에 따라 달라진다. 가톨릭에 속한 중요한 소수는 동성 커플의 결혼을 용납하지 않았다. 당시 동성결혼이라는 이미 일어난 현실이, 가족에 대한 기독교의 전통적인 견해와 생각을 달리하는 국민들 사이의 단절로 이어졌기에, 종교적인 극도의 흥분상태가 어떻게 보면 부정적인 방식으로 프랑스 사회의 중심을 뒤흔든 것이다.

그러면 1월 11일에 이 종교적 위기는 어떻게 나타났을까?

가톨릭의 최후의 위기

프랑스에서 종교와 풍속은 함께 변화해 왔다. 종교적 계율을 지키는 일은 요컨대 1960년과 1990년 사이에 이미 붕괴되었다. 1950년에 여성 1인당 세 자녀의 출산율은 그 후 두 명으로 감소했는데, 수많은 가톨릭 가정의 소멸과 함께 일어난 변화이다. 1960년에는 혼외로 태어난 아이들이 5.5%였는데 오늘날은 55%에 달한다. 지난 수십 년간 교회의 영향력이 유지되었던 프랑스는 이제 신앙과 풍속에 있어서 불신의 나라가 되었다.

집단정신을 연구하는 정신사(史)에서 30년 혹은 40년은 긴 기간이 아니다. 오늘날 인구의 연령 분포도는 아직 종교를 가지고 있는 노령 인구의 자취를 보여준다. 그들의 분포도는 종교에서 완전히 분리된 젊은 세대를 넘어선다. 프랑스 여론 연구소의 최근 조사에 따르면 '종교적 계율을 지키는' 가톨릭교도로 정의되는 사람은 12.7%에 불과하다. 주일 미사에 실제 출석하는 신자를 계산하는, 종교 사회학의 엄격한 기준을 적용하면 그 비율은 절반으로 줄어들 것이다. 인터뷰 대상자들이 스스로 규정한 비율은 25~34세의 경우 단지 6.6%일 뿐이지만, 그래도 65~74세는 21.6%, 75세 이상은 32.7%에 달한다.[143] 오늘날 75세에서 85세에 이르는 노인들은 1960년에는 20세에서 30세였다. 20~30세 나이의 집단에서 종교적 계율을 지키는 비율은 따라서 5로 나누어졌다.[144] 오늘날 종교적 계율을 지킨다고 밝힌 '75세 이상'의 3분의 1도 1960년 무렵 일률적으로 가톨릭교를 믿었던 프랑스를 대표하지 않으며, 그중 3분의 2는 이미 기독교를 버렸다.

---

143 원주. 제롬 푸르케, 에르베 르 브라, '폭로된 종교, 가톨릭의 새로운 지리학', 장 조레스 재단, 2014년 4월, p.88.
144 원주. 나는 이러한 비교에서, 나이가 들어감에 따라 신앙심이 다시 생기는 것을 고려한, 각 세대 내부의 잠재적인 주기를 고려하지 않는다. 나는 현재 젊은이들의 신앙도 인생의 막바지에 이르러 확고해질지 의심스럽다.

종교상의 계율을 지키는 사람들이 33%에서 6%로 감소한 것은 하찮은 일이 아니다. 만약 그러한 감소가 1960년에 오래전부터 가톨릭의 영향력에서 벗어나 있던 인구의 3분의 2에게서 정신적인 질서의 동요를 수반했다면 말이다. 무신앙의 일반화와 자유로운 사회도덕 속에서 나타난 프랑스의 큰 변화는 그 구성원들에게 심리적, 정치적 균형의 문제를 제기하고 있다.

종교의 붕괴와 외국인 혐오증의 급증

역사 속에서 종교적 붕괴에 관한 비교 접근은 우리로 하여금 정신적 불균형의 문제를 제기하게 만든다. 사실 신앙의 변화나 붕괴에는 대개의 경우 혁명적 사건이 뒤따른다. 신앙의 정신적 배경이 소멸하게 되면, 그 가치에 있어서는 다양하지만 대개 물리적으로 격렬한, 대체 이데올로기가 거의 자동적으로 출현하게 된다.

프랑스에서 1730~1740년 경, 사제의 모집은 파리분지Bassin parisien[145]와 지중해 연안에서 끊어졌지만 왕국의 나머지 지역에서는 보통 수준으로 계속되었다. 프랑스 대혁명으로 가톨릭의 위기는 반세기동안 계속된다. 가톨릭교회는 영생을 찾는 가운데, 모든

---

145 파리분지는 일드프랑스로 불리는 파리를 중심으로 프랑스 북부 및 동으로 벨기에와 독일, 남으로 중앙 산악지역까지 아우르는 광활한 지역을 말한다.

사람에 대한 세례와 선행을 통한 구원 덕분에 평등과 자유를 보장해주었다. 1789년 이 막연한 목표는 지상의 나라에서 즉각적인 자유와 평등에 대한 요구로 바뀌었다.

볼테르가 완전히 반종교적인 놀라운 사상을 논쟁적으로 드러낸 『백과사전』이 1764년에, 다시 말해 프랑스 왕국의 3분의 2에서 가톨릭교회가 붕괴한 지 20년이 지나 출간되었다는 사실에 주목하자.

독일에서는 1880년에서 1930년 사이에 종교적 계율을 지키는 사람이 프로테스탄트의 3분의 2로 감소했는데, 이 같은 현상은 처음에는 독일식 사회 민주주의와 반유대주의의 증가로, 다음에는 나치즘의 확대로 이어졌다. 신의 죽음에 대한 니체의 고양(高揚)과 베버의 종교 사회학은 이런 정신적 위기의 또 다른 산물이었다. 나치 독일에서 나타난 이데올로기적 가치들은 혁명기 프랑스의 가치들과는 완전히 반대되는 것이었다. 개신교가 1700년경 파리분지 지역의 가톨릭과 정신적으로 다르듯이 말이다. 루터의 예정설은 구원의 가능성 앞에서 신의 절대적인 명령으로 태어나기도 전에 선택되었거나 추방된, 불평등한 인간들을 주장했다. 이 위압적이고 불평등한 신학은 1933년 현실에서 당장의 속박과 불평등으로 대체되었다. 인종이 그 인간들을 결정한다. 인간으로서의 지위는 아리안족에게만 부여된 것이고, 유대인들은 강제 수용소의 지옥을 피할 수 없었던 것인데, 루터의 영벌(永罰)이 비종교적인 변환으로 나타난 셈이다.

종교가 사라질 때, 우리는 종교를 심각하게 받아들일 것이다. 그렇다고 경제적 구조와 정세를 등한시하는 것은 아니다. 프랑스 대혁명은 밀 가격의 상승으로, 나치 혁명은 대규모의 경제 불황으로 촉발되었으니까 말이다. 하지만 우리는 기아나 실업이, 언제나 집단적이고 격렬하며 성공적인 혁명이라는 현상을 유발하지만은 않는다는 사실을 또한 인정해야 한다. 프랑스 대혁명과 나치즘은 그 근본적인 격렬함을 통해 저마다의 시대에서 우리가 '정신적 규약'이라고 부를 수 있는 것에 도달했고, 우리의 기억 속에 그것을 남게 했다. 저마다의 종교적 위기에서 비롯된 이 사건들은 어떤 관점에서 보면 종교적이기도 했다.

지상의 이데올로기는, 근본적인 가족의 가치와 잠재하는 인류학적 체계가 '엄밀한 의미로' 종교적 영향력을 벗어날 때, 사회의 선택을 이끌어내기 때문에 내용에서 차이가 있다. 파리분지의 중심에서는 자유롭고 평등적인 가족의 구조가 사회적 행동을 제어했다. 반면에 독일의 권위적이고 불평등한 가족의 구조는 사회적 행동을 반대 방향으로 이끌었다.

우리는 1929년의 대공황보다는 덜 가혹한 경제적 문제를 겪고 있지만 그 기간은 더 길다. 그럼에도 우리 사회의 정치적 미래는 명백한 경제적 변화와 마찬가지로 종교적이거나 은밀하게 종교적인 변화에 달려 있다.

가톨릭의 마지막 위기는 1960년대부터 서구 세계 전체에 타격을 입혔다. 이 종교가 언어적 소수 인구를 포함하여, 문화적으로 지배적이라고 생각되던 시기에 — 퀘벡, 네덜란드, 아일랜드와 플랑드르 지방을 말한다 — 이 종교의 소멸은 1970년대부터 민족주의의 급증을 유발했다. 비종교성으로의 변화는 캐나다, 스페인, 아일랜드에서 테러리스트의 급증을, 벨기에에서는 더 지속적이지만 덜 폭력적인 공포증의 폭발을 불러일으켰다. 플랑드르[146] 사람들은, 자기 나라에서 지배집단이 되었을 때도, 프랑스어권으로부터 혐오의 대상이 되었다. 그 모든 사건들은 번영의 시기와 소비사회의 발전 시기에 일어났었다.

가톨릭에서 외국인 혐오증에 이르기까지의 논리를 이해하는 것이 중요하다. 계급의 원칙에 충실한 가톨릭교회는 전통적으로 보편적인 것이었고, 그 이름 자체가 보편적이라는 뜻을 지니고 있다. 1960년경까지 가톨릭교회는 중재자로서 혹은 민족 중심주의의 억제 요인으로서, 보편성을 부여받지 못한 상당수의 지역문화에 영향을 미쳤다. 퀘벡, 바스크, 아일랜드, 플랑드르 문화에는 독일의 문화와 마찬가지로 가족의 평등 원칙이 없었다. 따라서 가톨릭은 인류학 기반의 자기 문화 중심주의를, 물론 권위적이고 위계적인 체계였지만, 보편적인 성향에 동화시켰다. 이 조정장치가 소멸됨으로써, 종교보다 훨씬 더 깊은 가족 구조에 뿌리를 내리고 있

---

146 프랑스 북부와 벨기에, 네덜란드 서부 지역을 뜻한다.

던, 불평등적이거나 평등을 목표로 하지 않는 기질이 자유롭게 풀려난 것은 당연하다.

가톨릭의 붕괴는 1980년 후반부터 이탈리아에서도 유사한 결과를 낳았다. 이탈리아에서 북부동맹Lega Nord[147]은 그들의 외국인 혐오증을 남부(메초조르노Mezzogiorno) 사람들에게 돌렸다. 이탈리아 포 강 북동쪽의 지역적 진앙은, 1960년경까지 종교적 계율을 가장 잘 지키고 인류학적인 기반이 보편적인 성향을 지니지 않았던, 이탈리아의 지역들과 정확히 일치한다.

공산주의의 탄압에 대한 보호수단으로 폴란드와 서쪽의 우크라이나는 가톨릭을 유지했다. 이 마지막 사례에서는 더 정확히 말하면 귀일교회(歸一敎會), 즉 로마 가톨릭에 충실한 종교가 문제되지만, 17세기 중에 가톨릭에 가담한 종교가 문제된다. 우리가 1990년부터 출산 지표의 급작스러운 추락을 지적했듯이, 자기방어로서의 이 가톨릭은 공산주의의 추락 후에는 살아남지 못했다. 가톨릭의 소멸은 전통적으로 불안과 외국인 혐오증의 급증을 야기하는 공백을 남겼다. 다만 그 공백은 경제적 적응이 폴란드에서는 성공했지만 우크라이나에서는 완전히 실패한 것으로 보아 물질적 배경과는 무관했다. 공산주의의 몰락 이후 동유럽에서 대체 체제는 반러시아 감정의 급증에 이를 수밖에 없었다. 바로 유사한 현상들

---

[147] 이탈리아의 극우정당으로 롬바르디아 지역의 독립을 주장한다.

이 그전에 서유럽에서 장소에 따라서는 영국 혐오, 스페인 혐오, 프랑스 혐오 혹은 이탈리아 혐오를 불러일으켰던 것처럼 말이다.

같은 유형의 체제가 가톨릭 국가로 규정되는 크로아티아가 분리되는 데 역할을 했던 것도 이와 무관하지 않다. 그렇지만 나는 그 나라를 폴란드나 서부 우크라이나와 같은 범주에 넣는 데 주저한다. 왜냐하면 유고슬라비아를 파괴시켰고, 가톨릭과 동방정교, 이슬람교의 종교적 정체성에 의해 영향을 받은 내전은 가톨릭교회의 붕괴보다는 차라리 공산주의의 붕괴에 의해 촉발되었기 때문이다.[148]

갈리치아[149], 볼히니아[150], 루테니아 등의 우크라이나 지방에서 네오나치즘을 띤 극우파의 출현은, 민족의 해방에서 더 나은 정신적 안정을 기대했던 사람에게는 놀라운 일이다. 그것은 바스크, 아일랜드, 플랑드르와 퀘벡의 민족주의의 출현을 보며 마음의 준비를 했던 사람에게는 극히 당연해 보였다. 그런 식으로 우리는, 폴란드나 서부 우크라이나의 반러시아 감정이, 러시아의 지배욕과는 관련이 없는, 현재의 종교적 위기를 표현하고 있음을 이해할 수 있다.

민족주의가 그 목표와 증오의 대상을 선택할 때 독창적인 경우

---

148 1차 세계대전 후 세르비아-크로아티아-슬로베니아 왕국이 결성되었고, 1929년 유고슬라비아 왕국으로 재탄생했다. 이후 유고연방은 1980년 티토 대통령 사망 후 슬로베니아와 크로아티아로 분리되었다. 크로아티아에서는 자국 내의 세르비아인들과 정부군 사이에서 내전이 일어나고 다시 유고 연방군이 개입하였으나 유엔의 개입으로 내전이 종식된다.
149 폴란드 남동쪽과 우크라이나 서쪽의 지역을 말한다.
150 우크라이나 서부에 위치하고 있으며 갈리치아와도 인접해 있다.

는 드물다. 그렇지만 우리는 프랑스와 독일에서 가톨릭의 마지막 위기가 민족 중심주의의 진부한 민족주의보다 훨씬 더 흥미로운 과도기적인 이데올로기를 만들어냈음을 인정해야할 것이다. 나라마다 가톨릭의 계율에 충실한 지방들은 단지 영토의 3분의 1만을 구성하고 있으며, 그 지방들이 1914~1918년에 일어난 전쟁에 의해 그들 각자의 국가들에 완전히 통합되었다는 사실을 알아야 한다. 하지만 가톨릭의 붕괴는 라인 강 양쪽에서, 마스트리히트 조약[151]을 이룬 유럽통합 지지자 증가에 크게 기여했다. 프랑스의 경우 정치 지형도가 그것을 드러낸다.

프랑스 본토에서 국가 체제 중심의 보편주의와 평등주의의 유산이 서로 결합하면서, 가톨릭의 붕괴가 야기한 불안은 혼종이지만 웅장한 이데올로기적인 형태의 출현, 즉 다국적 민족주의의 시도로 나타났다.

가톨릭 프랑스와 비종교적인 프랑스(1750~1960)

사실 단 하나의 가톨릭 프랑스는 없으며, 두 개의 프랑스가 있을

---

151 유럽공동체(EC)에 가입한 12개 국가는 유럽연합(EU)을 설립하기 위해 1992년 네덜란드의 마스트리히트에서 구성국 정부의 승인을 얻어 정치, 경제, 통화의 연합에 목표를 둔 조약에 서명했다.

뿐이다. 첫 번째 가톨릭 프랑스는 18세기 중엽부터 교회를 버렸고, 두 번째 가톨릭 프랑스는 1960년경까지 교회에 충실했지만 마침내 분리되어 무신앙에 빠져들고 말았다. 따라서 프랑스 본토는 오늘날 비기독교화 된 두 개의 프랑스, 즉 오래된 프랑스와 우리가 지도 V의 1a[152]에서 그 영역을 보고 있는 아주 최근의 또 다른 프랑스가 양립해 있다.

티모시 태킷Timothy Tackett[153]의 작업 덕분에 우리는 18세기 가톨릭의 퇴장이 개인들이 아니라 지역 공동체의 작용이었음을 알고 있다. 반면에 일부 다른 지역 공동체들은 교회에 충실하게 남아 있었다.[154]

1790년 성직자 기본법은 소교구 신자들에 의한 성직자들과 주교들의 선출을 시행하려 했다. 이 법에 대한 충성 서약이 사제들에게 요구되었다. 맹세에 대한 동의와 거절이 나타나 있는 지도 V의 1b는 소교구들의 의지를 보여주고 있다. 티모시 태킷에 의해 만들어진 이 지도는 우리에게 성직자들의 내면의 의식을 알려주는 것과는 거리가 멀다. 통로를 통해 파리와 연결되어 있던 드롬, 이제르, 앵, 손에루아르 지방을 포함한 지중해 연안 지방에서와 마찬가

---

152 원주. H. 르 브라, 엠마뉘엘 토드, 『프랑스의 발견』에서 차용, 파리, 갈리마르, 재판. 2012, p.444~445.
153 티모시 태킷은 1945년에 태어난 미국의 역사가로 프랑스 혁명을 전공했으며 캘리포니아 대학의 교수를 역임했다.
154 원주. 티모시 태킷, 『프랑스 대혁명, 가톨릭교회, 프랑스』, 파리, Cerf, 1986.

지도 V. 1a 1960년 종교적 계율의 실천

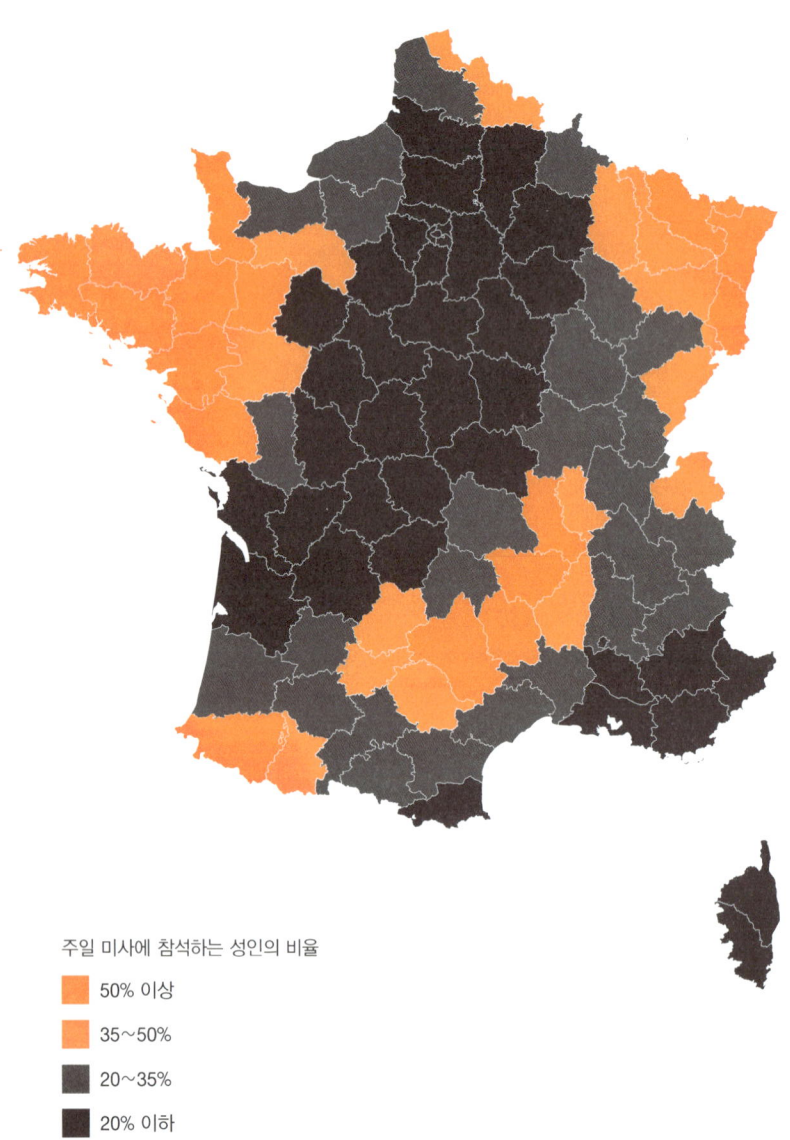

주일 미사에 참석하는 성인의 비율
- 50% 이상
- 35~50%
- 20~35%
- 20% 이하

지로, 생캉탱Saint-Quentin[155]에서 보르도로 길게 이어지는 드넓은 파리분지에서 사제들은 성직자 기본법을 받아들였다. 주변부 지방의 고고한 성좌에서는 공화주의자의 교회를 거부했다. 서부지방, 남서지방의 중요한 지역, 중앙 산악지대, 쥐라 지방, 알자스와 최북단 지방이 그랬다.

1793년부터 프랑스 대혁명은 가톨릭교회에 맞서 교회를 붕괴시키려 했다. 교회는 궁지에 몰렸고 프랑스의 종교적 공간의 첫 번째 균열은 영속화되었다.

종교적 선택은 개인적 선택과 달라서, 교회의 참사원인 블라르와 가브리엘 르 브라Gabriel Le Bras[156]가 2차 세계대전 다음 날 종교적 계율을 실천하는 지역의 첫 번째 국내 지도를 (지도 V. 1a)[157] 구현했을 때, 정신구조의 지리학은 거의 변함이 없었다. 프랑스의 비기독교화 된 중심은 변함이 없고, 여전히 파리분지와 지중해 지역을 포함하고 있기에 양극화되어 있다. 주변부 지방의 가톨릭 성좌는 거의 타격을 받지 않았다. 전선은 거의 움직이지 않았다. 리무쟁, 가론 계곡과 노르파드칼레 지역[158]은 교회에서 어느 정도 멀

---

[155] 생캉탱은 파리 북동부 150km에 위치한 도시이다.
[156] 가브리엘 르 브라(1891~1970)는 프랑스의 법률가이자 종교 사회학자이다.
[157] 프랑스와즈 앙드레 이장베르, 알랭 테르누아의 『프랑스에서 가톨릭의 종교적 계율에 충실한 지역의 지도책』(파리, 정치학 재단 출판물, 1980)에서 이 작업의 최종 결과를 찾아볼 수 있다.
[158] 가론 강이 흐르는 프랑스 서남부와 리모주를 중심으로 한 중부에서부터 최북단에 이르는 지역을 말한다.

지도 V. 1b 1791년 시민헌법에 대한 서약

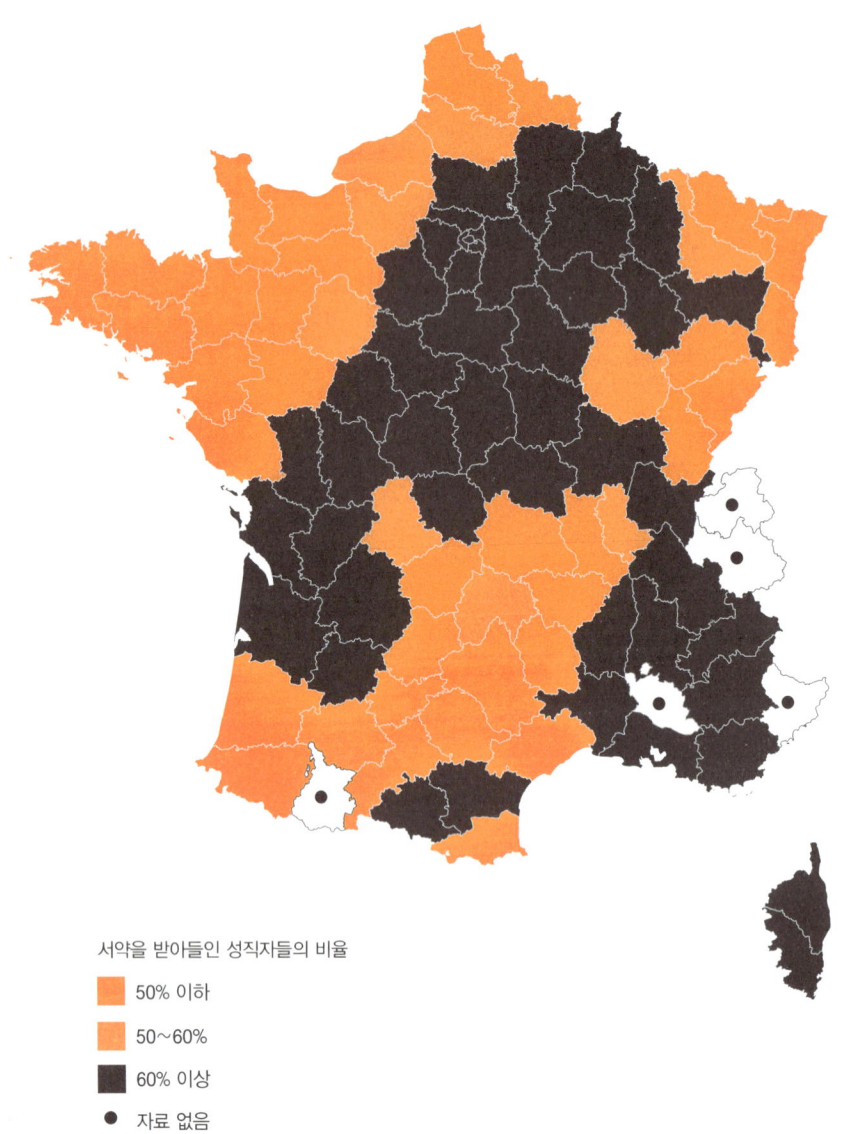

서약을 받아들인 성직자들의 비율

- 50% 이하
- 50~60%
- 60% 이상
- ● 자료 없음

어졌다. 론 알프스 지역과 로렌, 코탕탱 반도[159]는 교회로 돌아온 것 같다.

이런 불변성은 한 세기 이상 펼쳐진 종교적 싸움의 '무의미함'을 보여준다. 1793년에서 1796년 사이에 일어난 방데 전쟁[160]에서 20만 명이 죽은 이후 1905년 가톨릭교회와 국가가 분리되는 동안 성직자 재산에 대한 강제적인 조사가 이루어진 한 세기 동안에 말이다. 반대로 싸움은 각기 자신의 영토를 소유하고 있는, 한쪽은 신자이고 다른 한쪽은 무신론자인 두 개의 각기 다른 종교 공동체의 공존을 프랑스에서 확고하게 했을 따름이었다. 제3공화국 하에서 정당들의 역할은 토대가 되는 종교적 형태에 의해 나뉘어졌다. 공화주의, 공산주의와 노동총동맹(CGT)은 중부 지방과 지중해 지역에서 성장했었다. 전통적인 우파, 프랑스 기독교도 노동자동맹(CFTC) 그리고 프랑스 민주노동동맹(CFDT)은 주변부 지방 가톨릭의 보루 안에서 자신들의 토대를 찾았다. 그 두 개의 프랑스의 대립이 1789년~1960년 동안 프랑스의 사회적, 정치적 삶의 기본적인 구조를 이루었다. 가톨릭의 보루에서 종교적 계율을 지키는 사람이 감소했음에도 불구하고 이러한 공간의 분할은 의식적

---

159 프랑스 북서부의 노르망디 지방의 영국을 향해 돌출된 반도를 말한다.
160 방데 전쟁은 프랑스 대혁명 기간인 1793년에 일어났다. 가톨릭 신앙이 강한 프랑스 서부의 방데 지역에서 왕당파들이 혁명군에 맞서 반란을 일으켰다가 무참하게 진압되었다. 1795년 영국의 지원을 받아 왕당파의 재반란이 일어났지만 곧 진압되었다.

지도 V. 1c 2009년 종교적 계율의 실천

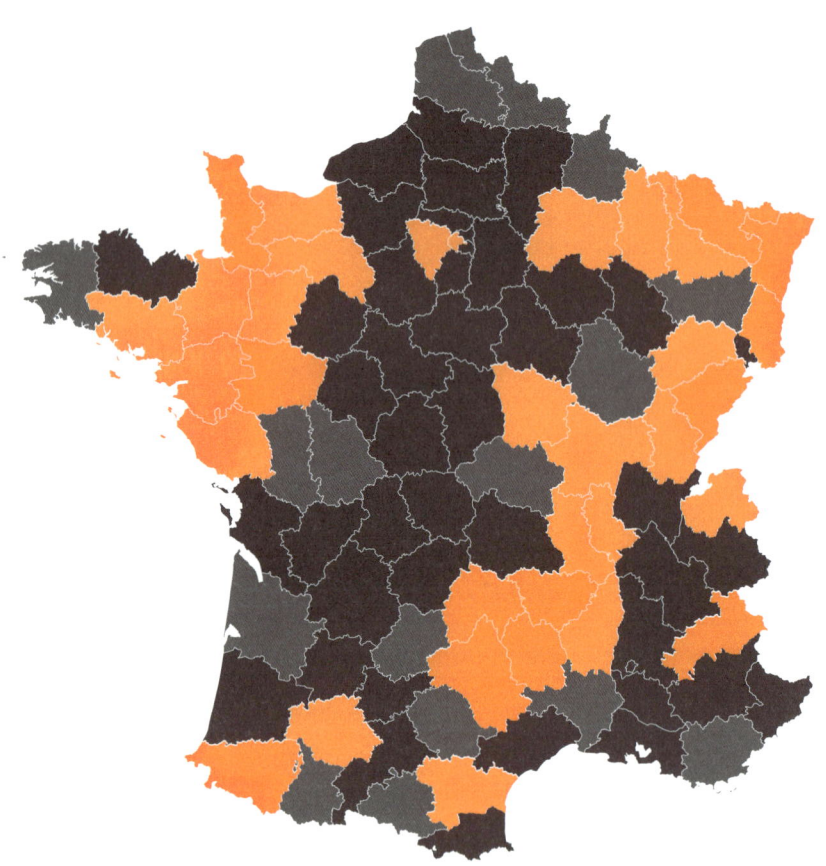

가톨릭교회에 충실한 신자들 : 프랑스 여론 연구소와
인터뷰한 대상자들이 스스로 규정한 비율

- 19~26%
- 16~19%
- 14~16%
- 8~14%

이지 않고 은밀한 방식으로 역동적으로 지속되고 있다.

이와 같이 종교 사회학은 '공동체주의'와 강하게 대립하는 오늘날 정교 분리주의자의 견해가 비역사적임을 우리에게 보여준다. 이것은 어떻게 보면 결코 존재하지 않았던 …과거를 기준에 두고 있다. 2세기 동안 프랑스는 대혁명의 어머니이자 동시에, 지역 단위에서 실제로는 공동체로 분화된, 가톨릭교회의 맏딸로서 이중적으로 존재했다. 제3공화국의 진면목은 실질적인 공동체주의를 실행하면서도 공화국의 단일성과 불가분성이라는 급진적 견해를 지닌다는 데에 있을 것이다. 더 정확하게는 공화국과 가톨릭교회 사이의 한 세기 반 동안의 충돌에 의해 현실이 된 공동체주의를 말한다. 마리안은 마침내 성모 마리아와의 동거에 익숙해졌다.

이제 프랑스의 실제적인 비종교성은 신을 믿을지 말지 선택하는 개인의 의식의 집합체로 이루어져 있지 않다. 비종교성은 프랑스 본토의 중심의 무신론 문화와 주변부 지방에서 가톨릭으로 남아 있는 대중을 결합시켰다. '삶의 방식modus vivendi'은 시간이 흘러가면서 전국적인 규모로 자리를 잡았다. 개인들과 가족들은 비기독교화 된 지역에서는 자신들의 가톨릭 신앙을 지닌 채 평화롭게 살기 위해 적절한 비율로 그 균형을 이용할 수 있었고, 가톨릭 지역에서는 자신들의 신앙을 누릴 수 있었다. 종교적 소수자들은 — 1791년 자유롭게 된 유대인들과 1685년 낭트 칙령의 폐지로 살아남았던 프로테스탄트들 — 정치적으로 무신론자들 편이 되었는

데, 그것은 그들로 하여금 종교적이고 세련된 회의주의를 택하도록 이끈 합리적인 선택이었다.

두 개의 프랑스와 평등

프랑스 지역의 이러한 항구적인 분할을 어떻게 설명할 것인가? 2015년 1월의 위기 동안 한 마디 말도 언급되지 않았다. 평등이라는 말은 없었다. 샤를리는 자유를 주장하는 것에 만족했다. 그렇지만 두 개의 프랑스의 대립을 더 잘 이해하게 해준 것은 바로 프랑스 공화국의 두 번째 표어(평등)였다. 가톨릭의 첫 번째 위기에 의해 국내 지역이 분열되기 훨씬 전에 평등의 관점에서 보면, 중세 말 이후 가족의 구조에 의해 규정된 중앙과 주변 지역 사이의 대립에 의한 분할이 확인된다.

전통적인 농민 가족의 구조는 파리분지의 중심과 지중해 연안, 특히 바다에 더 가까운 프로방스 지방의 일부에서 평등적이었다. 남부지방에서는 부계 중심의 시각이 사내아이들에게 호의적으로 작용했다. 따라서 지중해 지역과 더불어 국가 체계의 중심은 자연적으로 평등을 믿었다. 무의식적인 구조가 그곳에서 작용했다. "형제들이 평등하다면 사람들도 평등하고 민족들도 평등하다." 우리는 여기서 시민적 평등의 혁명적 개념과 보편적 인간의 기원을 본다.

18세기에 대중의 문자 교육은 이데올로기의 출현을 확고하게 했다.

반대로 주변부 프랑스에서 가족의 구조는 다양한 형태라는 이름으로 평등하지 않았다. 불평등에 대한 진짜 선호는 장자 상속권을 지키는 지방들에서만 노골적이었다. 해안에 가까운 브르타뉴 지방의 상당히 많은 지역과 알자스 지방[161] 그리고 론 알프스 지역 쪽으로 뻗어나간 남서부지방의 대단히 넓은 지역에서 특히 그러했다. 서부지방과 노르파드칼레 전체에서는, 파리분지와 마찬가지로 정말 불평등한 것은 아니지만 유산을 똑같이 분할하는 것에 집착하지 않는 가족 체제가 지배했다.

오래전부터 두 개의 프랑스는 함께 체계를 만들었다. 주변부 프랑스와 균형을 이루지 못한 채, 국가 체계 중심의 평등주의적인 개인주의는 자유와 평등의 원칙보다는 차라리 무질서를 야기했을 것이다. 가족 구조의 인류학적 관점에서 보면, 오랜 기간 동안 프랑스는 3분의 2는 무질서하고 3분의 1은 위계질서가 있었을 것이다.

지도 V.2는 프랑스 지역에서 가족 평등 원칙의 본래적인 분포를 단순화하여 보여준다. 지도는 국가의 기초적인 인류학을 명확하게 나타내고 있다. 그렇지만 지도는 중세 말 이후 중심 구역을 그 주변지역에 접합시키고, 라 로셸, 푸아티에, 부르주, 네베르 축

---

161 원주. 알자스의 형식상의 평등주의는 모든 라인란트(독일과 프랑스, 룩셈부르크, 벨기에, 네덜란드 사이의 국경에서부터 라인 강에 이르는 지역)에서와 마찬가지로 종교적 계율의 실천 속에서는 기능이 정지되었다.

지도 V. 2 평등한 가족 구조

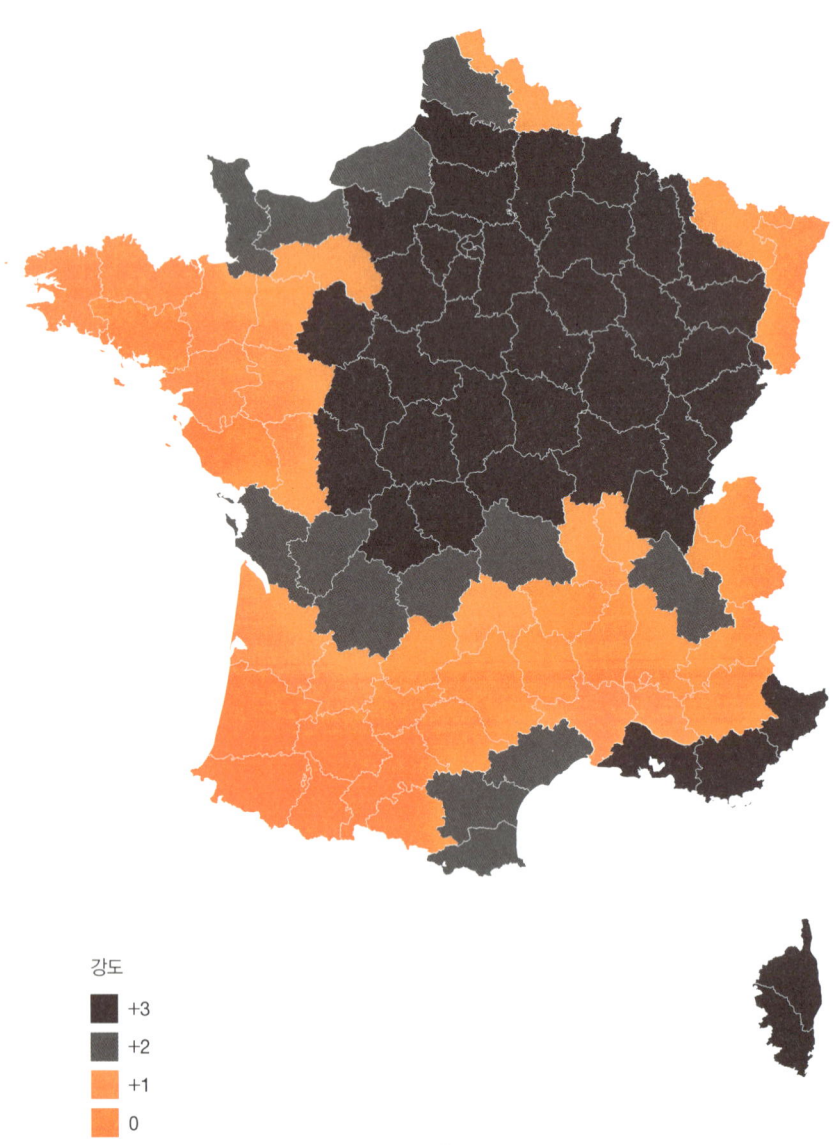

강도
- +3
- +2
- +1
- 0

을 따라, 특히 오일[162] 지역을 오시타니아에 접합시키는 중간 형태를 사라지게 했다.

대개의 경우 평등은 가족 안에서 자유로운 가치들과 결합되어 있었다. 파리분지 지역의 중심에서 농민과 핵가족은 자녀들에게 빨리 자유를 주었다. 하지만 상당히 평등적인 도르도뉴와 비에브르 사이 중앙 산악지대의 북서쪽 주변지역의 가족 공동체는, 결혼한 여러 쌍의 부부들을 포함한 다수 세대들이 개인을 그 안에 끼워 넣을 수 있었기 때문에 자유롭지 못했다.

불평등은 종종 권위적인 가치들과 결합되었다. 남서 지방이나 알자스 혈통의 가족은, 아버지의 권위와 아들의 불평등을 위계상의 총체로 결합시키면서, 3세대의 수직적 구조 안에서 세대들을 단결시켰다. 내륙 서부지방[163]에서 평등의 이상에 대한 무관심은 영국식 핵 구조를 지닌 세대들과 결합할 수 있었다. 되세브르Deux-Sèvres[164]나 노르파드칼레 지역에서는 일시적이고 실질적인 방식으로 유연하게 세대들을 결합시켰다.

하지만 이 평등의 지도는 비기독교화의 기원뿐 아니라 그것에 저항했던 보루의 출현을 이해하게 해준다. 가톨릭 신앙의 쇠퇴는 18세기에 파리분지와 지중해 지역의 평등적인 체제의 중심부에

---

162 중세 루아르강 이북에서 북방 프랑스어를 쓰던 지역을 말한다.
163 프랑스 북서부에 위치한 마옌Mayenne 데파르트망과 그 주변 지역을 뜻하는 말이다.
164 되세브르는 대서양에 가까운 프랑스 서부의 지역이며 주도는 니오르이다.

서 시작되었다. '평등적인' 비기독교화의 본질적인 논리는 간단하다. 즉 주민들이 읽고 쓸 줄 알게 되면서, 인간보다 우월한 신과 소교구의 신자들보다 우월한 성직자들의 관념적인 가설을 거부하게 되는 것이다. 반대로 가톨릭의 보루에서는 평등을 목표로 한 가족의 어떤 무의식도 종교의 권위를 위협하지 않았다.

가족의 평등 지도와 비기독교화의 지도가 완전하게 일치하지는 않는다. 극단의 정체성만이 분명하게 나타날 뿐이다. 처음에는 가족 구조의 평등주의에 의해 구조적으로 정해진 비기독교화가 주요 교통로들을 따라 확산된 것은 잘 알려진 바이다. 우리는 비기독교화가 오늘날의 10번 국도와 A10 고속도로 축인 파리-보르도 축을 따라 서남부 지방으로 파고들었다가 다시 가론 계곡으로 거슬러 올라간 것을 알고 있다.

프랑스 사회의 현재 위기에 대한 연구와 그 기원보다는 차라리 미래에 바쳐진 이 시론에서, 가족 구조의 평등주의와 비기독교화 사이의 일치와 불일치에 관한 면밀한 성찰은 필요하지 않다. 현재 일어나고 있는 것을 이해하기 위해서는 프랑스 지역에서 평등한 기질의 종합적인 지도를 명확히 정하는 것이 유용하다. 말하자면 가족구조의 평등주의와 '비기독교화된' 정신구조의 평등주의를 덧붙이고 자료를 축적하는 것은 유익한 일이다. 만일 가족이 형제들을 평등하다고 규정한다면, 그리고 종교적 회의주의가 사람들은 성직자들과 신에게 복종할 필요가 없다고 말한다면, 지역문화의

지도 V. 3 **총체적인 평등주의의 토대**

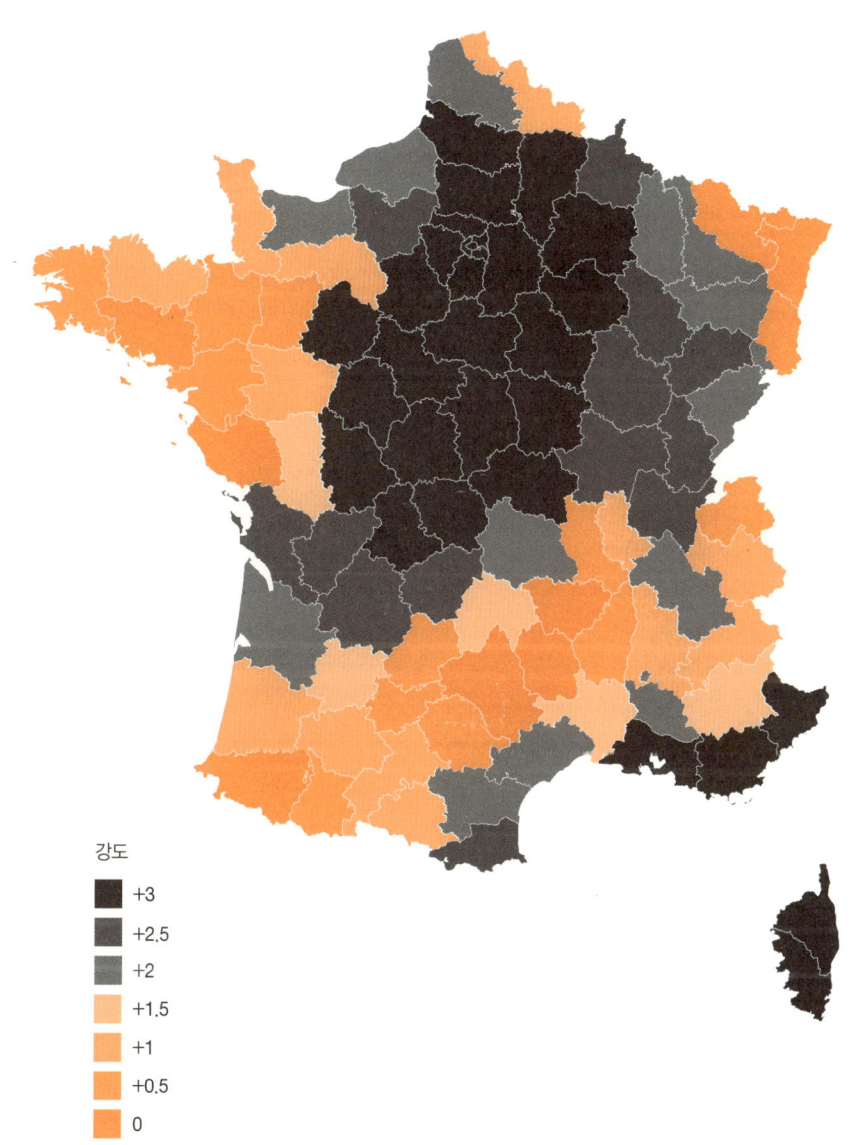

잠재적 평등주의의 수준은 최고치일 것이다. 부조화의 결합은 중간 수치를 나타낸다.

따라서 나는 0에서 3사이에서 변하기 쉬운 평등의 총 수치를 얻기 위해 지도 V. 3에 가족의 평등주의와 무신앙을 더했다. 중간의 넓은 공간의 존재는 프랑스 지역에서 평등과 불평등, 밀물과 썰물의 긴장상태를 시사한다. 1980년대 초까지 프랑스에서 정치적 투표의 지도는 가톨릭의 영향의 중요성을 드러냈다. 교회의 소멸은, 잠재적으로 혹은 유권자의 결정에 의해, 점차 가족 평등주의 지배로 이어졌다. 1990년경까지는 지역들의 지속적인 정치적 추종을 예측하기 위해 종교적 계율의 실천을 나타내는 지도가 가장 효과적이었다. 2015년경에는 가족 구조와 종교를 결합시킨 지도가 가장 적합한 것 같다. 나는 앞서 4장에서 2012년 대통령 선거에서 마린 르펜과 니콜라 사르코지, 프랑수아 올랑드, 장 뤽 멜랑숑Jean-Luc Mélenchon[165]에 대한 투표의 의미를 이해하기 위해, 그 '평등 수치'를 체계적으로 내보기도 했다.

---

165 장 뤽 멜랑숑은 1951년 모로코에서 태어난 프랑스의 정치인이다. 사회당에 가입하여 정치에 입문했고 이후 탈당한 뒤 2012년 대통령 선거에서 좌파전선 연대후보로 출마해 4위를 기록했다.

유일신에서 단일 통화로

20여 년 전, 서부 유럽의 대부분은 마스트리히트 조약을 통해 단일화폐를 꿈꾸게 되었다. 1992년 프랑스에서는 열띤 논쟁 끝에 국민투표를 실시해 51%가 조약에 찬성했다. 예산과 재정, 특히 이데올로기적인 노력에도 불구하고 유로 존은 경기침체와 실업, 디플레이션에 빠져있으므로 오늘날 이 계획은 무모했던 것으로 보인다. 이제 계획에 따른 경제적 이익에 관한 논쟁에서 자유로워진 우리는 대단히 침착하게 유토피아의 인류학적, 종교적 기원에 대해 검토해볼 수 있다.

유권자에 의한 마스트리히트 조약의 유효화는, 중앙/주변지역 축에서 지리적 입장의 수평적 차원과 계급 구조 속에 편입된 수직적 차원을 분명하게 드러냈다.

국민투표는 무엇보다도 사회 계급의 개념을 분명하게 보여주었다. 투표는 국민의 의식 속에 ― 솔직히 털어놓았다고 말할 수도 있을 것이다 ― 엘리트와 민중 사이의 대립에 관한, 이후에는 항구적이 된 주제를 드러나게 했다. 사회 구조의 위에서 '관리자들과 우월한 지적 직업을 갖고 있는 사람들'은 70%가 '찬성'에 투표를 했고, 반면에 '중간 직업을 갖고 있는 사람들'은 57%가 긍정적인 선택을 했다. 사회 구조의 하부에서 서민층들은 조약에 대해 무의식적으로 적대적인 태도를 취했다. 노동자들은 단지 42%만 조약

지도 V. 4 **1992년 마스트리히트**

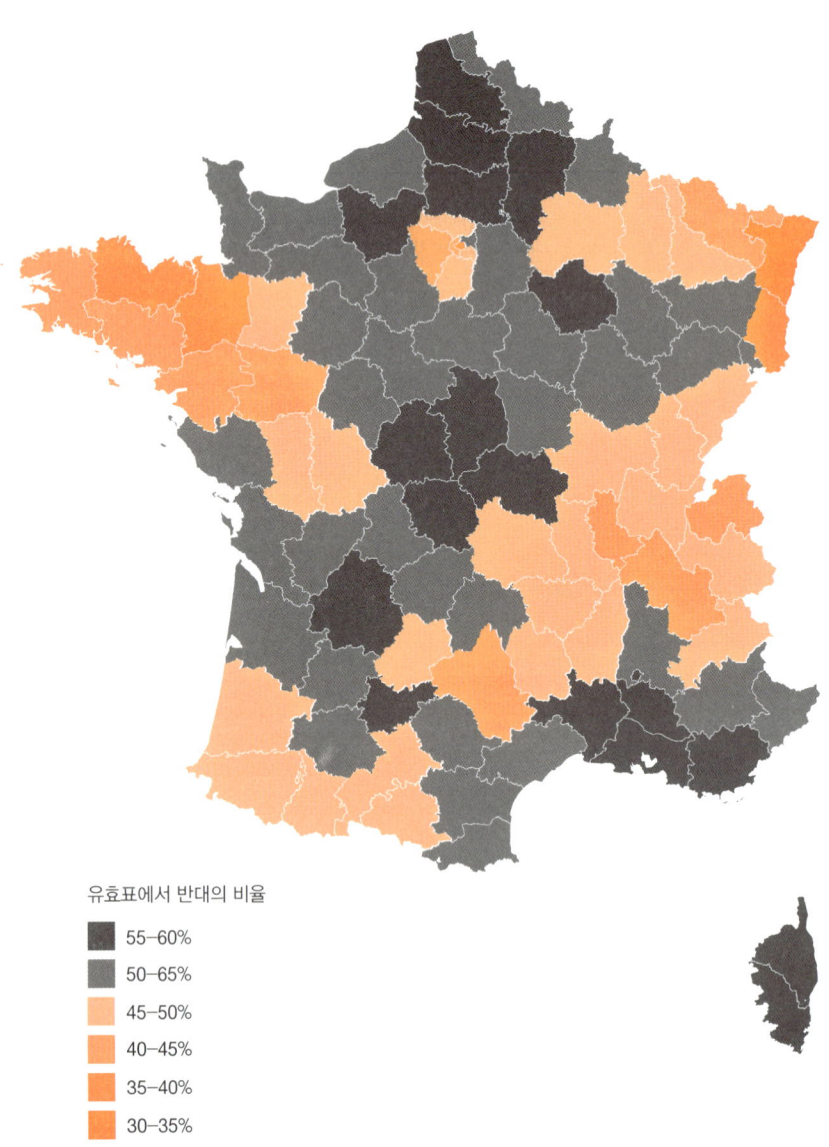

유효표에서 반대의 비율

- 55–60%
- 50–65%
- 45–50%
- 40–45%
- 35–40%
- 30–35%

에 찬성했고 사무직원들은 44%에 불과했는데 수공업자들과 소상인들도 마찬가지였다.

국립 통계 경제 연구소(INSEE)[166]의 사회 직업적 범주는 사회적 지위의 경제적, 문화적 차원을 포함한다. 따라서 관리자들과 우월한 지적 직업을 갖고 있는 사람들을 경제적으로도 그만큼의 특권이 있는 사람들로 여기지는 말자. 이 집단은, 고위 공직자들과 사회적 신분은 있지만 월급이 엄청나게 많지는 않은 사람들로, 교수 자격증이 있는 교수나 중등교원 자격증을 가진 교사를 포함한다. 따라서 이른바 '우월한' 집단은 교육적 우위와 경제적 우위, 수입과 직장의 안정성을 포괄한다. 초등학교 교사들, 직업학교나 고등학교의 교사들, 임시 교사들, 주임교사들은, 1992년 정치적으로는 '상층'을 따르던 '중간' 직업들에 속한다.

또한 '찬성'은 우파에게 투표하는 경향이 있는 고령층과 같이 가장 전통적인 변수들에 의지했다. 그처럼 은퇴자들은 55%가 동의했다.

'출구조사'는 투표를 한 계급별, 연령별 계층만을 알게 해준다. 마스트리히트 투표 결과를 지도로 작성해보면 '찬성' 투표는 종교적이라기보다는, 정확히 말해 후기-종교적인 차원을 견고하게 드러낸다. 고위직들이 많이 거주하는 수도인 파리 지역은 물론 '찬

---

166 국립 통계 경제 연구소(Institut national de la statistique et des études économiques).

성'에 대거 표를 던졌다. 하지만 가톨릭 전통을 지닌 주변 지방들의 단일 통화에 대한 찬성 역시 지도 V. 4에서 보듯이 명백했다. 상관계수가 + 0.47인 것으로 보아 1992년의 '찬성' 표와 2009년 프랑스 여론 연구소가 평가한 독실한 가톨릭 신앙의 실천이 서로 상응함을 알 수 있다.[167]

사회의 상위계층들은 오늘날 서민 집단계층보다 더 중요한, 종교적 계율의 실천자들이기 때문에 계급과 종교 변수들이 완전히 별개의 것이 아니라는 사실에 주목할 필요가 있다. 18세기말에 볼테르주의자[168]였던 부르주아는 19세기에 부분적으로 가톨릭화되었는데 이는 국토의 비기독교화된 지역에서도 마찬가지였다. 사회혁명의 두려움은 종교의 도움에 대한 관심의 회복을 설명해준다. 주지하다시피 종교적 계율의 상당한 실천은 65세 이상의 연령에서 특히 75세 이상의 연령에서 지속되기 때문에 나이와 종교 사이의 관계 역시 거론할 수 있다.

그렇지만 그 관계가 본질적이지 않은 것은, 오늘날 강력한 가톨릭이 더 이상 의미를 지니지 못하기 때문이다. 고위층들이 주도하는 '가톨릭 신자들'의 투표가 단일 통화를 찬양하는 비밀스러운 행동으로 프랑스를 이끌 것이라는 일반적인 생각에서, 지속적으로

---

167 원주. 두 개의 일련의 숫자들 사이의 선형 상관계수는 -1과 +1 사이에서 변화한다는 것을 기억하자. 긍정적이거나 부정적인 두 개의 급수 사이의 관계는 상관계수의 절댓값이 1에 가까운 만큼 더욱 더 밀접하다.
168 볼테르의 무신앙과 반교권적, 회의주의적 태도를 말한다.

종교적 계율을 지키는 것과 '찬성' 표 사이에서 상관관계를 끌어내는 것은 잘못일 것이다. 나는 당시에 그런 잘못을 저질렀다. 나는 1960년경 종교적 계율을 지키는 지역과 1992년 '찬성' 표 지역의 지도 사이의 일치를 확인하고서, 마스트리히트 조약에 찬성표를 던진 사람은 가톨릭 신자라는 결론을 끌어냈던 것이다. 사실, 그리고 통계적으로 의미 있는 선거 전체를 고려한다면, 프랑스를 전복시킨 것은 '이미 종교를 버린' 가톨릭 출신 유권자들의 표이다. 따라서 단일 통화의 선택은 유일신의 포기에 이어서 — 역사가에게는 다소 오랜 기간이었다 — 나타난 것이다. 경제적 계획에 찬동했던 것은 종교가 아니며, 종교의 쇠락으로 이데올로기에 의한 '대체'가 이루어진 것이다. 분석의 현 단계에서 보면, 유로화 혹은 황금 송아지라고도 불리는 화폐라는 우상이 출현한 것이다.

우리가 지도의 단순한 병치만으로 마스트리히트 조약에 '찬성'한 표가 1974년 대통령 선거에서 발레리 지스카르 데스탱Valéry Giscard D'Estaing[169]을 지지했던 표를 되풀이했다고 믿는 것은 사실이다. 그 표는 1914년 이전에 드러나서 1936년의 인민 전선의 선거에서 명백해진, 보수 우파의 옛 지도의 복사판 그 자체이기도 하다. 농촌의 마스트리히트를 지지하는 연단 위에 빠지지 않고 나타났던 VGE(발레리 지스카르 데스탱)의 존재는 환상을 부추겼다. 하

---

[169] 발레리 지스카르 데스탱은 1926년 독일의 코블렌츠에서 태어나 중도 우파 노선으로 1974년 대통령 선거에서 사회당 후보 미테랑을 누르고 프랑스 20대 대통령에 당선됐다.

지만 1992년에 화폐의 유토피아가 승리할 수 있도록 해준 사람들은 최근에 비기독교화된 대중들이다. 그들이 1965년부터 사회당의 부흥과 좌파 정권을 가능하게 해주었던 것처럼 말이다. 1965년과 1990년 사이의 사회당의 성장을 보여주는 지도 역시 가톨릭의 지도와 닮아있다.

프랑수아 올랑드, 좌파와 좀비 가톨릭

마스트리히트 이전의 30년 동안 프랑스의 정치적 이데올로기 체제의 기본적 역학은 우파 가톨릭 유권자가 좌파 쪽으로 점진적으로 이동한 데에 있다. 이러한 현상의 중요성은 통계상의 단순한 계산을 뛰어넘는다. 그 운동 에너지는 집단에 공격적인 이점을 부여했다. 그것은 새로운 사람들과 새로운 사상의 생산이었다. 종교적 색채가 없어진 프랑스 기독교도 노동자동맹(CFTC)[170]은 프랑스 민주노동 동맹(CFDT)[171]이 되었는데, 뒤의 좌파가 앞의 좌파에 승리를 거두었고, 그들은 옛날식으로 비종교적이고 의식화된 사회주의에 충실했다. 마스트리히트에 이르도록 한 것이 바로 그 변화이다.

---

170 프랑스 기독교도 노동자동맹(Confédération française des travailleurs chrétiens).
171 프랑스 민주노동 동맹(Confédération française démocratique du travail).

우리는 투표의 계급 구조 분석을 통해, 통화의 유토피아가 사회주의 사상이었고 다양한 열의의 정도에 따라 우파에 의해 계승되었음을 잊지 말아야 할 것이다. 지스카르의 보수당이나 자크 시라크의 공화국 연합(RPR)[172]은, 단일 통화의 고안에 필수적인, 에너지와 창의성, 한 마디로 말해 신념이 결코 없었을 것이다.

나는 에르베 르 브라와 함께 쓴 『프랑스의 수수께끼Le Mystère français』[173]에서 전통적 보루 안에 있는 교회의 마지막 해체에서 태어난 인류학적, 사회적 힘을 '좀비 가톨릭'이라고 명명했다. 나는, 주변지역의 가톨릭 하위문화가 지속적으로 보여주었던 양상의 종말 이후에도 생존했던 교육적, 경제적 또 다른 현상들을 더 조사할 것이다. 그 환생은 아마도 1965~2015년 사이의 가장 중요한 사회 현상일 것이다. 또한 그것은, 새로운 종류의 사회주의 지배력의 상승과 지방 분권화, 유럽통합 지지자의 회복, 마조히스트적인 통화정책, 프랑스 공화국의 변질 등을 포함한 다양한 이데올로기적 모험 속으로 프랑스를 끌고 갈 것이다. 나중에는 이슬람 혐오증과, 아마도 특히 은밀한 반유대주의의 양상으로 나타날 것이다.

극우 가톨릭 의사와 좌파 가톨릭 생활환경 조사원 어머니의 아들로 태어난 프랑수아 올랑드 대통령은 이런 좀비 가톨릭의 완벽

---

[172] 공화국 연합(Rassemblement pour la République)은 자크 시락이 창당한 보수 우파 정당이다.
[173] 원주. 에르베 르 브라, 엠마뉘엘 토드, 『프랑스의 수수께끼』, 파리, 쇠이유, 사상의 공화국, 2013.

한 전형이다. 베버적인 의미에서도 그는 좀비 가톨릭의 완벽한 전형으로 생각될 수 있을 것이다. 이 인물은 틀림없이 자신을 좌파로 생각할 것이고, 자신의 본질적인 가치가 계급, 복종 혹은 모계체제라는, 어린 시절의 가치에 머물고 있다는 것을 쉽게 인정하지 못할 것이다. 사실 후자의 가톨릭 신앙은, 특히 프랑스 서부지방에서, 성모 마리아에 대한 숭배에 중심을 둔 어머니의 종교였다.

 대통령의 종교적 정체성을 보여주는 지도를 얼핏 보기만 해도 우리는 많은 사실을 깨닫게 된다. 어려움에 처한 국가의 선두에 선 대통령은 아무 것도 하지 않고, 결정하지 않고, 위대해 지려고도 하지 않으며, 자신이 받은 교육에 따라서, 극구 겸손한 체 하려고 노력한다. 하지만 본래적인 의미에서 보면, 프랑스 군대에서 가톨릭 신자들에게 드레퓌스 사건 동안 공화국에 거역하는 것을 허용하지 않았던 것이나, 프랑스 해군 참모부가 1942년 11월 27일 툴롱에서 함대에 구멍을 뚫어 가라앉히는 것을 허용하지 않았던 것이[174] 바로 그런 겸손이었다. 흔히 생각하듯이, 엘리제 대통령 궁에서, 결정할 능력이 없는 것은 급진적 사회주의에서 비롯된 것이 아니다. 사실 그 무능은 문화적, 집단적 기원을 가지고 있지만, 원형적인 좀비 가톨릭 신자인 프랑수아 올랑드에게 멋지게 전해진 가톨릭 하위문화의 잠재성 중 하나일 뿐이다. 그 이전에 다른 많

---

[174] 2차 세계대전 중 독일에 점령당한 프랑스는 독일이 툴롱 항에 정박 중인 해군 전함들을 탈취하려 하자 전함들을 스스로 침몰시킨다.

은 사람들이 태어나 유골이 되었듯이 그도 유골로 돌아갈 것이다.

　프랑스 정치 체제의 대 파탄을 이해하기 위해 이제 우리는 가톨릭 탈당자의 흡수를 통해 부활한 '그 사회당은 대체 무엇이란 말인가?'라는 근본적인 질문과 맞서야 한다. 의식적이고 명백한 정치만을 논평하는 습관은 우리로 하여금 좌파로 이동한 우파 지역들에 대해 오랫동안 생각하게 만들었다. 하지만 이제 우리는 인류학을 통해 집단과 개인의 무의식적 결정을 파악하게 되었다. 이처럼 인류학은 우리에게 보다 더 현실주의적인 사례들을 택하도록 권고한다. 가톨릭은 가족 구조가 더 권위주의적인 지역에 뿌리를 내리고 있었다. 중부 지방의 평등주의보다는 차라리 사회당에 통합한 좀비 가톨릭이 그 불평등한 정신을 좌파의 중심에 뿌리내리고 있지 않을까? 이를 통해 우리는 처음에는 은행에 대한 사회당의 호의를, 두 번째는 질서와 엄격함에 대해 끊임없이 열광하는 가장 중요한 이유를 파악할 수 있지 않을까?

　강한 프랑화, 유로화를 향한 행보 그리고 실현된 유로화는 끊임없이 사회체제에 고통을 주고 민주주의를 타락시킨다. 사회당은 약자들에 대해 보수 우파가 그랬던 것보다 사실상 더 무관심하고 더 가혹해진 듯하다. 사회주의 가톨릭은 돈을 대수롭지 않게 여겼고, 특권층에게는 가난한 사람들에 대한 책임감을 부추겼다. 사회주의자들의 단일화폐에 대한 숭배는 사회에 대한 가톨릭적 이해와 무관한 것이다.

2005년 : 계급투쟁의 기회를 놓친 것인가?

2005년의 유럽헌법조약에 관한 국민투표는 유권자의 거의 55%의 거부표와 계층 및 수직적 차원의 강화로 나타났다. 사무직원들의 40%가 '찬성'한 것에 비해 노동자들의 단지 19%만이 '찬성'에 투표했다. 수공업자들과 소상인들의 '찬성' 표는 거의 그대로였다. 45%에 달하는 표는 1992년에 비해 소폭 상승했다. 반대로 중간 직업을 가지고 있는 사람들은 46%만이 '찬성'하여 명확하게 반대 진영으로 들어왔다. 고위직 종사자들과 우월한 지적 직업을 가지고 있는 사람들은 유럽의 계획에 대한 충성도가 8% 감소했지만 그래도 62%가 '찬성' 표를 던졌다. '찬성'하는 좀비 가톨릭 표는 명백하게 약해졌다. 조약을 승인했던 주변 몇몇 지역들이 모두 좀비 가톨릭 신자들이라면, 독실한 가톨릭 신자들과 '찬성' 표 사이의 전체적인 지리적 상관관계는 + 0.36으로 떨어졌다.

  가장 놀라운 것은 파리 지역의 유복한 직업군에서 유럽통합 지지자가 강화된 것이다. 파리에서도 '찬성'은 62.5%에서 66.5%로, 이블린Yvlines에서는[175] 57.4%에서 59.5%로, 오드센Hauts-de-Seine[176]에서는 56.7%에서 61.9%로 상승하였다. 반대로 나머지 일

---

175 이블린은 파리에서 북서쪽으로 20여km 떨어져 있는 지역이며 주도(州都)는 베르사유이다.
176 오드센은 파리 서쪽에 접해 있는 지역으로 주도는 낭테르이다.

지도 V. 5 **2005년 유럽헌법조약**

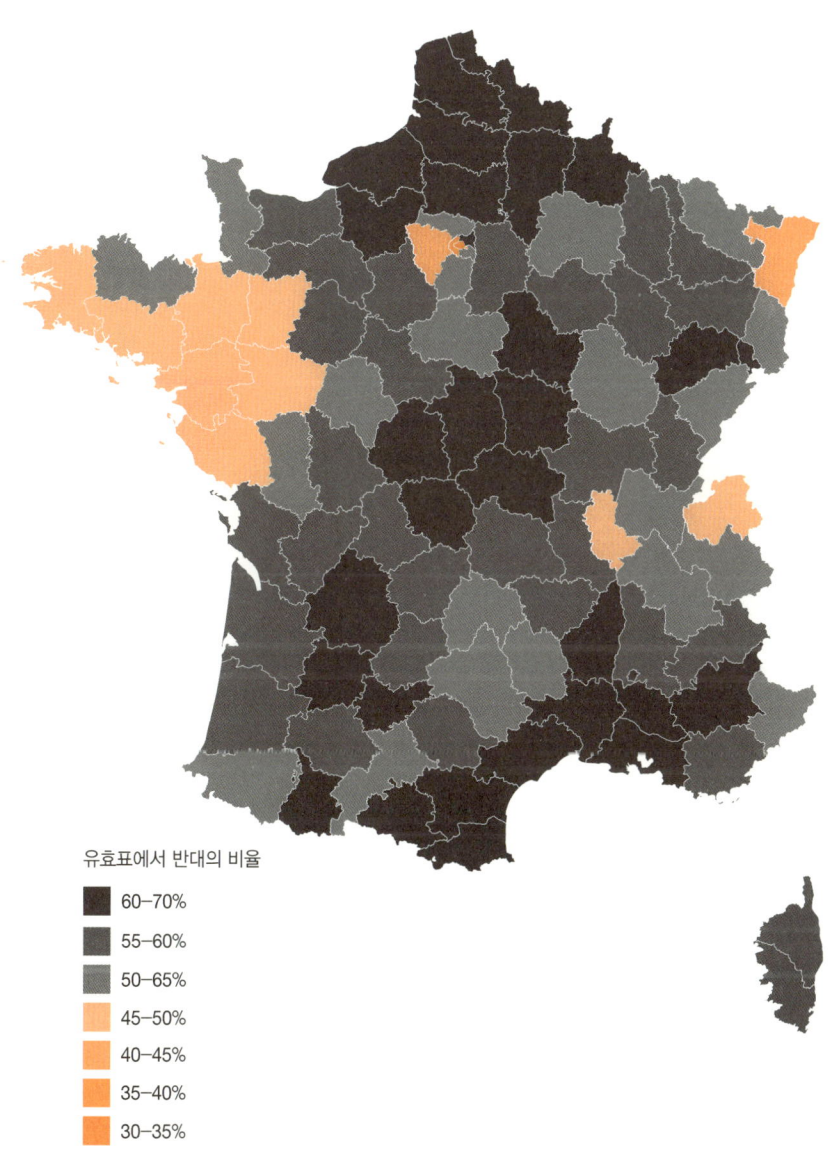

유효표에서 반대의 비율
- 60–70%
- 55–60%
- 50–65%
- 45–50%
- 40–45%
- 35–40%
- 30–35%

Chapter 5 _ 종교적 위기 :: 245

드프랑스는 약간의 차이로 '반대' 진영으로 넘어갔다. 대학생들은 54%가 '찬성'에 투표했다. 교육을 받은 혁명적인 젊은 층은 2005년에 부각되지 않았다.

은퇴자들의 투표는 비슷한 연령 집단에서 나타나듯이 56%로 경직되어 있었다. 단지 1%만이 증가한 것으로, 이데올로기적인 퇴행성 관절 질환의 진행은 느린 것 같다.

따라서 2005년부터 유럽 계획의 실패는 대다수의 구성원들에게 명확해졌지만, 유토피아에서 가장 특혜를 누릴 계층들의 애착 속에서도 심리적 긴장과 경직이 관찰된다. 우리가 경제적 이익이라는 너무 단순한 지표 속에서 신념의 충실성만을 생각하는 것은 잘못일 것이다. 물론 유럽통합 지지자의 저항선은 유로 통화 지역의 경제적 붕괴에서 고통을 가장 덜 느끼는 사람들에게서 형성되었다. 이는 그들이 자본과 가까이 있고 금융 이익의 분배자여서 보호를 받고 있어서일 수도 있고 고용의 안전성을 책임지는 국가를 경제적으로 지배하고 있기 때문일 수도 있다. 하지만 우리는 그런 결정의 정신적인 측면을 소홀히 해서는 안 될 것이다. 화폐의 유토피아는, 비기독교화가 처음 나타난 프랑스 대혁명이나 루터주의 기독교의 타락으로 나타난 나치즘과 같이, 가톨릭이라는 종교의 붕괴에서 비롯된 것이다! 현재의 위기 역시 거의 종교적인 질서의 심층 구조를 위태롭게 한다. 신자들은 그들의 화폐에 대한 믿음을 포기하기 어렵다. 사회의 미래를 결정하고 더 나은 삶에 대한 추구 속에서 사회를 이끌고 갈 것 같은 사람들에게 주어진 의미의 상실 상황은 특히 중대하고 고통스럽기까지 하다. 유일신과 천국 다음에는 단일화폐와 단일 유럽이 있지만 단일화폐… 다음에는 무엇이 있을까? 이제 어떤 꿈이 그들의 걸음을 이끌고 갈 것인가? 지배 계급은 괴롭다. 여기서 한 가지 분명히 해둘 일이 있다. 화폐에 대한 맹신에서 지배적 요소의 고착화가 가치에 대한 개인들의 깊은 애착을 전제로 하지 않는다는 것은 명백하다. 완전히 반대이다. 즉 집단의 믿음의 힘은 곧 이야기하게 되겠지만 개인들의 허약한 믿음에서 비롯된 것이다.

2005년 10월 파리 방리유의 폭동은 헌법 조약에 반대하는 5월의 계급 투표에 이어 일어났다. 당시 엘리트들의 여론은 상당히 빠르게 그리고 상당히 품위 있게, 집단주택단지에 들어가려는 욕구를 파괴로 표현하면서, 자동차들을 불태운 젊은이들이 교육을 잘못 받은 하찮은 프랑스인들보다 최악은 아니라는 것을 인정했다. 오늘날 시점에서 시대에 동떨어진 이 같은 동정적 태도는 2005년에는 이슬람 혐오증이 프랑스의 중간계층에 아직 파고들어가지 않았었다는 것을 보여준다.

지배계급들에게는 확실히 혼란스러웠던 이 2005년의 끝에서, 사실은 프랑스가 상당히 낡은 계급투쟁을 다시 시작하게 될 것임을 예감할 수 있었다. 하지만 중간계급에서는 이슬람 혐오증이 그리고 방리유에서는 반유대주의가 증가한 10년 뒤 프랑스가 경제적 대립을 선택하지 않은 것은 2015년에 명백해졌다. 2005년에 약해진 것 같았던 종교적 혹은 거의 종교적인 요인이 대거 다시 나타났다. 그러나 소수인 좀비 가톨릭만이 프랑스 사회를 조금씩 엄습하는 정신적 불안정의 유일한 요인으로 간주될 수는 없다.

어려운 무신론

프랑스의 비종교적인 중심부가, 서서히 하지만 저항할 수 없을 정도로 상승하는 종교적 불만에 대해 기여하고 있다는 사실을 오늘날 과소평가하지말자. 오늘날 무신론자인 것은 더 어렵게 되었다. 무종교자 중심의 프랑스는 1791년과 1960년 사이에 교회에 의해 완전히 버림받지 않았다. 그 프랑스는 물론 부정적이고 적대적 방식으로 존재했지만, 피해야할 확실한 지표로서 존재했다. 무신론자는 자유사상가, 신학의 감옥에서 탈옥한 사람, 되찾은 자유에 만족해하는 사람으로 규정되었다. 성직자를 적대시하는 사람이 존속하는 한, 무신론적 인간은, '종교적 믿음 다음에는 무엇이 있는가?'라는 근본적인 질문을 피할 수 있었다. 결국 현대의 정치적 이데올로기들이 당연히 문제시된다. 비기독교화된 프랑스는 대혁명, 공화주의적 좌파, 그리고 좌파 권력과 비기독교화 사이의 지도상의 일치가 최고조로 나타난(지도 V. 6) 결과인, 공산당 등이 차

지도 V. 6 1973년 공산당

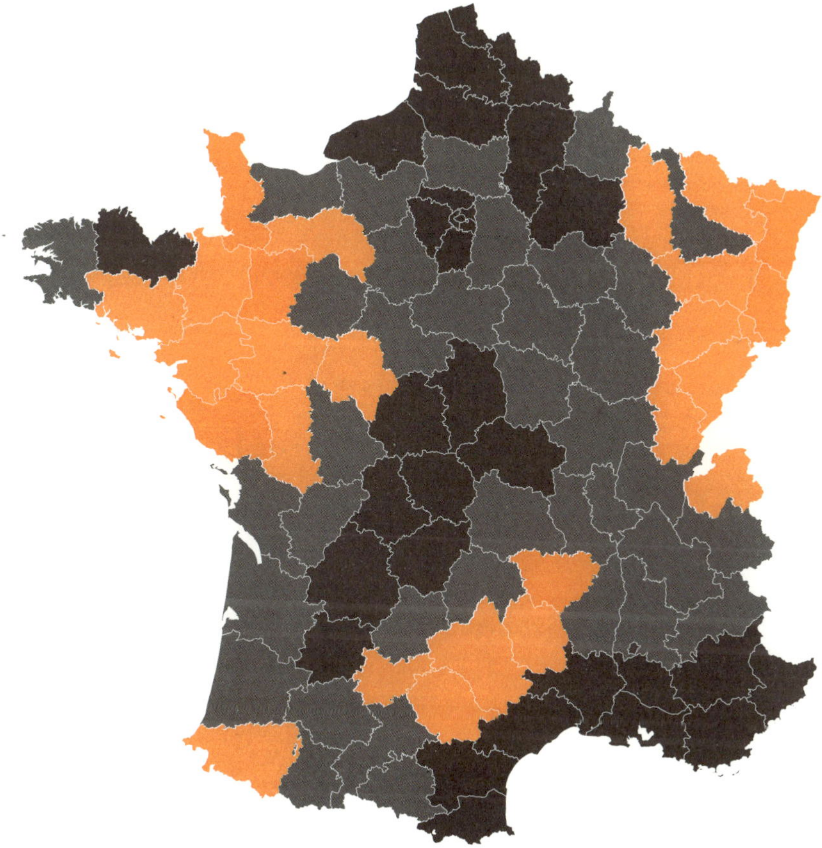

유효표
- 23,5–35%
- 16–23,5%
- 9–16%
- 6–9%

Chapter 5 _ 종교적 위기 :: 249

례로 등장하는 것을 지켜보게 된다. 그 성숙기에 이르러 2차 세계대전 직후 공산주의자의 투표는 프랑스 본토에서 종교적 계율의 실천에 대한 거의 완벽한 부정으로 나타났다. 인류학적 지도에서 대단히 독창적이고, 남편이 처가에 사는 공동체 가족 유형이 서부 지방 일부를 차지하고 있는 지방인, 코트다르모르Côtes-d'Armor[177]와 같은 몇 곳의 예외를 제외하고는 말이다. 하지만 가톨릭 신자와 공산주의자의 진입의 지리적 보완성은 공모라고까지 말하지 않더라도 하나의 구조와 체계를 떠올리게 한다. 1789년에서 1981년까지 중부지방과 지중해 지방의 혁명적 이데올로기는 이처럼 주변지역의 가톨릭의 보루에 의지하고 있었던 것 같다. 가톨릭의 지지대가 안정시킨 혁명적 힘의 예기치 못한 이미지가 머릿속에 떠오른다. 어떤 시기에 혁명적 이데올로기가, 가톨릭이라는 대립적 버팀목 없이 그 자체의 힘만으로 존재할 수 있었다고 확신할 수 있는가?

가톨릭 교회의 최종 소멸은 세속적인 프랑스인의 삶에 공백을 남겼다. 또한 가톨릭의 종말은 비종교적인 프랑스에 위기로 나타났다. 공산당의 추락이 종교적 계율을 실천하는 비율의 추락에 '뒤이어' 나타난 방식은 충격적일 수밖에 없다. 프랑스 공산당이 유효표의 20.6%에서 15.3%로 갑자기 추락한 것은 바로 1981년

---

[177] 코트다르모르는 프랑스 서북부 브르타뉴 지방의 데파르트망이다.

이었는데, 이 시기는 소비에트 체제의 내부적인 파열이 있기 거의 10여 년 전이고 가톨릭의 쇠퇴로부터 15년 후이다.

서부지역과 서쪽 피레네, 남부지방과 중앙산악지대의 동쪽지방, 론 알프스 지방, 쥐라와 알자스 로렌 지방, 프랑스의 최북단 지방 등의 주변부 지방들에서 종교의 붕괴까지, 세속성이 신 없는 세상에서의 절대적인 것으로 정의되어야 했던 것은 결코 아니다. 1990년대 초부터 무신앙의 근본적인 문제가 마침내 떠오를 수 있었다. 고도로 이성적인 견해인 신의 부재는 인간의 종말의 문제를 해결하지 못한다. 무신론은 의미를 상실한 세계와 계획 없는 인간을 정의하는 데 이를 뿐이다. 따라서 비종교적인 프랑스는 자기 식으로 새로운 종교적 불안에 기여한다. 프랑스가 무신앙에 익숙해져야 하기 때문이 아니라, 성직자를 옹호하는 논쟁에서 도덕적, 정신적 수단을 빼앗긴 채, 결국 '절대적인 것' 속에서 살아야만 하기 때문이다.

프랑스 좀비 가톨릭은 일거에 무신론이라는 신 없는 세상의 무한한 공백 속으로 들어간다. 여기서 사용된 표현은 어떤 행동적인 차원을 참조하지 않고 중립적인 의미로 받아들여진다. (불가지론의 개념은 사회학적으로는 적합하지 않은 것 같다). 오래된 무신론과 새로운 무신론 사이의 가능한 수많은 상호작용은 무한한 것 같고, 두 개의 관념적 공백을 구분하는 조사 자료 없이는, 분석하기 어렵다. 가장 나쁜 것을 상상하는 것이 사려 깊은 일인 듯싶다. 두 가지

근심의 결합은 온당하게 행복을 만들어낼 수 없다. 상호적이고 순화하는 확대의 효과를 예상할 수 있다.

우리는, 오랜 기간 동안 순수한 심리적 평안을 가져다주는 것과 거리가 먼 무신론이 반대로 불안을 야기한다는 것을 인정한다면, 프랑스의 구성원들이 정신적인 위험 상태에 있는 것으로 생각해봐야 할 것이다. 우리는 이와 같은 분석의 단계에 이르러, 심지어 그것을 구조적인 적대자와 표적을 찾는 것으로 생각해야할 것이다. 이미 진행된 자본주의의 위기로 혼란에 빠진 방리유에서, 현대적인 것을 향한 변화의 위기가 혼란에 빠트린, 외국 출신의 이민자들에게 이슬람교는 자유롭게 접할 수 있는 종교이다. 우리는 이슬람 근본주의 혹은 테러리즘이라는 현실적인 존재를 소홀히 하지 않겠지만, 무신앙의 프랑스가 안정을 찾기 위해, 더 이상 사용할 수 없게 된 자기 자신의 가톨릭을 대체하기 위해, 희생양을 필요로 한다는 것을 인정해야 한다.

이슬람의 악마화는 완전히 비기독교화된 사회의 내적 요구에 부응한다. 우리는 이러한 가정 없이는, 한 나라의 국민들 중 기껏해야 5%에 불과한 가장 약하고 가장 무너지기 쉬운 사람들이 존중하는 종교적 인물인, 무함마드를 풍자적으로 묘사하는 절대적인 권리를 옹호하기 위해, 좀비 가톨릭 대통령의 뒤에서 열을 지어 행진하는 데에 동원된 수백만의, 종교와 무관한 사람들을 이해할 수 없다.

이 같은 본보기는 물론 프랑스의 오래된 혹은 새로운 두 개의 비종교성 중에서, 어느 것이 1월 11일에 있었던 동원에서 가장 효력이 있었는지 우리에게 말해주지 않는다. 하지만 시위에 대한 통계적인 분석은 이 질문에 대해 간단한 대답을 내놓는다. 우리는 샤를리가 정말로 누구인지 알게 될 것이다. 뿐만 아니라 앞으로 새롭게 변장한 그를 알아보게 될 것이다.

미래를 위한 시론(時論)

미래를 위한 시론(時論)

나는 마지막 장에서 과거의 공화주의 프랑스가 어떠했는지에 대해 빠르게 환기시키고 이어서 현재의 신공화주의 프랑스가 어떻게 되어 가는지 요약하고, 마지막으로 우리에게 주어진 이슬람교와의 대결 혹은 화해라는 선택을 제시하려 한다. 나는 상당히 비관적인 예측을 통해 일어날지도 모르는 위험에 대해 이야기하며 끝을 맺을 것이다.

공화주의의 진짜 과거

드레퓌스 사건 그리고 가톨릭 교회와 국가의 분리 직후, 앞서 언급한 바대로 제3공화국은 급진 공화주의의 실행에도 불구하고 실제로 다문화주의였다. 오늘날 나는 이데올로기적으로 지나치게 강조되고, 깊은 곳에 늘 배타성을 숨기고 있는, 다문화주의라는 기만적인 용어를 사용하는 것을 삼가고 있다. 다문화는 모두의 자유를 은폐하는 불관용이라는, 정반대의 것을 떠올리게 할 뿐이다. 프랑스는 마음속에 신앙이 없었다. 가톨릭 교회는 국토의 3분의 1인 주변부 지방들의 성좌 속에서 그 지역을 지배했다. 가톨릭교회는 그 지역에 자신의 우상과 학교들을 가지고 있었다. 가톨릭 주민들의 태도는 늦은 결혼 나이와 산아제한에 대한 거부, 대가족 제도들을 통해 규범을 상당히 벗어났다. 25%를 넘는 출산 지표는 가톨릭교회가 인구통계학의 싸움을 통해 공화국을 정복하려고 애쓴다는 사실을 보여주었다. 민족 문화의 중심에서, 유럽과 다른 곳, 그 어디에도 비길 것이 없는 성적 대담함이 위세를 떨쳤었다. 영국, 독일, 이탈리아의 귀족들과 부르주아들은 자유로운 환경을 찾고 발견하러 파리에 왔었다.

그렇다고 해서 공식적으로 서로 적대적인 세속 문화와 가톨릭 문화가 견고했던 것은 아니었다. 가톨릭교도들은 늘 자유사상을 멀리하고 관심을 두지 않았다. 지배적인 중심 문화에 대해 대체로 호의적인 결합인 두 진영 사이에서 종교, 인종, 국적이 다른 사람의 결혼이 많이 행해졌다. 긴장감은 남아 있었지만 소수의 유대인들과 신교도들은 그런 다문화의 세계에서 결국 자유를 발견했었다. 자유분방하면서도 규율이 있고, 마음속으로는 무정부주의적이지만 국가와 가톨릭교회에 의해 권위를 지닌 그 프랑스는 자유, 평등, 박애라는 표어로써뿐 아니라 다른 모든 국가보다 우월한 문화적 다양성을 통해 유럽을 매료시켰다.

뛰어난 유전학자이자 기발한 영국인의 전형을 보여주는, J. B. S. 홀데인 John Burdon Sanderson Haldane[178]의 말을 들어보기로 하자. 극좌파인 그는 인간이 평등하다고 생각하지 않았지만, 그 덕분에 오히려 1930년대의 프랑스를 여러 국가들 가운데 실제 있는 그대로 볼 수 있었다.

《새로운 문명은 더 오래된 또 다른 문명보다 다양성을 덜 용인하는 경향이 있다. 격렬하고 성공적인 정치 사회적 변화는 종종 특별한 인간 유형에 대한 획일적인 찬미에 이른다. 이탈리아의 파시스트는 별로 말이 없지는 않지만 강인한 인간유형을 모범으로 삼는다. 번영의 거대한 물결에 휩싸인 미국인은 그 번영을 기획했던 자본가들과 발명가들을 이상화한다. 어떤 안정적인 공동체에서는 관대한 태도가 지배적이다. 프랑스 제3공화국 치하에서, 어떤 다른 사회에서보다 더 독창적인 인간 유형들이 존중받았다는 사실은 있을 법한 일이다. 유명세를 얻은 파스퇴르, 르낭 Joseph Ernest Renan[179],

---

178 존 버든 샌더슨 홀데인(1892~1964)은 영국의 유전학자이자 진화생물학자이다.
179 조제프 에르네스트 르낭(1823~1892)은 프랑스의 언어학자이자 철학자, 종교사학자이다. 대표 저서에 『기독교 기원사 Histoire de l'origine du christianisme』가 있다.

아나톨 프랑스Anatole France[180], 포슈 원수Ferdinand Foch[181], 아기 예수의 성 테레즈Thérèse de l'Enfant-Jésus[182], 사라 베르나르Sarah Bernhardt[183], 쉬잔 랑글렌Suzanne Lenglen[184] 등 일곱 사람들을 예로 들어보자. 어떤 다른 국가가 인간 본성의 서로 다른 측면의 그렇게 강렬하게 전형적인 집단을 낳을 수 있을지 의심스럽다. 예를 들어 모순이 공존하는 영국에서였다면 아나톨 프랑스의 많은 작품들은 외설을 구실로 금지되었을 것이고, 성 테레사는 성인으로 사는 데 상당한 어려움이 있었을 것이고, 그녀의 사후에 인정된 기적들이 실현되는 데에도 거의 넘기 어려운 어려움을 겪었을 것이다. 인간 유형의 그처럼 넓은 다양성에도 불구하고 프랑스가 다른 어떤 국가보다 특징적인 문화와 위기의 시기에 높은 국가적 단일성을 보여주었음은 두 말할 필요가 없다.》[185]

달리 표현해 보자면, 프랑스의 다문화적 특징은, 급진적인 이론이 전혀 예상하지 못했던 과정에 의해, 개인들의 개화를 가능하게 만들었다. 과거의 세속적인 동질성은 완전한 환상이다. 오늘날 급

---

180 아나톨 프랑스(1844~1924)는 프랑스의 작가이며 노벨 문학상을 수상했다. 작품에 『실베스트르 보나르의 죄』가 있다.
181 페르니낭 포슈(1851~1929)는 프랑스의 군인으로 1차 세계대전 때 연합군을 지휘했다.
182 아기 예수의 성 테레즈(1873~1897)는 '테레즈 드 리지외'로도 불리며 프랑스 태생의 수녀이다. 교황 비오 11세가 1923년 그녀를 성녀로 선포했다.
183 사라 베르나르(1844~1923)는 프랑스의 연극배우이다.
184 쉬잔 랑글렌(1899~1938)은 프랑스의 테니스 스타이다. 그녀는 그랜드슬램에서 12회의 단식 우승을 차지했다.
185 원주. 존 버든 샌더슨 홀데인, 『인간의 불평등』, 런던, 펭귄, 1932, p.47~48.

진적인 정교 분리주의가 전파한 이론은 순수한 허구이다. 방데 전쟁에서 20만 명이 죽은 것을 포함하여 백년 이상의 격렬한 분쟁에도 불구하고, '오늘날 사람들이 이슬람교도들에게 요구하는 것은 가톨릭교도들에게서 얻어낸 것(역사의 교훈)이 결코 아니었다.'

신공화주의의 현재

신공화주의는, 마리안의 언어를 말한다고 주장하지만 실제로는 배척의 공화국임을 분명히 하는, 이상한 주의(主義)이다. 지난 30년 동안 프랑스 좀비 가톨릭 주변지역의 지배력 상승과 결합된 비종교적인 중심 지방에서의 위기의 시작은 큰 변화에 이르렀다. 말하자면 이제는 주변지역이 우세하고, 그 지역과 더불어 차이 또는 심지어 평등 가치에 대한 거부가 지배적이 되었다. 군주제, 보수 우파 그리고 결국은 비시 정부를 지지했던 지역들이 주도권을 잡고 있다. 프랑스는 조직적인 체계로 본성을 바꾸었다.

  중앙의 문화는 프랑스에서 흔들렸다. 그 문화는 물론 사라지지 않았고 아마도 잠재적이며 은밀히 움직이는 강한 힘을 보존하고 있지만 국가 체계에 대한 실질적인 기여는 이슬람 이민자들의 후손들과 같은 전통적인 민중계층에서, 특유한 평등주의적 불관용으로서, 물론 상황을 악화시키는 보편주의의 타락으로서 특별한 반향을 일으키고 있다. 국가 체계의 이원성은 홀데인이 글을 쓴 시대처럼, 인간 가능성의 최고 다양성을 더 이상 보장하지 못한다. 그것은 반대로 중앙 체계의 분열이 대거 초래한 불안을 증가시킨다. 불평등주의와 평등주의를 결합시키는 혼종의 불안정한 불관용과 무질서, 바로 여기에 이슬람 혐오증의 국민적 증가를 부추기는 요인이 있다. 이슬람교를 출신지의 종교로 둔 주민들의 적응 문제와 무관하게, 이슬람교는 자신의 무신앙을 어떻게 해야 할지 더 이상 알지 못하고, 그것이 평등이나 불평등을 믿는 것인지 더 이상 알지 못하는 사회의 희생양이 되었다. 이러한 혼란 속에서, 정교분리 원칙과 일체성을 주장하는, 신공화주의의 담론이 출현했다. 정교분리 원칙과 공화국이라는 말의 편재는 지난 20년 동안 공화주의의 진정한 감정의 쇠퇴를 드러냈다. 흔히 볼 수 있듯이 진실은 그 자체의 부정에 감춰진 채 나타날 수 있다.

제3공화국보다는 비시 정부에 더 가까운 신공화국은 소수의 시민들에게 현재의 자신을 포기하라는 편협한 수준의 요구를 하고 있다. 이슬람교도가 선량한 프랑스인처럼 받아들여지기 위해서는 자기 자신의 종교에 대한 신성모독이 좋은 일이라는 것을 인정해야만 하는 것이다. 사실 그 사람들에게 요구하는 것은 결국 이슬람교도가 되지 말라는 것이다. 발행 부수가 많은 신문의 관념론자들은 해결책으로 추방을 거론한다.

비시 정부처럼 신공화국은 독립적인 국가 체계를 지니고 있지 않다. 신공화국은 복잡한 다국적 체계의 일부일 뿐이다. 보다 정확히 말해서 발레리 지스카르 데스탱 대통령이 『유로파L'Europa』라는 자신의 책 제목으로 선택하여 정중하게 제안한 바대로의 유럽일 뿐이다. 유로파는 자유롭고 평등한 국가들의 연합이 아니며 프랑스적인 개념의 대륙으로의 확산이다. 유로파는 독일과 같은 한 국가가 지배하는 계급 체계이다. 반면에 다른 국가들은 프랑스의 자발적인 종속부터 남부 국가들의 아주 낮은 종속에 이르기까지 세밀한 단계로 나누어진다. 유로파의 존재는 1월 11일의 대규모 시위를, 체계에 속한 지방들 중 한 곳에서 전개된, 지역적 현상으로 만들었다. 하지만 이슬람 혐오주의의 무게 중심은, 지리학적으로 옮겨진 두 개의 원에 따라 나누어진, 다른 곳에 있다.

 이슬람 혐오주의의 활력은, 불평등한 기질의 좀비 가톨릭 지역들에 의해 구조화된, 유로존 전체의 특징이라 볼 수도 있다. C형(catholique)의 이슬람 혐오증은 교회에서 물려받은 보편적인 감정의 흔적에 의해 조금 완화되었지만 그것은 지배 계층을 불안하게 만들고 그들로 하여금 명백하게 이슬람교도인 희생양을 찾도록 만드는, 유로화의 실패로 강화된 경향이 있다. 유로존의 지도층들은 엘리트들의 이상적인 외국인 혐오증인 러시아 혐오증을 틀림없이 선호할 것이다. 하지만 만족스러운 희생양을 만들기 위해 러시아인들에게는 두 가지 특징이 부족하다. 그들에게는 서방진영에서 중요한 육체적인 풍모와 특히 허약함이 부족하다. 지중해 출신의 이민자들을 때리는 것이 러시아 군대와 맞서는 것보다 그래도 덜 위험해 보인다.

P형(protestante)의 이슬람 혐오증인 두 번째 원은 더 북쪽 지방에 위치해 있으며 유로존과 섞이지 않는다. 하지만 프로테스탄트는 자신의 좀비 후손들에게 교육적 원동력을 남겨주었으면서도 보편적인 것에 부정적인 태도를 물려주기도 했다. 이미 상당히 오래 전부터 좀비 신교는 이슬람 혐오증의 촉매로써 네덜란드, 덴마크, 북부와 동부 독일 등의 유럽에 영향을 미쳤다.

신공화주의 체제는 경제 체제의 위기로 그다지 고통을 받지 않는 중간계층에 의해 지배를 받는다. 중간계층은 프랑스 사회 국가를 지배했고 노동자 계층과 기업을 희생시키는 것을 받아들였다. 불안해하는 이 계층은 이데올로기적인 불안정을 나타낸다. 그들의 중심에서 이슬람 혐오주의의 점진적인 상승이 느껴진다. 신비화된 계층인, 이슬람교도들은 그처럼 중간계층들에게 민중계층들의 문제와 비교해서 두 번째 문제가 되었다. 양심의 싸움은 이중적인 것이 되었다. 이제 민중주의에 대항해서 그리고 이슬람주의에 대항해서 싸워야만 하는 것이다.

'샤를리'는 자신의 삶의 방식과 믿음을 보호하는 능력을 보여주었다. 1월 11일의 신공화주의의 대규모 시위는, 이 기회를 통해 중간계층의 복권이 실현되었기 때문에, 히스테리와 밀집화, 확장의 도장을 받은 것으로 볼 수 있다. 1월 7일의 공포에서 비롯된 감정적 충격은 자유무역, 사회국가, 유럽통합지지, 긴축 등의 프랑스를 지배하는 이데올로기를 재확인할 가능성을 제공했다. 그것은 새로우면서도 실제로는 당황스러운 이슬람에 대한 강박관념과 사회적 피라미드의 상부 대부분에서 퍼지는 정교분리주의자들의 격렬한 담론인데, 사실상 그 담론은 서민계층들에서 국민전선 표가 고착화되는 것보다 훨씬 더 염려스러운 것이다.

그것이 좌파에 의한 것이든 우파에 의한 것이든 혁명적인 변화는, 민중의 내부에서가 아니라 오직 '대량의 술책'으로만 사용되는, 중간계층의 여론의 결과이다. 마르크스주의자의 전통은 소시민 계급에 개의치 않는다. 하지만 프롤레타리아와 반대로 소시민 계급은 역사를 만든다. 프랑스 대혁명과 파시즘, 나치즘 그리고 공산주의에 이르기까지 말이다. 볼셰비키 당은 사실 '인텔리겐치아'[186] 소시민 계급이었다. 영국과 미국의 중간계층들의 평온함은 영국과 미국에서 안정된 자유민주주의를 만들어냈다.

내가 제시했던 두 가지 길이 이제 프랑스에 나타난다.

---

186 지식인 사회계층을 말하며 19세기 중반 러시아 지식인 계급에 기반을 두고 있다.

미래 1 : 대결

만일 이슬람과 대결의 길로 나아간다면 프랑스는 그저 편협해지고 분열될 각오를 해야 할 것이다. 젊은 세대의 내부에서 '이슬람교도'로 분류되는 프랑스인들은 인구의 약 10%를 이루고 있다. 그것은 급진적인 정교분리주의자들이 언급한 침공 수준이 아니다. 왜냐하면 대다수의 '이슬람교도들'은 사실 종교적 계율에 별로 충실하지 않을 뿐더러, 종종 프랑스인들이나 오래 전부터 출신지가 프랑스였던 프랑스인들과 결혼했기 때문이다. 그런데 이제 어디에든, 프랑스 사회의 모든 계층에 이슬람교도들이 있고, 그들 중 상당 부분은 프랑스 사회의 중심체에서 그 후손들과 결합했다. 따라서 이슬람과의 투쟁을 강조하는 것은 결코 충돌을 줄이지 못할 것이다. 오히려 프랑스 사회에 완전히 동화된 이슬람교도들의 마음을 멀어지게 할 뿐이다. 그리고 프랑스 지방들과 방리유의 평화로운 이슬람교도들의 보호적인 믿음을 강화시킬 것이다. 끝없이 계속되는 실업의 조건 속에서, 금전을 숭배하는 유럽의 어두운 지평선 아래서, 납득할 수 있는 미래의 부재 속에서, 이슬람 급진주의를 지지하는 사람들이 증가할 것은 거의 확실하다. 유럽 출신 젊은이들의 이슬람 개종은, 인류학적인 토대가 핵가족이고 개인주의인 지역의 일부, 즉 노르망디, 피카르디, 샹파뉴, 투렌과 부르고뉴와 같은 광활한 파리분지에서 가장 많이 이루어질 것이다. 왜냐하면 세대들이 가장 덜 결속되고 젊은이들이 가장 방임된 곳이 바로 그 지역이기 때문이다.

우리는 젊은이의 일부가 '의미'와 '종교'를 상실한다면, 이슬람교를 비난의 대상으로 삼는 모든 목표 설정은 결국 그들에게 이상적인 도피처를 제공할 뿐임을 이해해야할 것이다. 노인들에게는 끔찍해 보이는 것이 젊은이들에게는 가혹한 해결책으로 보일 것이다. 정교분리주의를 내세우면서 고등학생들에게 이 새로운 종교를 가르치고, 공익적 시민 자원봉사로 실업상태의 대학생들을 군대 조직화하며, 감옥을 말썽꾸러기들로 채우고, 그들을 그 출발선으로 몰아세우려 애쓰는 것은 결국 상황을 악화시킬 뿐이다. 이슬람이 실제로 길을 잃은 젊은이의 눈에 소름끼치는 미래가 되고 있을지라도 말이다.

프랑스는 단지 그러한 대결의 수단을 가지고 있지 않은 것뿐이다. 프랑스는 당시 유럽의 인구상으로 가장 강력한 나라였음에도 불구하고 프로테스탄트들의 추방과 방데 전쟁을 견디며 살아남을 수 없었다. 하지만 오늘날 10%의 젊은 인구가 보잘것없는 시민적 지위로 추락한 것과 그들 중 가장 재능이 있는 젊은이들이 앵글로-아메리카 세계로 도피를 한 것은 중간 국가로서의 프랑스의 종말을 보여줄 것이다.

더구나 인종주의가 의식을 지배할 때 그것은 결코 이런 저런 계층에서 멈춰 서지 않는다. 이슬람과의 대결은 이미 반유대주의

부활을 촉발했다. 종교적 강박관념에 사로잡히고 경제적으로 침체한 사회에서 이 반유대주의의 확산은 수도와 대도시들 주변에만 머물지 않을 것이다. 중간계층들은 증오의 침투로 상당히 빨리 타격을 입을 것이며, 그들은 가톨릭의 오래된 반유대주의에 불을 붙이고 좀비 버전으로 그것을 다시 내놓으려 할 것이다. 그러면 유대인들 역시 이슬람교도들 이상으로 더 빨리 더 집단적이 될 것이다. 나는 그런 국가가 아시아 출신 시민들의 눈에 매력적으로 비칠지 의심스럽다. 중국 출신의 어떤 프랑스인들 역시 프랑스를 떠나 아마 미국으로 가려고 애쓸 것이다.

동질성을 얻기 위해 우리에게 단호함을 권고하는 관념론자들은, 프랑스가 그 다양성에 의해서만 유럽의 진정한 강국으로 남아 있다는 것을 이해하고 있을까? 프랑스에는 유럽의 다른 나라들보다 많은 이슬람교도, 아프리카인, 유대인, 중국인 출신 시민들이 있다. 파리는 그들 덕분에 세계의 도시가 되었다.

또한 나는 가장 활동적인 소수가 떠나버린, 이슬람을 혐오하는 프랑스의 출현이 그 지방들 중 일부까지도 결국 참기 어렵게 만들 것임을 확신한다. 나는 브르타뉴와 알자스를 이미 언급했었다. 하지만 동쪽에서 유럽 중력장의 경제적, 정치적 효과가 이미 분명하게 느껴지는, 역시 좀비 가톨릭 확장 지역인 론-알프스 지역은 어떻게 할 것인가?

위기에 처해 있는 서방세계의 특징들 중 하나는, 시류인 개인들의 자아도취의 결집이 분명한, 자기도취의 집단적인 다양성이다. 그 세계의 총체적 체계와 국가적인 하부조직들은 모든 사람들의 관심의 중심에서 세계로부터 찬사를 받는다고 생각한다. 자아도취적인 이들 서방세계는 그와 같이 모스크바를 '국제 공동체에서 고립되어' 있다고 생각한다. 중국의 중앙은행이 루블화를 구제하고, 터키가 유럽이 불가리아에서 막은 사우스 스트림South Stream 파이프라인의 통과 장소를 제공해주겠다고 러시아에 제안하고[187], 이란과 인도가 러시아 군수품을 대량으로 구매한 때에도 말이다. 북대서양조약기구는 이미 충분히 웃음거리가 되었다.

하지만 프랑수아 올랑드의 프랑스는 이후 엄청난 자아도취적 속에 현기증을 느끼고 있다. 우리의 대통령은 2015년 1월 11일 파리를 세계의 수도로 선언했다. 우리나라가 테러 다음날 거대한 동정의 물결 속에 주인공이 된 것은 사실이다. 하지만 그 순간은 지나갔다. 무함마드를 다시 한 번 때린 1월 14일의, 살아남은 그 〈샤를리 에브도〉의 발간은 역사상 보지 못했던 프랑스의 도덕적 고립을 초래했다. 프랑스는 물론 풍자화의 스승인 덴마크와 할례의 이론 개발자인 독일, 이슬람 혐오증이 있는 유력인사들의 암살 문제에서 서글프게도 선두에 선 네덜란드에 기대를 걸 수 있다. 하

---

187 사우스 스트림은 러시아가 우크라이나를 거치지 않고 천연가스를 수송하기 위해 만들려 했던 가스관이다. 당초 이 가스관은 불가리아를 통과하기로 예정되어 있었지만 유럽연합의 경제 제재로 건설이 불가능해지자 터키를 경유하는 터키 스트림으로 계획이 변경되었다.

지만 다른 누구에게 더 기대를 걸 수 있을까?

앵글로 아메리카 언론은 2015년 1월 14일자 〈샤를리 에브도〉의 재발간을 거부했다. 러시아인들과 일본인들, 중국인들, 인도인들은 우리가 불필요하게 모욕을 했으며 결국 재대로 배우지 못했다고 평가했다. 나는 이슬람 세계 전체를 거의 잊어버리려고 했었다. 사실인즉 급진적인 정교분리주의에 갇힌 우리는, 무관심이나 막연한 비난 속에서 자신의 우상을 예찬하는 이교도 무리처럼 갑자기 혼자가 되었고 비참하게도 시골뜨기가 되었다. 세계화의 시대에 '재미'를 위해 타인의 문화적 상징들을 모욕할 필요는 없다.

외국 태생에 종교적 소수자 출신 엘리트들의 도피, 지방 주민들의 불참, 도덕적 고립이라는 사건이 세계화된 오늘날의 세상에서 일어났다. 그렇다. 프랑스의 종말은 생각 못할 전망이 아니다. 그것은 이슬람의 잘못 때문이 아니라, 이슬람 혐오증의 잘못 때문에 일어날 수 있는 일인 것이다.

미래 2 : 프랑스 공화국으로의 복귀 : 이슬람과의 화해

그 시나리오는 물론 국가적 자유를 되찾는다는 전제에서 의미가 있다. 유로화에서 벗어나지 않으면 가능한 경제 정책도, 실업의 감소도, 경제적으로 가장 약한 젊은이들에 대한 — 그들이 이슬람교도이든 아니든 — 상황 개선의 여지도 없다. 유럽통합주의와 이슬람 혐오증은 이제 굳게 관계 맺어져 있다. 대칭적인 이슬람 혐오증과 반유대주의의 억제는 유럽통합지지자의 소굴에서 빠져나오지 않으면 이해될 수 없다.

일체의 오해를 피하기 위해서는, 이슬람과의 화해가 논의되기 전이라도, 공화주의 협정의 핵심을 상기해 보아야만 한다. 그것이 이루어지면 프랑스 공화국은 이를 근거로 타협할 수 있을 것이다.

1) 신성모독의 권리에 관하여

a) 신성모독의 권리는 절대적인 것이다. 경찰들은 신성 모독하는 사람들의 신체적 안전을 보장해야 한다. 그 임무에 실패한 내무부 장관은 국민에게 해명해야 한다.

b) 이슬람교도이든 아니든, 피지배집단의 종교에 대해 신성모독을 하는 것은 아무 도움이 안 되고 비겁한 일이라고 생각하는 프랑스 시민들은, 비난받지 않고 테러리즘을 옹호하지 않고 훌륭한 프랑스인들이 아닌 것으로 취급받지 않고도 그것을 말할 권리가 있다. 국가는 그들의 표현의 자유를 보장해야 한다.

2) 필연적인 전망으로서의 동화에 관하여

a) 출신을 막론하고 모든 프랑스인들의 운명은 자유롭고 평등

한 개인들과 더불어 사는 것이다. 그것은 언젠가 종교, 인종, 국적이 다른 사람의 결혼의 자발적인 증가를 통해 집단의 점진적인 융합을 만들어낼 것이다.

b) 인구의 혼합은 종교적 차이의 소멸과, 그것의 인정에 의해 가능한데, 이는 종교적 회의주의와 자유사상의 우위를 전제로 한다.

c) 남녀의 평등한 지위는 종교, 인종, 국적이 다른 사람의 결혼을 위한 전제조건이다. 그것은 공화주의의 공간에서 금과옥조이다. 한 쌍이라고 생각되는 사람에 대한 일치된 견해만이 서로 다른 출신의 개인들 사이의 결혼을 가능하게 한다. 따라서 학교 기관에서, 여성들의 평등과 족외혼에 대한 프랑스의 요구를 상징하는, 이슬람 스카프의 금지를 명하는 것은 옳은 일이다. 그것은 필요한 단계였고 필요한 것으로 남아있다.

그런 식으로 나는 동화주의자인 채로 머물러있다. 하지만 나는, 정교분리주의자의 입장이 여성의 낮은 지위와 이슬람의 교리를 관련시킬 때, 코란에 담겨 있는 민법과 프랑스의 민법이 심각하게 모순된다고 단언할 때, 그런 말이 무지하거나 기만적이라는 주장을 절대 굽히지 않을 것이다. '이슬람은 경전에 대한 현지법의 우선권을 항상 인정한다. 이슬람 세계 어디에서도 코란에 담겨 있는 상속 규칙들이 적용되지 않는다.' 딸들의 저 유명한 '절반의 몫'은 아랍 세계의 농부들에게는 인정되지 않는다. 반대로 그리고 무함마드의 계시와는 다르게, 동양에 가장 가까운 이슬람 세계는 사내아이들에 비해 딸들에게 혜택을 주었다. 실제로 인도양 너머의 이슬람 세계는 여성들을 가족 구성의 중심에 두었다. 모든 이슬람 국가들 중에서 가장 주민들이 많은 인도네시아에는 남편이 처가에서 사는 제도가 발달해 있고, 가장 종교적 계율을 잘 지키는 미난카바우족 같은 민족 집단은 분명하게 모계이다. 그렇지만 남자들은 그곳에서 힘든 시간을 보낸다. 성별의 관점에서 평등한 이슬람 세계는 이미 존재하고 있고 이억 오천만의 인도네시아인들이 그렇게 살고 있다.

동화가 독단론적이고 원칙에 역효과를 내는 적용에 이르러서는 안 된다는 것만 알아두자. 꿈은 세상과 인생살이의 규칙적인 변화, 시대의 사회 경제적 어려움을 고려해야만 한다. 보편적 인간의 이데올로기는 수용하는 사회의 시민도, 이민자도 인간이 아닌 사람으로 간주하게 해서는 안 된다. 불완전한 과도기를 경험하는 것을 받아들이고 이런저런 사람들의 약함을 다정하게 바라볼 줄 알아야 한다. 그러한 태도가 그 자체로서 훌륭하기 때문만이 아니라 ─ 정말 그렇다 ─ 항상 증오와 극단화를 야기하는 대결보다는, 호의가 길게 보면 가장 효과적이기 때문이다.

이미 상당히 진행된 이슬람 출신 이민 자녀들의 동화는 경제적 차원과, 그 목표에 있어서 프랑스 사회 자체가 처해있는, 불확실성에 의해 현재 지연되고 있다. 동화와, 그에 동반하는 더 정확히 말해 선진국의 위기의 특징을 이루는, 공백은 도처에서 피난과 공동체화의 메커니즘을 초래한다. 그것은 가족 구조의 관점에서 해체된 이슬람 출신의 주민들에게서보다 유대인 주민의 어떤 분파들에게서, 좀비 가톨릭의 프랑스에서 보다 더 강하게 나타난다. 이러한 상황에서 프랑스는 이슬람 시민들이 자유롭게 자신들의 종교적 계율을 지키는 것과, 그들이 그렇게 생각한다면, 무함마드의 풍자화가 외설적이라고 말하는 것을 막을 수 없다. 그것은 아주 사소한 문제가 아니다. 결국 이슬람은 가톨릭이 그러했듯이 국가를 구성하는 세력으로서 총체적으로 받아들여지고 합법화되어야 한다. 우리는 이슬람 사원의 자유로운 건립을 받아들여야 하고 그 영역에서 뒤쳐진 것을 만회하기까지 해야 한다.

　방금 서술된 것은 유토피아가 아니다. '그것은 프랑스 공화국의 진정한 과거로의 회복에 대한 요구이다. 대성공을 거둔 정교분리 원칙의 시대에 우리는 가톨릭교에 부여했던 것을 이슬람교에도 인정해야만 한다.' 방리유에 있는 이슬람 출신 주민의 보잘것없는 규모의 분열은 가톨릭 주변지역들과의 비교를 불가능하게 할 정도이다. 이슬람 인구는, 출신지의 국적이나 종교적 계율의 실천에 있어 분산되어 있으며, 이질적인 집단들인 노인들이나 젊은이들을 어떤 기준으로 나누는가에 따라 5%에서 10%로 추산된다. 그들은, 훨씬 더 동질적이었고 지배적인 중간계층으로서 더 많은 영향력을 지녔던 과거 가톨릭 지역 주민들의 3분의 1과 마찬가지로 별다른 영향력이 없을 것이다. 영향력이라는 말로 자신을 알리는 이슬람은 프랑스 공화국에서 가톨릭교회가 대표했던 것의 3분의 1과 20분의 1 사이에 있다.

현실적으로 그리고 필요에 의해 이제 프랑스 문화에서, 우리의 국가적 존재에서, 이슬람 지방 주민들의 존재를 결국에는 기쁜 마음으로 인정하는 것이 필요하다. 또한 새로운 방데 전쟁이나 가톨릭교를 응결시키는 데 기여했던 그 대립을 피하는 것이 중요하다. 2차 세계대전 직후에 자연적으로 해체된 것이 가톨릭이다. 우리의 새로운 지역 주민들인 이슬람교도는, 공화주의의 이상과 완전히 다른 계급제도의 원칙에 토대를 둔 가톨릭교회와는 달리 평등을 믿는다. 따라서 이슬람교의 긍정적인 통합은 공화주의 문화의 전복보다는 오히려 강화에 도움이 될 수도 있다.

우리는 더 많은 종교적 상대주의, 더 많은 혼종 결혼 그리고 자신들의 믿음과 종교적 출신을 쉽게 드러내지 못하는 프랑스인들 쪽으로 감으로써, 이데올로기보다는 긴장의 완화와 평화로워진 인간관계의 시간을 기다려야 할 것이다.

물론 관련된 주민들의 동화의 빠른 회복은 진보적인 자본주의가 만들어냈고 폴라니가 말한 의미에서의 공백기를 고려할 때 확실하지 않다. 하지만 화해는, 대결이 실패할 수밖에 없는 곳에서 성공할 수 있다. 사실 '어떤 수준의 화해의 성공 가능성도 대결의 실패 가능성이 100%이기 때문에 받아들일 수 있다.'

예측할 수 있는 악화

대결과 수용이라는 두 가지 선택이 존재한다. 하지만 우리는 프랑스 사회가 오늘날 대결의 길에 들어섰다는 사실을 인정해야만 한다. '샤를리'의 이기적인 완전한 행복과 국민전선의 성과, 방리유의 반유대주의는 경로의 변경 가능성을 의심스럽게 만든다.

프랑스가 이제 필요로 하는 것은 국가의 모든 세력들이 서로 다시 만났던 대혁명 1주년 기념 축제[188]이다. 하지만 지금은 예전의 민중계층과 이슬람교도 프랑스인들을 화해시키고, '국가'를 '관대하게' 변화시키기 위해 유럽이라는 은폐물에서 프랑스를 해방시킬 어떤 조직된 정치 세력도 존재하지 않는다. 평등한 핵가족 지역의 일부에 해당하는 그 세력은 평등주의 원칙아래서 점점 가난해지고 있는 고학력 젊은이들, 도시 주변지역으로 밀려난 민중계층들, 마그레브 출신의 프랑스인들을 집결시킬 것이다. 그들은 모두 함께, 불평등의 수용과 특권의 옹호 속에서 관리자들과 노인들, 좀비 가톨릭교도들을 결속시키는, 역사적으로 실재하는 MAZ 세

---

[188] 1790년 모든 시민들이 프랑스 대혁명 1주년을 맞아 벌였던 축제를 말한다.

력을 뒤엎을 것이다. 하지만 그러한 세력은 상당한 시간이 지나도 별로 나타날 것 같지 않다.

불평등한 지역에서 좌파가, 평등한 지역에서 우파가 우세한 것을 보게 되는 비정상적인 정치 체제는 계속될 것이며 그것도 몇 년은 계속해서 악화될 것이다. 투표자들은 계속 노화될 것이고, 그것은 더욱 경직된 체제가 나타날 가능성을 예고한다. '의식'의 위기가, 평균 나이가 2015년에 50세에 가까우며 해마다 0.2세에서 0.3세로 상승하는, 시민들을 어떻게 각성시킬 수 있겠는가?[189]

아래의 그래프는 누구도 예측하지 못했던 그 노화의 속도를 파악하게 해준다. 60세인 남자는 1950년경에 15세를 더 살 수 있다고 기대할 수 있었지만 2015년에는 22세가 되었다. 여성은 1950년에 18세를 더 살 수 있다고 기대했지만 2015년에는 27세가 되었다. 국립 인구문제 연구소(INED)의 소장이었던 프랑수아 에랑은 뛰어난 은유를 통해 노인 고령층의 엄청난 증가가 예측할 수도 없거니와 통제도 되지 않는 이민자들처럼 될 수 있음을 알게 해주었다.[190]

(그래프 6)

'샤를리'는 늙어갈 것이고 그들의 양심은 분명하게 나타날 것이다. '샤를리'는, 할랄 정육점 대신 생선이 있고 금요일마다 학교에

---

189 원주. 사회생활에서 연령의 구조를 결정하는 차원에 관해, 참조. 아킴 엘 카루위, 『노령들의 싸움. 은퇴자들은 어떻게 권력을 쥐었는가』, 파리, 플라마리옹, 2013.
190 원주. 프랑수아 에랑, 『이민자들의 시대』, 파리, 쇠이유/La République des Idées, 2007, p.87~89.

그래프 6 60세에서의 기대수명

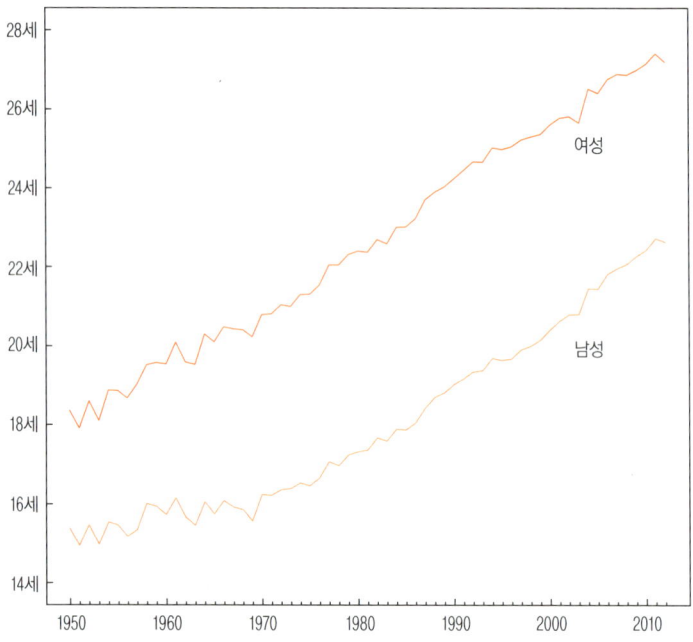

가던[191] 과거 시절, 가톨릭교회와 프랑스 대혁명이 공존했고 백인이 프랑스의 중심이었던 그 시절의 향수를 더 그리워하게 될 것이다.

그렇다, 상황은 해결되기도 전에 아마 심각해질 것이다.

---

191 할랄은 이슬람교도들이 먹고 사용할 수 있는 제품 전체를 뜻한다. 특히 육류는 이슬람 율법에 따라 도축된 고기여야 한다. 금요일은 이슬람교도들이 예배를 드리는 휴일이다.

공화국 부흥의 비장의 무기

파리분지와 지중해 연안지방을 지배하는 중앙의 프랑스 문화는 평등 가치를 동원하려고 애쓴다. 그렇지만 그 문화는 비장의 무기를 아직 전투에 투입하지 않았다.

사회과학의 다양성에 관해 다룬 뛰어난 논문에서 노르웨이의 요한 갈퉁은 30년도 더 전에 앵글로-색슨, 독일, 프랑스, 일본의 지적 유형(전문용어로 영미식Saxonic, 독일식Teutonic, 프랑스식Gallic, 일본식Niponic)을 비교했다. 그는 이 글에서 영국이나 미국의 지식인을 경험론자이자 보잘것없는 규모의 수많은 피라미드들의 기획자이고, 그런 소규모 건축물들 중 하나에 결함이 나타났을 때 지나치게 낙담하는 사람들로 묘사했다. 일본의 지식인에 대해서는, 결정된 모델에 너무 강하게 얽매이지 않도록 해주는 움직이는 톱니바퀴 같은 남자(혹은 여자)로 묘사했는데 이는 무엇보다도 세상의 복합성을 잊지 않도록 하려는 걱정에서 나온 것이다. 그는 이 글에서 독일 지식인을 유일하게 인상적인 피라미드 건축가이면서도, 그 체계의 오류가 발견되면 심리적으로 무너질 준비가 되어 있는 사람들로 묘사했다. 마지막으로 그는 거대 이론에 밝은 독일인과 같은 건축가인 프랑스 지식인에 대해서도 언급했다. 갈퉁은 프랑스인을, 훌륭한 점심식사 앞에서 되도록이면 깊은 토론을 피하는 족속들로, 뭐든 결코 심각하게 받아들이지 않는 마치 두 개의 극단 사이에 팽팽하게 걸려있는 해먹처럼 멋있게 표현했다. 갈퉁의 말을 들어보기로 하자. "나는 독일 지식인(Teutonic)은 자신이 말하는 것을 정말로 믿고, 프랑스 지식인(Gallic)은 결코 그렇지 않을 것으로… 프랑스 지식인은 자신의 규범을 현실에 일말의 빛을 던지지만 '지나치게 진지하게 받아들일 필요가 없는' 은유로 생각하는 경향이 있는 것 같다고 생각한다."[192]

우리는 여기서 프랑스식 가벼움이라는 진부한 주제의 스칸디나비아식 반복만을 볼 수 있다. 하지만 인종주의가 문제될 때 진지한 정신이 있는 것과 없는 것은 주요한 사회학적 요인으로 작용한다. 왜냐하면 인종주의를 정말로 위험한 것으로 만드는 것이 바로 진지한 정신이기 때문이다. 그것은 한두 가구의 흑인 가정이 백인 거리에 자리 잡을 때, 백 개의 백인 가구들을 이사하게 만드는 것이고, 1차 세계대전의 고통에 빠져 있던 독일인들에게 유대인들이 그들의 군복무 의무를 정말 다했는지 확인하는 데 시간을 쏟도록 만드는 것이다. 할례가 이슬람교도들과 유대교도들에게 합법적이었다는 결론을 끌어내기 위해, 아이들의 할례에 관한 그 믿기 어려운 '논쟁'으로 독일을 들끓게 한 것도 바로 그 진지한 정신이다. 프랑스인들에게는 사람들에게 이데올로기가 규정한 노선과 국경을 실제로 존중하라고 요구하는 그런 종류의 진지한 정신이 없다.

---

192 원주.「구조, 문화와 지신인의 유형 : 영미식, 독일식, 프랑스식, 그리고 일본식 접근의 비교 시론」,『정보 사회과학』, Sage, 20, 6, 1981, p.817~856.

여기서 자신의 행복을 위해 주변지역 전체에 강요한 중앙 프랑스의 태도는 국민전선 유권자들이나 방리유의 젊은이들에게서와 마찬가지로 '샤를리'에게도 존재하며, 남녀관계에서 말고는 다른 어디에서도 드러나지 않는다. 실제적인 인류학은 이데올로기적인 보편적 남자를 일상의 보편적 여자로, 실제적이고 다른 특성의 남자를 실제적이고 다른 특성의 여자로 바꾸어놓을 책임을 떠맡았다. 특히 여자가 아주 예쁘다면 어떤 관념보다 거부하기가 훨씬 더 어렵다. 프랑스의 보편주의자는 이국의 미녀와 자기나라의 뚱뚱하고 못생긴 여자 사이에서 일반적으로 훌륭한 선택을 할 것이다. 프랑스 여자도 마찬가지로 행동할 것이다.[193] 남녀관계에서 이데올로기적인 진지한 정신이 없다는 것은 무언가를 세울 수 있는 기반이 된다. 그런 식으로 프랑스는 특히 신성모독의 이데올로기에 열중하지 않으면서, 시민교육의 노력을 지지하거나 혹은 정교분리 원칙의 우선적 옹호라는 이름으로 진부하면서 하찮은 또 다른 일들을 지지하도록 부추기면서도 자기 자신을 지킬 수 있을 것이다. 프랑스는 결코 완전하게 진지하지 않기 때문에 다행히도 그것에서 빠져나올 수 있을 것이다.

나는 오랫동안 유대인들, 아시아인들, 이슬람교도들, 흑인들과

---

[193] 원주. 남성의 시각에 부여된 우선권은 여기서 잠재적인 성차별주의의 결과는 아니다. 차등주의는 배우자들을 피지배집단에서 얻는 것을 거부하는 지배집단의 남자들에게서 특히 두드러진다. 그래서 혼종 결합의 비율은 미국에서 흑인 남자들에게서보다 흑인 여자들에게서 네다섯 배는 더 떨어진다.

같은 모든 출신의 이민자들을 동화시키는 우리나라의 능력에 대해 절대적인 믿음을 가지고 있었다. 그러나 얼마 전부터 의심이 들기 시작했다는 것을 고백해야 하겠다. 그래도 파리는 언젠가 지구상에서 가장 놀라운 도시가 될 것이다. 세계 모든 민족들의 대표자들이 모여 살 도시, 10만년 이상 전 세계에 흩어져 살던 '호모 사피엔스'의 분리된 표현형[194]이 모든 인종적 감정에서 자유로운 인류로 뒤섞여 재구성될 새로운 예루살렘이 될 것이다. 하지만 프랑스가 결국 다시 자기 자신이 되더라도 그 여정은 내가 20년 전에 생각했었던 것보다 훨씬 더 혼란스러울 것이다. 나의 세대가 그 약속된 땅을 보지 못하리라는 것은 이미 확실하다.

---

[194] 어떤 개체가 지니고 있는 모양이나 물리적 특성을 말한다.

옮긴이의 말

샤를리는 정의로운가?

박아르마

프랑스의 역사학자이자 인류학자인 엠마뉘엘 토드는 풍자 신문 〈샤를리 에브도Charlie Hebdo〉에 대한 테러 이후 이 사건이 불러일으킨 다양한 사회적 반향에 주목한다. 이른바 〈샤를리 에브도〉 테러가 2015년 1월 7일에 일어났고 그의 저서가 불과 4개월이 지나 출간되었으니 엠마뉘엘 토드는 이 사건에 대한 역사적 사회적 평가가 완전히 이루어지기 전에 바로 글을 쓰기 시작한 것이다. 그만큼 그는 다급했고 프랑스 사회에 꼭 말하고 싶은 것이 있었다. 이 책의 번역이 거의 끝나갈 무렵에는 파리 테러가 같은 해 11월 13일에 일어났다. 〈샤를리 에브도〉 테러의 원인과 그 성격에 대해 묻고 사건을 사회적으로 정리하기도 전에 연이어 테러가 프랑스뿐 아니라 세계 각국에서 일어난 것이다. 사건의 성격은 다르지만

이 책이 출간될 즈음에는 영국이 유럽 연합(EU)에서 탈퇴한 이른바 브렉시트(Brexit)가 올해 6월 24일에 결정되어 전세계 경제를 혼란에 빠트렸다. 지난 2년 동안 숨 가쁘게 이어진 이러한 일련의 테러와 경제적 혼란의 중심에는 이민자 혹은 난민 문제가 그 배경에 있었고 프랑스 사회에 한정하여 보자면 이슬람 문제가 더 크게 자리 잡고 있었다.

이 책은 프랑스 파리 11구에 위치한 풍자 신문 〈샤를리 에브도〉의 사무실에 괴한이 침입하여 무차별 총격으로 편집국 직원과 경찰을 포함하여 총 12명을 살해한 사건을 다루고 있다. 물론 지난 해 11월 13일의 파리 테러가 전세계에 안긴 충격은 규모나 희생자의 숫자에서 '샤를리 에브도' 사건보다 더 컸지만 두 사건은 전혀 별개가 아니었으며 프랑스 사회의 종교, 경제, 문화적 배경 속에서 일어난 연속선상에 있는 결과물이었다. 1월 7일의 테러 못지않게 놀라운 일은 사건이 일어나고 얼마 지나지 않은 1월 11일에 프랑스 전지역에서 프랑수아 올랑드 대통령을 비롯해 최대 4백만의 인파가 집결하여 '나는 샤를리다Je suis Charlie'라는 구호를 외친 시위였다. 이 시위는 테러에 단호하게 맞서고 언론의 자유를 지키며 시민의 결속을 강조함으로써 전세계인들의 지지와 위로, 격려, 연대를 이끌어냈다는 평가를 받았다. 하지만 엠마뉘엘 토드는 '나는 샤를리다'를 외치는 시위대들은 누구이고, 그들이 주장하는 언론의 자유가 무엇이고, 무엇이 수백만 명의 시위대들을 거리에 뛰쳐나오게 만들었으며, 프랑스에서 이슬람이라는 소수 종교가 정말 사회적인 문제인지 묻고 있다.

'샤를리 에브도' 테러의 직접적인 원인은 풍자화를 통해 이슬람교의 창시자 무함마드를 '신성모독'한 데 있었다. 이 사건은 '언론의 자유는 어디까지 보장되어야 하는가?' 그리고 '타인의 종교에 대한 모독을 표현의 자유의 범주에 포함시킬 수 있는가?'라는 질문을 불러일으켰다. 엠마뉘엘 토드는 샤를리 에브도 테러의 원인을 전체 인구의 10%에 육박하는 이슬람교도의 증가와 종교적 갈등에서 찾지 않았다. 언론의 자유에 대한 침해도 이 사건의 본질이 아니라고 보았다. 그는 보다 근본적인 문제, 즉 프랑스의 비종교성 혹은 무신앙, 프랑스가 더 이상 본질적 의미에서의 공화국이 아니라는 사실, 사회당의 우경화, 극우정당인 국민전선의 확산 등을 통해 이 사건을 이해하려 한다. 그는 무엇보다도 '샤를리 현상'을 프랑스 사회의 무신앙과 종교적인 것과의 관계 속에서 바라본다. 그는 오늘날 프랑스 사회에 나타난 중요 현상을 네 가지로 지적한다. 우선 프랑스 사회에 일반화된 무신앙을 들 수 있다. 여론조사에서 가톨릭 교도로 정의되는 사람은 12.7%에 불과하고 그 중 25세에서 34세의 경우는 6.6%이며, 55%의 아이들이 혼외로 태어난다는 결과는 프랑스가 더 이상 가톨릭 국가가 아니라는 사실을 말해준다. 이와 같은 비종교적인 프랑스가 역설적으로 종교적 불안을 야기했다는 것이다.

다음으로 피지배 집단의 종교인 이슬람에 대한 반감을 들 수 있다. 저자는 프랑스 사회에서 "이슬람이라는 소수 종교에 대한 낙인찍기와 이슬람을 프랑스에서 가장 큰 문제로 지칭하는 것을 일삼는" 언론의 횡포를 지적한다. 적어도 프랑스에서는 사회적 약자에 불과한, 이슬람이라는 소수 종교에 대한 풍자의 자유를 주장하는 언론사를 옹호하기 위해 3, 4백만 명이 거리로 몰려나온 시위가 과연 정당한 일이었는지 묻고 있다.

그 다음으로는 피지배 집단의 종교인 이슬람 내부에서 나타나는 반유대주의의 증가를 말한다. 엠마뉘엘 토드는 프랑스 사회를 휩쓸고 있는 '이슬람 혐오증'의 광풍이, 프랑스 사회 내 이슬람 집단에서 반유대주의로 나타나는 현상에 주목한다. 마지막으로 저자는 표현의 자유나 이슬람 혐오증 못지않게 중요한 문제가 반유대주의에 대한 프랑스 사회의 무관심이라고 말한다. 특히 그는 프랑스인들이 이슬람이라는 소수 종교의 위험성을 말하고 그 종교를 비판할 자유를 주장하면서도 프랑스 내 유대인 집단에 대한 테러와 증가하는 반유대주의에 대해서는 무관심하다는 점을 지적한다.

엠마뉘엘 토드에 따르면 1월 11일의 시위에서 '나는 샤를리다'라는 구호를 외친 수많은 사람들은 프랑스 대혁명 이후 약화되었고 1905년 정교분리를 통해 점차 쇠락의 길을 걷게 된 '좀비 가톨릭'의 후손들이었다. 그들은 1965년에서 2015년 사이에 환생하여 사회주의 지배력의 상승과 지방 분권화, 유럽통합의 지지, 프랑스 공화국의 변질을 주도했다. 그들이 주도하는 사회에서 증가한 이슬람 혐오증과 반유대주의가 '샤를리 에브도' 사건과 같은 일련의 테러를 촉발시켰다는 것이다. 저자가 이 책에서 드러낸 주장은 다소 자학적일 정도로 문제의 원인을 내부에서 찾고 있다. '파리 테러' 이후 프랑수아 올랑드 대통령은 물론 극우정당에 대한 지지율이 상승한 것을 보면 프랑스 사회의 이슬람과 관련된 문제는 그 근본 원인이 사회 내부에 있다는 주장에 공감하지 않을 수 없게 된다.

엠마뉘엘 토드는 철학자 볼테르가 신성모독의 자유뿐만이 아니라 그 의무까지 말했지만 볼테르가 주장한 신성모독의 권리는 자기 종교에 대한 것이었지 타인의 종교에 대한 것이 아니었다는 점을 지적하며 언론의 자유의 한계와 타인의 종교에 대한 비판의 정당성에 대해서도 문제를 제기한다. 그는 우경화되고 보수화되었으며 이슬람 혐오증을 비롯한 외국인 혐오증을 양산해내는 현재의 신공화주의 체제를 강하게 비판한다. 신공화주의 체제는 자유, 평등, 박애로 상징되는 본래의 프랑스 공화국에서 너무 멀리 떨어져 있다. 현재의 프랑스 공화국을 지배하고 있는 세력들은 경제 위기 국면에서도 고통을 받지 않는 보수화된 기득권층인데 바로 그들이 1월 11일의 시위를 주도한 '샤를리들'이라는 것이다. 저자는 프랑스가 나아가야할 길을 명확하게 제시한다. 우선 경제적 불평등과 실업을 야기하고 경제적 취약 계층인 젊은이들에게 도움이 되지 않는 유로화에서 벗어나야 한다고 주장한다. 이슬람이라는 피지배 집단의 종교에 대해 신성모독을 하는 것은 누구에게도 도움이 되지 않으며 이슬람 출신 주민들을 사회 구성원으로 인정하고 수용해야 한다고 말한다. 나아가 더 많은 종교적 상대주의와 더 많은 혼종 결혼을 수용해야 한다는 입장도 분명하게 밝힌다. 그것이 현재의 신공화주의 체제를 벗어나 프랑스 공화국으로 돌아가는 길이라고 말한다.

다만 그의 입장과 주장이 우파는 물론 좌파 진영에서도 비판의 대상이 되는 것을 보면 실업과 경제적 어려움, 난민들의 지속적인 증가와 유입, 끊이지 않는 테러 등으로 민족주의와 극우세력이 힘을 얻고 있는 프랑스와 유럽에서 대중적인 지지를 얻기는 어려워 보인다. 엠마뉘엘 토드 역시 자신도 가까운 장래에 모든 민족들이 동화되어 살아가는 프랑스 공화국이라는 '약속된 땅'을 밟지 못할 것으로 미래를 전망한다. 이 책이 출간되고 나서 지난 2년 동안 프랑스와 유럽에서 테러의 위협은 더 커졌고 극우 민족주의는 더 확산되었으며 경제적 불확실성은 더 커졌다는 점에서 '나는 샤를리다'를 외치는 목소리는 더 커질 것이다.